사회 생태 전환의 정치

사회 생태 전환의 정치

엮은이 임운택·김민정·강민형

1판 1쇄 발행 2024년 1월 10일

펴낸곳 두번째테제
펴낸이 장원
등록 2017년 3월 2일 제2017-000034호
주소 (13290) 경기도 성남시 수정구 수정북로 92, 태평동락커뮤니티 301호
전화 031-754-8804
팩스 0303-3441-7392
전자우편 secondthesis@gmail.com
블로그 blog.naver.com/secondthesis

ISBN 979-11-90186-36-0 93300

사회
생태
전환의
정치

임운택·김민정·강민형 엮음

한울

서문

거의 한 세기 전, 이탈리아의 마르크스주의자 안토니오 그람시는 파시즘의 부상과 자유주의 이데올로기의 쇠퇴, 세계 대공황을 목도하며 훗날 《옥중수고》로 출간된 자신의 노트에 다음과 같이 적었다. "위기는 … 낡은 것은 죽어 가는 반면 새것은 태어날 수 없다는 사실에 있으며 이러한 권력의 공백기에 다양한 병적인 징후가 나타난다."[1] 오늘날 신자유주의 헤게모니의 위기와 분배 정치의 한계는 많은 비판 사회학 연구자들이 자본주의의 위기와 대전환에 주목하게 만든 중요한 계기가 되었다. 각국의 진보적 정치·사회 세력은 신자유주의 이후, 새로운 대안을 마련하기 위한 저항운동을 동원하여 분투하고 있다. 그런데 이와 같은 자본주의 위기 속에서 대안사회의 전망을 수립하기 위해서는 아래로부터의 대중운동을 조직하는 정치적 실천과 동시에 21세기 자본주의의 위기 관리 전략과 그 변화 양상을 분석하는 작업이 병행되어야 한다.

주지하다시피 2007~2008년 글로벌 경제의 대침체를 계기로 본격화된 21세기 자본주의의 전환은 2010년대 전 지구 차원에서 디지털 전환과 그린 전환이라는 이중 전환으로 구체화되었다. 특히 코로나19 팬

---

1   안토니오 그람시 지음. 《그람시의 옥중수고 1: 정치편》, 이상훈 옮김, 거름, 1999[1971], 327쪽.

데믹이 가속한 자본주의의 위기를 관리하기 위해 주요국 정부는 새로운 국가개입 전략 혹은 자본주의의 현대화 전략을 적극적으로 추진하였다. 미국과 유럽연합(이후 EU로 표기)이 추진 중인 그린 뉴딜은 4차 산업혁명의 핵심으로 추진해 온 디지털 전환과 함께 쌍둥이 전환의 핵심을 구성하였다. 동아시아의 한국, 중국, 일본은 각각 '한국판 뉴딜', '디지털 어젠다 2030', '중국 제조 2025' 등 자본주의의 현대화에 매진하고 있다. 이는 단순한 산업정책의 변화가 아닌 21세기 자본주의의 성장유형과 생산방식, 생활양식에 지대한 영향을 주는 거대한 전환의 일부로 이해되어야 한다. 특히 21세기 자본주의의 대전환 과정에서 우리는 포스트 민주주의와 포퓰리즘의 발흥, 노동자-시민의 프레카리아트화 precariatization 등 글로벌 시민사회의 부정적인 변화를 경험하기도 하였다.

19세기 후반 이래로 자본주의의 위기는 '붕괴'나 '파국'이 아닌 자본주의의 '전환'으로 이어졌지만, 대전환의 역사적 과정은 심각한 사회적 갈등을 수반하였다. 칼 폴라니가 《거대한 전환》에서 이중 운동 double movements 테제를 통해 강조하였듯, 자기 조정적 자유시장경제는 노동, 토지, 화폐를 상품화하여 노동자를 착취하고 환경을 파괴하며 사회를 황폐화한다. 폴라니는 이와 같은 상품화의 폐해로 인해 시장화와 상품화에 저항하는 대항운동 counter-movements이 국가의 위로부터의 개입과 아래로부터의 자발적인 민중 저항의 형태로 즉각 발생한다고 주장하였다. 이러한 이론적 시각에서 우리는 자본주의 위기 상황에서 국가와 민중의 대항운동이 지닌 해방적 잠재력에 주목해야 하지만, 다른 한편으로 새로운 사회세력이 자신의 자율성을 구체화하기 전에 국가와 자본이 위로부터의 개입을 통해 오늘날 자본주의 이중 전환을 강력하게 추진하고 있음을 유념해야 한다. 따라서 글로벌 자본주의의 위기와 정치·경제적 갈등과 함께 자본주의 이중 전환 혹은 사회·생태 전환을 둘러싼 사회 갈등의 양상을 분석하는 비판적 사회학 연구가 그 어느 때보다 절실하게 필요하다. 20세기 중반 서구 마르크스주의가 자유시장 자본주의의 위기와 자본주의의 역사적 전환에 대한 새로운 진단을 통해 이론적 혁신을 꾀하였던 것처럼, 21세기 비판 사회학은 글로벌 자본주의의 위기와 사회·생태 전환에 대한 분석을 통해 대안사회의 전망을 모색할 수 있다.

이 책은 디지털-그린 전환으로 대표되는 21세기 글로벌 경제와 한국 자본주의의 이중 전환을 이론적으로 설명하고 이러한 사회·생태적 전환이 수반하는 산업·노동의 변화와 사회적 갈등의 양상을 다각도로 분석하는 것을 목표로 한다. 다만 연구를 진행하는 과정에서 벌어진 우크라이나 전쟁이 가져온 (그리고 가져올) 영향, 특히 미-중 간 지정학적 경쟁과 그린 뉴딜 정책의 변화 양상에 미친 영향에 대해서는 깊게 반영하지 못하였다. 우선 책의 1부에서는 21세기 자본주의 대전환의 정치경제적 기원과 영향을 규명한다. 1장에서 홍호평은 오늘날 글로벌 경제에서 전개되는 미국과 중국 간의 지정학적 경쟁과 무역 전쟁, 첨단기술 패권을 둘러싼 갈등의 원인을 미국과 중국의 자본가 간 경쟁, 특히 중국 기업의 지식재산권 침해에 직면한 미국 빅테크 기업의 공세적 대응에서 찾는다. 그는 2010년대 중국 경제의 성장 둔화를 해결하기 위해 추진되었던 국가 주도의 제조업 기술 고도화 전략이 미-중 간 기술 패권 경쟁을 심화하였고 글로벌 자유무역의 약화로 귀결되었음을 강조한다. 2장에서 필립 슈탑은 디지털 경제에서 특권적 위치를 점하는 미국의 플랫폼 기업에 대한 EU의 규제 전략을 분석한다. 그는 애플과 구글과 같은 플랫폼 기업의 시장 지배력을 규제하기 위한 EU의 노력을 사유화된 시장 설계에 맞선 국가 주도의 정치적 디지털 시장 설계로 규정한다. 이러한 EU 차원의 개입은 분명 플랫폼을 지배하는 빅테크 기업의 권력에는 비판적이나 디지털 사회에서의 자유 경쟁과 시장의 복원을 주장한다는 점에서 신자유주의적 시장 설계의 근본 원칙에서 벗어나지 않는다는 한계를 지닌다.

　　이 책 2부에서는 디지털 전환에 초점을 맞추어 글로벌 자본주의와 한국 경제의 거시-역사적 변화를 설명한다. 3장에서 아론 베나나브는 신자유주의 경제정책을 폐기하고 새로운 산업정책을 부활시키는 것이 자본주의 주요국 경제가 경험하는 저성장과 장기침체를 극복하는 대안이 될 수 있다는 주장을 비판적으로 검토한다. 그는 경제성장 동력의 쇠퇴기, 자본주의 주요국의 기술 고도화 전략과 산업정책은 근린 궁핍화 정책으로 귀결되어 국가 간 지전략적Geo-Strategy 갈등을 심화하고 있음을 지적하면서, 좌파 케인스주의의 시각에서 자본의 수익성이나 고도의 경제성장이 아닌 사회의 지속가능성과 같은 공동선의 실현을 위한 대규모 공공투자의 필요성을 강조한다. 4장에서 이준구는 디지털-그린 전환과 지정학적 위기가 어떻게 글로벌 가치사슬 구조와 글로벌 공급망, 노동 세계와 환경에 영향을 미치는지 분석한다. 특히 그는 산업구조와 제도, 행위자 간 세력 관계를 총체적으로 파악하는 글로벌 가치사슬 분석의 방법론이 포용적인 산업발전과 정의로운 전환을 추진하는 진보적 시민사회와 노동조합의 전략을 수립하는 데 유용하게 활용될 수 있음을 강조한다. 5장과 6장에서는 디지털 전환과 한국 자본주의의 변화를 산업과 기업 수준에서 분석한다. 5장에서 임운택과 이균호는 한국 자동차 부품 산업에서의 디지털 전환이 생산직 노동의 탈숙련화와 테일러리즘의 강화로 이어졌음을 밝히면서, 노동 배제적 산업 전환 과정에서 노동조합의 적극적 개입이 필요함을 주장한다. 6장에서 강민형과 이시림은 2010년대 후반 디지털-그린 전환에 비견되는 1990년대 한국 수출 제조 대기업에서의 산업 구조조정에 주목하면서, 한국에서 전투적 노동조합 운동의 부상이 1990년대 수출 대기업의 가치사슬 고도화를 촉진하는 역할을 담당하였고, 이는 엔지니어 주도의 생산 방식 혁신과 노동 배제적 자동화, 노동력 이중화의 심화를 낳았음을 강조한다.

이 책 3부에서는 자본주의 이중 전환이 수반하는 사회적 갈등과 투쟁의 양상을 이론적, 경험적으로 분석한다. 우선 7장에서 클라우스 되레는 자본주의 경제의 침체와 지구적 생태 위기의 상호 연관성을 강조하면서 경제와 생태의 집게발 위기pincer-grip crisis라는 개념을 제안한다. 나아가 이러한 자본주의의 이중 전환 과정에서 발생하는 사회·생태적 전환 갈등의 양상을 독일의 자동차 산업과 에너지 산업, 대중교통에 관한 사례 연구를 통해 경험적으로 분석한다. 8장에서 김민정은 정의로운 전환에 관한 정치 전략을 유형화하면서 한국에서 정의로운 전환의 목표와 내용, 과제를 둘러싼 계급투쟁의 양상을 정당, 환경단체, 노동조합, 기후운동 연대체의 활동에 대한 분석을 통해 규명한다. 9장에서 구준모는 탈탄소 전환을 명분으로 진행되는 민영화를 통한 재생에너지 산업의 확대를 비판하면서 정의로운 에너지 전환을 실현하기 위해서는 시장주의에 입각한 에너지 전환에 맞서 노동운동과 기후운동의 대안 수립이 필요함을 강조한다. 10장에서 김민정과 이상준은 기후위기에 맞선 아래로부터의 대항운동으로서 한국의 청년 기후운동을 분석한다. 한국의 청년 기후운동은 기후위기가 지닌 세대 간 불의의 문제에 주목하면서 기후위기 해결을 위한 당사자 간 연대의 강화와 급진

정치의 필요성에는 대체로 동의하나 국가와 시장, 기업과의 관계 설정과 정치적 지향점에서는 상이한 태도를 보인다.

마지막으로 이 책의 결론에 해당하는 11장에서 임운택은 자본주의 이중 전환 과정에서 벌어지는 계급투쟁과 계급정치의 양상을 설명하고, 사회·생태 전환을 달성하기 위한 목표로서 지속 가능한 생산, 탄소산업 노동자의 고용안정, 지역 발전과 민주적 의사결정, 생태적 계급정치의 전망의 가능성과 한계에 대해 논의한다.

서문과 맺음말을 제외한 이 책에 수록된 10편의 연구 논문은 2022년 11월 4일과 5일 서울 한양대학교에 개최된 비판사회학회 국제학술대회 '21세기 자본주의의 디지털·그린 전환과 사회의 미래'에서 발표되었다. 이 중 미국과 독일에서 참석한 연구자의 논문은 영어로 작성되어 발표되었고 번역을 거쳐 이 책에 싣게 되었다. 논문의 초고를 번역한 마르크스주의연구자모임(준)의 김종현 씨에게 감사의 말씀을 드린다. 해외 학자를 초청하는 과정에서 재정적인 도움을 제공해 준 프리드리히 에버트 재단과 연세대학교 대학원 사회학과 BK21 교육연구단에도 심심한 감사의 인사를 전한다. 비판적 사회과학 학술서에 대한 수요가 많지 않은 상황에서 흔쾌히 이 책의 출판을 결정해 준 도서출판 두번째테제에도 감사의 뜻을 전한다. 저성장과 불평등, 생태 위기에 직면한 21세기 자본주의에서 정의로운 전환과 생태·사회적 지속가능성을 위해 분투하는 많은 이들에게 이 책이 대안사회의 전망을 구상하고 수립하는 데 도움이 되길 바란다.

2023년 10월 3일
엮은이 일동

목차

3부: 사회 생태 전환과 사회적 투쟁

1부

글로벌 자본주의의 위기와 지정학 갈등

1 글로벌 자본주의에서의 오월동주:
미-중 무역 전쟁의 기원으로서 기업과 첨단산업

홍호펑

서론

우리가 아는 세계화는 종언을 고했다. 1990년대와 2000년대에 미국의 워싱턴 정가는 자유무역을 전 세계의 번영을 보장할 신주단지처럼 모셨다. 노동조건이나 환경규제 같이 자유무역의 확산에 장애가 되는 어떠한 우려도 보호무역주의로 간주하여 용납하지 않았다. 오늘날 미국 정가는 공개적으로 산업정책을 추진하며 국가안보, 해외 인권 상황, 국내 노동자의 고용 등을 고려하여 무역정책을 수립한다. 미국 무역대표부 대표인 캐서린 타이Katherine Tai는 공개적으로 다음과 같이 발표했다. "이곳에 계신 많은 분도 아시겠지만, 무역 자유화와 관세 철폐를 주장하는 무역에 대한 전통적인 접근 방식으로 이득을 보는 산업도 몇몇 있지만 이로 인해 희생되는 비용은 상당합니다. 자유무역 때문에 부가 소수에 집중되고 공급망은 취약해집니다. 탈산업화에 따른 해외 이전도 심화하며, 제조업 중심의 지역사회에 크나큰 타격을 줍니다"(Tai, 2022).

자유무역 지상주의가 만연하던 시기를 지나 무역 당사국 간 '디커

플링'이 나타나는 오늘날에 이르는 데까지 가장 중요했던 것은 미-중 관계의 전개 양상이었다. 미-중 양국 간 지정학적 경쟁 심화에 관해 많은 논의가 이루어졌지만, 두 강대국 사이 경제적 관계의 악화 역시 중요한 문제이다. 1990년대와 2000년대 미-중 간 경제통합은 세계화의 전진 과정에서 가장 최전선을 차지하였다. 마찬가지로 미-중 양국 간 무역 마찰의 심화는 글로벌 자유무역 질서의 해체에서도 핵심적인 역할을 한다.

여기서 한 가지 질문을 제기할 수 있다. 미국의 초국적기업이 정치 영역에 영향력을 휘두르고 있으며 동시에 냉전 종결 이후 미-중 경제통합 과정에서도 중추적 구실을 맡았다는 사실을 고려한다면, 미국의 초국적기업이 어떻게 최근 벌어지는 미-중 양국 간 경제관계의 파멸을 가만히 놔둘 수 있었는가? 이 연구에서 나는 미국의 첨단산업 기업이 단지 미-중 무역 갈등을 막지 않았을 뿐 아니라 오히려 이러한 갈등을 유도한 주요 세력 중 하나였다고 주장한다. 중국 경제가 2010년대 장기간의 성장 둔화를 겪었을 때, 베이징 당국에서는 노동집약적 경제를 첨단기술 제조업 경제로 전환함으로써 경제성장을 활성화할 방안을 모색하였다. 그러나 중국의 혁신 시스템은 기대 이하의 효율성을 지니고 있었고, 중국 정부는 빠르고 용이한 기술 고도화를 도모하기 위해 해외 기술을 끌어오고자 했다. 이로 인해 미-중 간에 지식재산권과 기술을 둘러싼 분쟁이 발생하여 미국의 기업은 중국에 대해 점증하는 실망감과 환멸을 품게 되었다. 트럼프 정권에서 시작되어 바이든 정권에서도 계속된 미-중 무역 전쟁을 촉발한 것은 이러한 미-중 자본가 간의 경쟁이었다.

중국 호황의 종결과 난관에 봉착한 기술 고도화

중국의 수출산업은 민간기업과 외국계기업이 주도하고 있으며, 1990년대 중반 이래로 수출주도 성장이 추진되면서 중국 경제에 역동성을 불어넣었고 수익성 확보의 원천이 되어 왔다. 중국은 수출산업을 통해 막대한 외환보유고를 쌓았으며, 이를 기반으로 국영은행의 여신 규모를 늘려 왔다. 창조된 신용의 대부분은 정부와 유착된 기업들로 유입되어 이들의 고정자산 투자기금으로 활용됐다. 이는 사회기반시설, 부동산 프로젝트 투자, 신규 제철소나 석탄발전소 등등의 건설로 이어졌다. 외환보유고가 지속적으로 늘어나는 한, 중국 공산당이 통제하는 금융체계하에서 위안화의 가치절하 혹은 자본유출의 위험을 높이지 않으면서도 넉넉히 은행 융자금을 조성하는 식으로 위안화의 유동성을 늘릴 수 있었다. 자국 통화의 가치절하나 자본유출은 신용팽창에 상응하는 외환보유고를 충분히 확보하지 않은 수많은 발전도상국이 겪는 일이었다.

부채 주도 고정자산 투자는 과도한 규모로 이뤄지거나 별반 수익성이 없는 경우가 많다. 중국 지도부는 1990년대 후반 이후로 경제 전반의 채무 수준과 과잉설비에 대한 우려를 표해 왔다. 이들은 금융 자유화를 통해 비효율적인 기업에는 더 이상 국영은행의 저리 대출을 제공하지 않는 방식의 개혁을 제안하였다. 그러나 이러한 개혁 시도 중 어떤 것도 충분한 추진력을 얻지는 못했다. 수익성이 떨어짐에도 무모한 팽창을 지속해 온 부문들이 다양한 분파에 속한 당/국가 관료에게는 돈줄 혹은 일종의 봉토와 같이 여겨졌기 때문이다.

2008~2009년 무렵 글로벌 금융위기 기간 동안 수출주도 성장에

기반한 중국의 장기 호황은 위기를 마주하였고, 이에 중국 정부는 공세적으로 통화 부양책을 시행하여 부채 기반 고정자산 투자를 이끌어 냈다. 2009년과 2010년의 경기 반등 시기 중국 정부는 국영은행을 통해 투자를 2배 이상 늘렸지만, 중국 경제의 수출 동력이 약화함에 따라 외환보유고 확장은 그에 상응하지 못하였고 그 결과 부채가 팽창하였다. 중국의 GDP 대비 부채 비율은 2008년 148%에서 크게 올라 2017년 후반에는 250%를 넘어섰다. 2020년 팬데믹 상황 속에서 대출 규모가 치솟아 이제는 해당 비율이 330%를 웃돈다는 추계도 있다.

부채로 조달된 자금을 밑천 삼아 건설된 수많은 아파트, 석탄발전소, 제철소, 기반시설 등의 고정자산은 과잉설비가 되었고 수익성도 좋지 않았다. 2009년과 2010년의 경기 반등 이후로 중국 기업의 수익성은 민간 부문과 국영기업 모두에서 전반적으로 계속 감소하였다(Hung, 2022: 그림 3 참조). 기업의 이윤 감소로 인해 대출 제공이나 원리금과 이자 상환이 모두 어려워졌고 중국의 부채 문제는 시한폭탄이 되었다. 중국으로서는 수출 부문의 성장이 2008년 이전 수준으로 회복되지 못한 상황에서 부채 기반 고정자산 투자를 통해 성장을 지탱할 여력은 더 이상 없었다.

베이징 당국은 과잉설비 문제를 해결하기 위해 국내 민간 소비를 증대시켜 중국 경제의 불균형을 시정하기 위한 길을 모색해 왔다. 사실 이는 2008년 금융위기 이전부터 모색되어 왔던 방안이다. 세계무역기구WTO에 가입한 이후 중국의 민간 소비가 급상승하였음에도 불구하고, GDP에서 민간 소비가 차지하는 비율은 낮았고 투자 팽창과 보조를 맞출 수 있을 정도로 빠른 성장을 경험한 적은 결코 없었다. 민간 소비가 경제에서 차지하는 비중이 예상보다 저조하게 증가했던 까닭은 불평등의 심화 때문이다. 중국 경제의 활황기를 통틀어 평균 가구소득은 매우 느리게 성장하였다. 즉, 중국 경제에서 창출된 부가가치 대부분은 정부와 기업 부문의 수입으로 유입되어 소비로 이어지지 않고 더욱 많은 투자로 이어졌으며 과잉설비를 낳았다(Hung, 2021).

경제 전반에 걸친 과잉설비, 이윤 감소, 부채 증가는 2015년과 2016년 위안화의 급격한 가치절하로 이어진 주가 폭락과 자본유출의 전조가 되었다. 중국 경제는 자본통제가 다시 강화된 2016년에 들어서야 겨우 안정화되었다. 은행 부문 역시 경제의 과도한 둔화를 막기 위해서 신규 대출 자금을 제공했다. 이 대출금 중 대다수는 기존 대출의 연장을 위해 사용되었다. 이러한 반복적인 대출 급증으로 인해 경제의 역동성을 불어넣지 못한 채 부채 규모만 더욱 커졌다. 갈수록 많은 사업체가 대출 의존증에 걸린 좀비 기업으로 전락해 버렸다(Hung, 2022: 그림 4 참조).

중국 정부가 경제적 난국을 극복하기 위해 선택한 해결책은 경제 전반의 기술 수준을 고도화시키는 것이었다. 2010년도부터 중국 정부는 응용 기술 연구와 산업 고도화를 촉진하기 위해 막대한 양의 재정 역량을 쏟아 부었다. 국가 주도의 산업·기술 고도화 노력 덕분에 등록된 특허의 수만 보면 상당한 증가세가 보였으나(WIPO, 2020) 보다 정교한 분석에 따르면 이들 특허 중 상당수가 상업적 가치가 없다. 중국에 등록된 특허의 90% 이상은 5년 이후 갱신된 바 없다(Chen, 2018; Finnie, 2019; Hu et al., 2017).

2014년경 중화인민공화국 국무원은 중국 집적회로 산업투자기금 China Integrated Circuit Industry Investment Fund을 조성하고 그 운영사인 유한회사 화심투자Sino-IC Capital 또한 설립했다. 화심투자관리는 중앙정부의 재원을 각급 기업, 대학, 지방정부 등에 배분하여 마이크로칩을 설계하고 제조하는 데서 중국이 자체적인 국가 역량을 확보할 수 있도록 하는 데 주안점을 두었다. 기금 형성을 위해 투하된 초기 자금이 1,200조 위안에 이른다(CDBC News, 2014). 그러나 이러한 시도를 통해 지원받은 프로젝트 상당수가 2022년에 들어서도 별다른 진전을 보지 못하고 있고, 중국 측은 여전히 고성능 칩과 관련해서는 수입에 거의 전적으로 의존하고 있다. 이러한 실패 속에서 시진핑 본인이 부패 척결 조사 명령을 하달하자 화심투자관리의 경영진 상당수가 가혹한 징계를 받았고 심지어 일부는 사라졌다(Financial Times, 2022).

막대한 규모의 재원을 정부가 지원했음에도 불구하고 유의미한 혁신이 부족한 상황은 중국식 혁신 체계가 지닌 한계를 극명히 보여준다. 지식재산권의 보호가 없는 한 자생적인 혁신을 촉진하는 것은 어렵다(Appelbaum et al., 2018). 중국에서 특허 청원 수 자체가 빠르게 증가했음에도 기술의 진보 자체가 부족하다는 점을 분명히 보여주는 또 다른 사례로는 기술력의 자급자족 부족 문제가 있다. 제품 생산에 요구되는 기술력 수준이 고도화되면서 중국의 해외 기술에 대한 의존도 역시 확대되었다. 지식재산권 무역수지를 나타낸 그림 1에서 알 수 있듯이, 중국은 여전히 상당한 지식재산권 적자국으로, 특허와 저작권 사용으로 인해 해외 부문에서 벌어들이는 것보다 지불해야 할 돈이 훨씬 더 많다. 그리고 이러한 적자 규모 역시 훨씬 확장되고 있다.

중국 자체의 혁신 시스템이 가진 한계로 인해, 기술적 자주성 확보를 추진하기 위해서 중국의 당-국가는 중국 현지의 외국계기업을 통한 기술이전에 주로 의존하는데, 이 과정에서 종종 논란이 있는 불법적 수단을 활용한다는 지적을 받기도 한다. 2015년 공개된 '중국 제조 2025'

그림 1. 주요국 지식재산권 무역수지: 2001~2019년

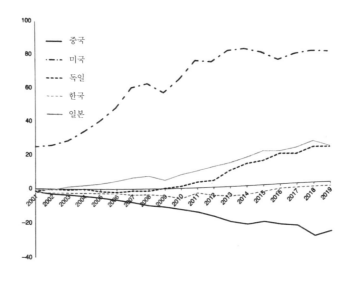

계획을 보면 바로 이런 방면에서 중국 당국이 공세적 자세로 일관하고 있음을 확인할 수 있다(Zenglein & Holzmann, 2019). 기술이전을 통해 기술력 도약을 이루고자 하는 중국 공산당과 당국의 계획은 지식재산권을 둘러싼 미-중 자본가 간 갈등의 주요 배경으로 작용하고 있다.

미국 첨단산업 기업의 불만

중국 정부가 자국 내 해외 기업의 기술력을 공개적으로 취득하거나 은밀하게 확보하기 위한 노력을 지속하고 있는 상황에서, 국가의 지원을 받는 중국 기업과 중국 내 미국 기업 간의 경쟁은 격화되고 있다. 이로 인해 미국 법원에서 미국 기업이 중국 내 협력사와 경쟁사를 겨냥

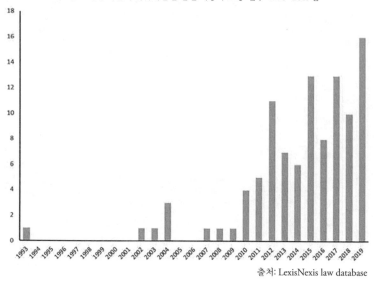

그림 2. 미국 기업의 지식재산권 관련 대중국 소송 건수: 1993~2019년

출처: LexisNexis law database

하여 지식재산권 침해와 산업스파이 활동에 대한 소송을 포함한 법적 분쟁을 제기하는 일이 잦아졌다. 그림 2에서 알 수 있듯이, 미국 기업이 미국 법원에서 제기한 대對중국 기업 소송의 전체 건수는 2000년대 초반부터 지속적으로 증가하였고, 2009년 이후 글로벌 금융위기를 극복하는 과정에서 중국의 경기회복 정책이 추진되자, 관련 소송도 폭증했다.

아메리칸수퍼컨덕터AMSC는 미국 매사추세츠주에 소재한 첨단기술업체로 풍력 터빈 제작에 필수적인 최첨단 부품과 소프트웨어 드라이버들을 제조하는 곳으로, 녹색 기술과 관련한 신흥 강자로 유명했으며, 오바마 대통령으로부터 공개적으로 호평받은 바 있었다. AMSC의 급격한 사업 성장은 AMSC의 고객사인 중국의 풍력 터빈 제작회사 국영기업 시노벨의 성장에 기인한다. 이 업체는 (2003년에서 2013년까지) 중국의 총리였던 원자바오 일가와 밀접한 관련이 있는데, 중국 당국은 시노벨이 중국 시장뿐 아니라 해외시장까지 석권할 수 있도록 풍력 터빈 생산을 촉진하기 위해 막대한 지원을 제공하였다. 시노벨로부터의 수주가 AMSC가 진행하는 사업 중 4분의 3을 차지했다. 그런데 2011년경 시노벨은 명확한 이유 없이 AMSC가 보낸 제품을 받지 않았고 비용 정산도 거부했다. 최대 고객이 사라진 덕에 AMSC의 주가는 곤두박질쳤고 회사는 파산하다시피 했다. 기나긴 조사 끝에 AMSC 측은 시노벨이 당사의 유럽 지부 직원 하나를 매수해서 해당 제품의 소스코드를 다운로드했다는 사실을 알아냈다. 오스트리아 법원은 시노벨에 대해 유죄 판결을 내리고 직원을 감옥에 가두었다. 그러자 AMSC는 미국 법원에 시노벨을 고소하여 손해배상을 청구했다. 2018년 법원은 시노벨에 영업기밀 침해와 관련하여 유죄 판결을 내렸고 5,900만 달러의 배상 의무가 있다고 판결했다. AMSC 최고경영자는 법원 승소만으로는 시노벨로 인해 발생한 손해를 메우기란 역부족일 것이라는 조바심을 내비치기도 했다(Zarroli, 2018; Department of Justice, 2018).

AMSC의 최고경영자는 중국과 관련된 모든 사업에서 철수하면서 중국에 있는 미국 업체 모두가 감수하고 있는 위험에 대해 다음과 같이 털어놓았다.

> 현지 상표를 달고 있는 업체들에게 유리하게 판이 짜여 있는 실정입니다. … 중국 시장 참여가 보장된 것은 오로지 중국 업체뿐입니다. 적어도 현재까지 서구 업체로서 시장에 참여한다는 것은 허상입니다. 서구 업체를 끌어들인다면 거기서 나올 단물이란 단물은 다 빼먹을 구상을 해 놓고 그러는 것이고, 중국은 이를 다 빨아먹고

난 뒤 뱉어냅니다(Zarroli, 2018로부터 재인용).

미국을 희생시켜 중국의 기술력 제고를 통한 도약을 이뤄 내겠다는 베이징 당국의 국가주의적 핵심 목표로 인해, 지식재산권 분쟁은 미-중 간 기업 분쟁의 핵심 사안이 되었다.

일부 미국 기업은 중국 경쟁업체의 지식재산권 침해 행위에 대해 소송과 같은 개별적이고 사적인 대응 외에도 미국 정부에 몇몇 중국 기업을 제재하거나 중국 정부의 정책 변화를 촉구하는 등 공적 수단을 활용한 해결책을 요구하고 있다. 중국 정부의 보복 위협 때문에 다수의 기업이 중국 상황에 대한 공개적인 비판을 꺼리고 있다. 해당 기업들은 이러한 의혹들에 대한 정보를 미국 정부에 은밀히 전달하면서, 자신들을 대변하는 행동을 취해 달라는 로비를 넣는다(Davis & Wei, 2020: 122). 일각에서는 보다 공공연한 조치를 취하는데, 예를 들어 캘리포니아에 위치한 메모리칩 제조업체인 마이크론Micron Technology은 캘리포니아주 법원에 중국의 경쟁사인 진화Jinhua가 자사의 기술을 도용하도록 사주했다는 혐의로 소송을 제기하였다. 중국 법원에서 진행된 진화의 맞소송에서 패소한 뒤, 마이크론사는 정치적 연줄을 이용하여 이와 같은 기술력 침탈 행위가 국가안보 위협에 해당한다고 미국 상무부를 설득하고자 했다. 결국 2018년 미국 상무부는 진화 반도체를 블랙리스트에 넣고 미국으로부터의 기술이전과 반도체 부품 수입을 금지하였고, 그 결과 진화 반도체는 파산했다(Davis &Wei, 2020: 265).

약 2004년경부터 미국 기업에서 중국 측이 WTO 규약을 준수하지 않고 있다는 불만을 제기하기 시작했다. 중국 당국이 약속과 달리 신속하고 광범위한 시장 접근을 외국 기업에게 보장하지 않고 있었다. 해외 기업을 대상으로 한 반독점법 관련 불공정 조사와 강제이행과 같이 해외 기업과의 경쟁에서 중국 기업에 유리한 많은 관행과 규제는 더욱 강화되었다(US-China Business Council, 2014). 미국 재계가 정계에 비공식적 압박을 가한 결과, 부시 행정부와 오바마 행정부는 중국 정부 측에 해당 쟁점을 문제 제기하였다. 부시 행정부는 중국 측에 WTO 체제에 적응할 시간을 주었으나 별다른 성과를 거두지 못하였다. 오바마 행정부에서는 중국의 국가와 기업의 경제 공세가 강화됨에 따라 글로벌 금융위기에 따른 경제 활성화 대책의 일환으로 지식재산권 분쟁과 WTO의 시장 접근성 문제와 연관된 대對중국 소송을 통해 중국 정부를 압박하기 위한 노력을 강화하였다. 부시 행정부에서는 중국에 대해 8건의 소송을 제기했지만, 오바마 행정부는 2009년에서 2016년 사이 12건의 소송을 제기했다.

2011년 1월 19일, 당시 중국 주석인 후진타오의 방미 일정이 끝날 즈음 백악관 합동 기자회견이 개최되었을 때, 오바마는 사상 최초로 중국 당국이 미국 기업을 불공정하게 대우한 것에 대해 외교적으로 공론화하였다.

저는 후진타오 주석에게 중국에서 미국 기업이 참여하는 경쟁이 평등해야 한다고 강조하면서 무역이란 공정해야 한다는 주장을 전달했습니다. 그래서 저는 중국 정부와의 조달 계약과 관련된 경쟁에서 미국 기업이 불공정 대우를 받지 않도록 노력하겠다는 후진타오 주석의 의사에 반가움을 표했습니다. 또한 후 주석께서 지식재산권 침해를 막기 위한 추가적 조치에 대한 의지를 표명해 주신 것에 대해 재차 감사드립니다(Reuters, 2011에서 재인용).

미국 기업은 백악관에 압력을 행사한 것 외에도 의회에 대한 적극적인 로비 공세를 벌이면서 중국 정부의 시장 접근 제한과 지식재산권 침해에 대해서도 문제를 제기하였다. 두 쟁점에 대한 재계의 로비는 2004년부터 점증하기 시작하여 2010년에 정점에 이르렀고, 이후에도 지속되었다(Hung, 2022: 그림 8 참고).

2010년 1월, 미국의 대기업 협의체인 비즈니스라운드테이블, 전미제조업체연합, 미국 상공회의소Chamber of Commerce와 그 중국 지부를 포함한 19개의 재계 로비스트 그룹은 〈실질적 조치를 위한 청사진: 미-중 교역에서 우선 고려 사항과 과제〉라는 제목의 보고서를 출간했다.

> 중국에서는 지난 수년간 미국을 비롯한 외국계기업의 사업 환경이 악화되어 왔습니다. 이러한 영향은 비단 중국 내에서 영업하는 기업들에 그치지 않았고 중국 시장에 수출하는 기업이나 제3국 시장에서 중국 기업과 경쟁을 벌이는 해외 기업도 영향을 받았습니다. … 앞으로 대중국 무역, 투자 전략을 구상할 때, 중국 정부의 보조금을 받는 철강 제품과 다른 제품으로부터 자국 시장을 보호할 방안을 마련하는 것에 그쳐서는 안 됩니다. 우리는 중국에서도 경쟁 시장이 마련될 필요성 또한 강조해야만 합니다. … 중국의 산업정책은 미국 경제와 세계경제에 해로운 왜곡을 발생시키고 있는데, 그 규모가 방대하고 점증하고 있습니다. 중국이 자국 시장에서 핵심 영역이라고 할 수 있는 전기차, 항공, 반도체 산업에 이르는 산업 부문에서 외국계 경쟁기업을 원활하게 제거해낸다면, 그러한 왜곡에서 발생하는 폐해는 더욱 심각해질 것입니다(US Chamber of Commerce and American Chamber of Commerce China. 2017: 3).

따라서 2018년 시작된 트럼프 행정부의 무역 전쟁은 원만한 미-중

관계를 선호했던 미국 기업의 의사에 반하는 정책이 아니다. 그와 달리 무역 전쟁은 미국 재계가 정계에 영향력을 행사한 결과로 발생한 일이다. 트럼프 집권기에 중국산 제품에 부과한 관세의 유효기간이 끝나갈 무렵인 2022년에 바이든 행정부가 관세 유지 여부를 결정하고자할 때, 관세를 유지하기 위해 400개가 넘는 미국 기업들이 청원했다 (SCMP, 2022).

기업 유턴에서 워싱턴 유턴에 이르기까지

과거에는 중국의 사정을 대변하던 미국 기업 가운데 일부는 놀랍게도 중국의 이해관계와 충돌하는 입법 로비를 추진하는 입장으로 돌아섰다. 캐터필러Caterpillar의 사례가 대표적이다. 이 회사는 2010년 이전에는 중국의 환율 조작을 비난하며 중국 제품에 보복관세가 부과되도록 승인한 하원 입법안을 반대하는 로비에 공공연히 나섰던 곳이다. 그러나 2010년 이후 캐터필러는 기존 입장을 뒤집고 해당 법안을 옹호하기 시작했다. 위안화 가치가 강세를 보이면 중국에 수출하는 기업에게만 이득이 될 뿐 아니라, 자국 시장과 제3국 수출 시장에서 중국 기업과 경쟁하는 곳에도 도움이 된다. 그리고 중국 경쟁사가 내세운 상품 라인업을 보면, 캐터필러의 제품과 "의심스러울 정도로 유사성이 높은" 디자인을 보이고 있다(Hook, 2013). 캐터필러를 대변한 로비스트는 다음과 같이 언급하였다. "중국이 통화정책을 바꾸도록 하는 것은 중대한 이슈다. 현재 미국 정부와 재계 모두가 교역 조건에 심각한 불공정성을 야기하는 정책을 수정하라고 중국 측에 로비 중이다"(Wagreich 2013: 150

에서 재인용).

이러한 '미국 재계의 반중反中 봉기'(Wagreich, 2013)의 부상은 오바마 행정부의 환태평양경제동반자협정TPP 추진 노력을 보다 강화한 배후 요인이다. TPP는 중국을 제외한 대부분의 아시아-태평양 국가들과 미국을 포괄하는 자유무역지대를 구성하자는 제안이다. 이 협정의 내용이 강조하는 바는 지식재산권 보호, 시장 접근성 보장 그리고 국영기업이 민간기업의 경쟁자가 되지 못하도록 제한하는 것이다. 이것 모두 미국 재계가 중국과 관련해서 불만을 지닌 쟁점에 해당한다. 만일 TPP가 결성된다면, TPP는 중국 측에 참가 조건으로서 이들 정책과 관련된 개선을 요구하는 압력을 가할 것으로 보인다.

미-중 양국 간 경제협력(차이메리카)의 절정기에 중국 시장에서 실제 혹은 기대 혜택을 본 일부 미국 기업들은 중국의 '대리 로비스트' 구실을 했다. 이들은 로비를 통해 중국에 유리한 정책, 예컨대 미국이 중국에 '항구적 정상무역관계'[1] 지위를 부여하는 등의 입안을 추진하였고 중국을 환율조작국으로 지정하는 미 하원 입법안 등과 같이 중국의 이익에 반하는 정책과 법안에 전방위적으로 반대하였다. 워싱턴 정가에서도 이름난 로비업체의 어느 선임 로비스트가 지적한 바와 같이, "미-중 관계가 우호 노선을 벗어나지 않도록 하는 데 미국의 재계는 항상 선두에 서 왔다"(Wagreich, 2013: 151에서 재인용). 그러나 미국 기업이 더 이상 중국에 열광하지 않게 되자 중국의 이익을 위한 로비 활동 역시 둔화하였다.

---

1 [옮긴이] 정상무역관계란 미국 입장에서 '최혜국 대우'로 일컬어지는 관계를 뜻한다. 미국은 한 국가와 정상무역관계를 단절할 경우, 관세율 책정 등 해당 국가와의 교역과 관련된 사안을 취급할 때 즉각 WTO 비회원국과 같은 기준을 적용한다.

미국 기업이 중국의 이익을 위한 로비 활동에 열의를 상실함에 따라, 미국 정계에서 중국에 대한 매파 노선을 견제하던 핵심 세력이 취약해졌다. 과거에는 미국 재계의 친중 로비로 인해 견제 받았지만 이제는 국가안보의 차원에서 대중 강경책을 추구하는 정치세력들이 활개칠 수 있는 상황이 도래하였다. 미국에서 지정학적 매파에 속하는 군사-정보-외교 부문의 상층부 일각에서는 꾸준히 중국에 대해 경각심을 가질 것을 촉구해 왔다. 중국이 자국의 사이버안보와 아시아-태평양 지역에 대한 지배력에 해가 된다는 것이다. 그러나 중국의 군사적, 지정학적 강화에 심각한 대응 조치를 취할지 여부를 두고서는 '차이메리카' 절정기에 들어선 행정부 모두 미-중 경제협력에 해가 될 수 있다는 우려 때문에 조심스러운 태도를 보였다. 그런데 대략 2010년을 기점으로 이와 같은 경제적 고려 사항들의 우선순위가 떨어지자, 정책 수립 과정에서 강경파 시각의 지정학적 정견이 지닌 위상이 드높아졌다. 오바마의 '아시아 중시Pivot to Asia' 정책 또한 이러한 변화의 귀결에 해당한다. 2011년에 시동을 건 아시아 중시 정책은 중국의 해양력 강화를 견제하고자 태평양 쪽으로 미국의 해양력을 보다 많이 투사하는 것을 목표로 한다 (Lieberthal, 2011). 미 해군은 2013년부터 정기적으로 '남중국해 항행의 자유 작전'을 실시하고 있다. 이는 자국 군함들이 세계 해운산업에서 핵심적인 위상의 해역을 가로질러 항해하는 작전으로 중국은 이 구역을 자국의 해양 영토로 간주하고 있다. 미-중 해군 간 경계와 대립 상태는 미-중 관계의 새로운 표준이 되었다.

국가안보에 있어 강경파가 활개치고 정책 수립을 좌우하게 되자 중국과의 지정학적 경쟁에서 승리하기 위한 필수적인 정책이 미국 정계에서 채택될 가능성이 높아졌다. 비록 이러한 정책이 미국 재계 일

각의 이익을 침해할 수 있다 하더라도 그렇다. 가장 주목할 만한 사례
는 화웨이에 대한 미국의 정책 노선 변화를 거론할 수 있다. 화웨이는
중국의 거대한 민간 첨단기술 기업으로 중국 인민해방군 및 정보기관
과 밀접한 커넥션을 맺고 있는 것으로 알려져 있다. 화웨이가 가치사슬
의 상층부로 이동하면서 첨단 정보통신기술에서 세계적으로 손꼽히
는 주역으로 부상했을 때, 이들은 미국의 첨단산업계와 우호적 제휴 관
계를 맺었다. 화웨이는 개인 통신기기 제조업체이자 동시에 통신 인프
라 시스템 업체이기에 미국 혹은 미국의 동맹국인 한국, 대만의 첨단기
술 기업으로부터 조달되는 고성능 컴퓨터칩과 첨단 부품에 의존하고
있었다. 특히 한국과 대만의 제품 역시 미국의 기술 라이선스에 의존하
고 있다. 새롭게 부상하는 글로벌 대기업으로서 화웨이는 미국 주도의
첨단 제조업 공급망에 긴밀히 연계되어 있으며, 화웨이는 미국 기업과
경쟁하기 보다는 미국 기업의 제품을 대량 구매하는 주요 고객이었다
(Pham 2019; Matsumoto & Watanabe 2020).

　　미국의 국가안보 당국자들과 하원이 화웨이와 중국 군부 사이의
연계와 사이버 안보상의 위험 문제를 처음 제기하였을 때, 미 행정부
는 이를 과도한 우려로 치부하고 일축한 바 있다. 미 행정부는 화웨이
의 미국 진출을 계속 지원했다. 부시 행정부 또한 화웨이의 미국 시장
진입에 우호적이었다. 미 행정부는 화웨이에 대한 미국 외국인 투자 위
원회의 검토가 지닌 공신력을 떨어뜨리려고 했다. 이는 화웨이와 미국
기업 사이의 합병을 촉진하기 위함이었다(Homeland Security News Wire,
2007). 2010년에는 부시 행정부의 국가안보 당국에 몸을 담았던 인사
가 화웨이에 미국 시장에서의 사업 발전 관련 고문으로 채용되는 일도
있었다(Kirchgaessner, 2010). 이와 같은 미-중 첨단기술 기업 간 협력은

오바마 집권 초기까지 유지되었으나 이후, 반전이 일어났다.

백악관과 미 하원은 2012년 들어 화웨이의 잠재적 안보 위험에 대해 검토하였고, 그 결과 2013년부터 미국의 정부 조달에서 화웨이 제품들을 완전히 배제하였다(Schmidt et al., 2012; Menn, 2012). 2014년에는 미 국가안보국NSA도 화웨이에 대한 조사에 착수하는데, 이는 중국 정부의 거친 반응으로 이어졌다(Gokey, 2014). 사실 2010년대 초반 미국 정계에서 화웨이와의 협력 대신 화웨이의 영향력을 차단하는 방향으로 방향을 선회했을 때부터 이러한 변화는 기저에서 진행되기 시작했다. 이는 미국이 동맹국의 원격통신망 인프라에서 화웨이를 제외하도록 강권하는 정책으로 발전하였다. 미국산 컴퓨터칩은 물론 미국제 기술을 탑재한 컴퓨터칩을 화웨이에 팔지 못하도록 하는 조처 또한 이어졌다. 이처럼 화웨이에 대한 공세적인 정책은 트럼프 행정부가 고안한 것이었으나 하원의 양당 모두로부터 지지를 받게 된다. 트럼프 집권기 백악관에서 2019년 화웨이에 대한 산업 장비·부품 판매 금지 규제를 완화하고자 했을 때, 오히려 공화, 민주 양당으로부터 즉각적인 반발이 일어났다(Miller, 2019). 이러한 공세적 정책은 국가안보 관련 고려 사항 때문이었다. 사실 화웨이에 대한 제재는 미국의 첨단기술업체 대다수의 이해관계에 반하는 조치였는데, 왜냐하면 화웨이가 세계적 수준으로 성장할 수 있던 기반이 된 산업 장비·부품·기술력을 제공한 당사자가 바로 미국의 첨단기술업체였기 때문이다. 따라서 화웨이의 사례는 미-중 관계의 구조적 조건에 반전이라고 부를 수 있는 수준을 넘어설 정도로 심대한 변화가 발생했다는 것을 예증한다.

미국 재계가 미-중 대립을 추구하는 외교당국 엘리트들을 더 이상 억제하지 않고 나아가 미-중 우호 노선에 대한 지지가 약화된 시점은 때마침 세계화 전반에 대한, 특히 대對중 무역에 대한 대중의 반감이 최고조가 된 시점과 일치한다. 조직노동과 이들을 대표하는 정치인들은 신자유주의 세계화의 부상과 미-중 자유무역에 대해 완강히 반대해 왔다. 1990년대 초반부터 세계화 비판론이 전망한 바와 같이, 세계화로 인한 제조업 일자리의 대규모 해외 이전과 실업을 경험하면서 이러한 피해에 가장 취약했던 노동자들은 유력한 투표 계층을 형성하였다. 이 계층은 국제무역에 부정적인 정치인들에게 힘을 실어 주었는데, 2016 년 대선 시기 급부상한 좌파의 버니 샌더스와 우파의 도널드 트럼프가 모두 여기에 해당한다.

트럼프와 샌더스 모두 중국과의 무제한적 자유무역이 그릇된 정책 기조였다고 보았다. 트럼프가 대통령에 취임한 후 그는 광범위한 중국산 제품군에 고율의 관세를 부과함으로써 중국과의 무역 전쟁을 시작했다. 미국의 정가에서는 정당과 정파를 불문하고 대중 무역에 대한 회의감과 적대감을 표명하였다. 심지어 트럼프 이후 새로 집권한 바이든 행정부에서도 트럼프의 대중 무역 관세 정책을 철회하지 않을 것이라 표명했고 중국과의 대립적 노선을 계속 이어 가고 있다. 이렇듯 미국 정가에서 중국에 대한 강력한 적대를 품고 있게 된 원인은 미국의 첨단기술 기업과 노동계급 투표자들의 이익이 합치된 데 있다.

결론

미국과 아시아 신흥국의 경제 사이에 지식재산권 분쟁이 발생하고 이것이 무역 전쟁으로 귀결되는 상황은 예전에도 존재하였다. 오늘날 미-중 간의 첨단기술 경쟁과 무역 전쟁은 많은 면에서 과거 일본, 한국, 대만 등 과거 동아시아 신흥 산업국들이 산업 고도화를 추구할 때 미국과 겪었던 갈등이 반복된 것으로 보인다.

일본, 한국, 대만의 지식재산권 위반과 기술 탈취에 대한 미국 측의 반발은 미국 기업의 불만에서 비롯되었고, 이는 동아시아 신흥 산업국에 지식재산권을 준수하도록 제도와 법을 개정하라는 압력을 넣는 것으로 이어졌다. 해당 국가들은 안보 문제와 관련하여 미국에 의존하고 있었고, 미국 헤게모니 체계 속의 하위 파트너이기도 했다. 따라서 이들은 미국식 제도를 본 따 지식재산권 보호를 위한 제도를 마련했다. 처음에는 미국 기업들이 이러한 제도 수립의 수혜를 입었는데, 새로운 제도가 미국 기업의 최첨단 기술력을 보호해 줬기 때문이다. 그러나 시간이 지남에 따라 지식재산권 보호제도는 이들 동아시아 국가의 자체적인 기술 혁신을 촉진시키고 동아시아 신흥국 경제가 첨단산업 강국으로 자리 잡는 결과로 이어졌다(Sun, 1998; Choe, 1999).

반면 중국의 경우, 과거 미국과 지식재산권 분쟁을 겪은 동아시아 국가들보다 지정학적으로 보았을 때 훨씬 강력하고 미국에 덜 의존적이다. 그 덕에 중국은 미국의 압박을 견뎌 낼 수 있었고 지식재산권 보호제도를 구축하지 않은 채 시간을 벌 수 있었다. 그런데 이러한 중국의 성공은 역설적으로 중국 정부가 혁신 체계를 발달시키고자 천문학적인 금액을 투자하고 있음에도 불구하고 중국의 자생적인 혁신 체계의 미발달로 이어졌다. 개별 기업이 별 탈 없이 해외 경쟁업체의 기술을 전용하여 사용할 수 있다면, 이들에게 기술혁신을 추구하는 진지한 노력에 투자할 이유도 없다. 이는 중국이 미국을 상대할 때 정치적으로 강력했다는 점에서 비롯된 역설이며 미-중 간의 보다 광범위한 지정학적 경쟁과 결합된 미-중 기술 전쟁의 근본적 원인이 되었다.

이 글에서는 미-중 첨단기술 전쟁과 여타 광범위한 갈등이 미국 정치 지도자의 비상식적인 의사결정 때문에 벌어진 일이 아니라는 것을 보여주었다. 오히려 이 갈등은 미국과 중국의 불균등 결합 발전에서 비롯된 것으로 볼 수 있다. 중국은 경제적 부진 속에서 노동집약적 제조업에서 벗어나 첨단산업 부문에 진입하고자 하는데, 이로 인해 미국 기업과의 자본 간 경쟁 역시 발생하게 되었다. 미국 재계 또한 중국의 저비용 노동에 의존해 왔고 중국의 첨단기술 기업과 경쟁에 돌입할 준비가 되어 있지 않다. 이러한 구조적 요건이 변하지 않는 한 향후 미-중 무역 전쟁이 지속될 것이며, 미-중 간 갈등도 해가 갈수록 격화될 것이다.

참고 문헌

Appelbaum, R., C. Cao, X. Han, R. Parker, & D. Simon 2018. *Innovation in China: Challenging the Global Science and Technology System,* Oxford, UK: Polity.

Chen, L. Y. 2018. China Claims More Patents Than Any Country—Most Are Worthless. Bloomberg September 27, 2018. https://www.bloombergquint.com/technology/china-claims-more-patents-than-any-country-most-are-worthless

Choe, A. 1999. Korea's Road Toward Respecting Intellectual Property Rights. *Rutgers Computer and Technology Law Journal.* 25(2): 341-374.

CDBC News. 2014. Establishment of China Integrated Circuit Industry Investment Fund(ICF) and Its Management Company https://www.cdb-capital.com/GKJR/informationen/17102015224017

Davis, B. & W. Lingling. 2020. *Superpower Showdown: How the Battle Between Trump and Xi Threatens a New Cold War.* New York: Harper Business.

Financial Times. 2022. China's Big Fund corruption probe casts shadow over chip sector. September 28, 2022.

Department of Justice 2018. Court Imposes Maximum Fine on Sinovel Wind Group for Theft of Trade Secrets. July 6, 2018. https://www.justice.gov/opa/pr/court-imposes-maximum-fine-sinovel-wind-group-theft-trade-secrets

Finnie, P. 2019. Why China's impressive patent rates don't tell the whole story. *NS Tech.* February 11, 2019. https://tech.newstatesman.com/guest-opinion/china-patent-rates

Gokey, M. 2014. Obama defends NSA Spying on Huawei - Furious China Demands Explanation, *Tech Times*, March 24, 2014.

Homeland Security News Wire. 2007. White House plans to weaken CFIUS security review powers. *Homeland Security News Wire*, November 12, 2007.

Hook, L. 2013. Caterpillar digs into trouble in China. *Financial Times*. Feb 11, 2013. https://www.ft.com/content/5dc97f12-7363-11e2-9e92-00144feabdc0

Hung, H. 2021. Growth Towns. *Phenomenal World*. https://www.phenomenalworld.org/analysis/evergrande/

_____. 2022. *Clash of Empires: From "Chimerica" to "New Cold War"* Cambridge: Cambridge University Press.

Hu, A. G. Z., H. Zhang & L. Zhao. 2017. China as number one? Evidence from China's most recent patenting surge. *Journal of Developing Economics.* 124: 107-119.

Kirchgaessner, S. 2010. Former US official joins Huawei consultancy. *Financial Times*, October 20, 2010.

Lieberthal, K. 2011. The American Pivot to Asia. Brookings Institution. https://www.brookings.edu/articles/the-american-pivot-to-asia/

Matsumoto, N. &N. Watanabe. 2020. Huawei's base station teardown shows dependence on US-made parts. *Nikkei Asia*. October 12, 2020. https://asia.nikkei.com/Spotlight/Huawei-crackdown/Huawei-s-base-station-teardown-shows-dependence-on-US-made-parts

Menn, J. 2012. "White House-ordered review found no evidence of Huawei spying: sources," *Reuters*. October 17, 2012.

Meredith, R. 2010. Bearish. *Forbes*. February 10, 2010. https://www.forbes.com/global/2010/0208/companies-united-states-china-business-growing-bearish.html?sh=756652b8567b

Miller, M. 2019. Trump reversal on Huawei gets bipartisan pushback. *The Hill*. July 2, 2019. https://thehill.com/policy/cybersecurity/451260-trump-reversal-on-huawei-gets-bipartisan-pushback

Pham, S. 2019. Losing Huawei as a customer could cost US tech companies $11 billion.

CNN. May 17, 2019. https://www.cnn.com/2019/05/17/tech/huawei-us-ban-suppliers/index.html

Reuters. 2011. "Remarks by Obama and Hu at Washington news conference" January 19, 2011. https://www.reuters.com/article/us-usa-china-highlights-newsconference/remarks-by-obama-and-hu-at-washington-news-conference-idINTRE70I5SR20110119

Schmidt, M. S, K. Bradsher & C. Hauser 2012. "U.S. Panel Cites Risks in Chinese Equipment," *New York Times*, October 8, 2012.

SCMP. 2022. US receives over 400 requests to keep China tariffs, Joe Biden still 'figuring it out.' SCMP. July 6, 2022.

Su, A. Y. 1998. From Pirate King to Jungle King: Transformation Taiwan's Intellectual Property Protection. *Fordham Intellectual Property, Media and Entertainment Law Journal.* 9(1): 67-171.

Tai, K. 2022. Remarks by Ambassador Katherine Tai at the Roosevelt Institute's Progressive Industrial Policy Conference. Office of the US Trade Representative. https://ustr.gov/about-us/policy-offices/press-office/speeches-and-remarks/2022/october/remarks-ambassador-katherine-tai-roosevelt-institutes-progressive-industrial-policy-conference

US Chamber of Commerce and American Chamber of Commerce China. 2017. *A Blueprint for Action: Addressing Priority Issues of Concern in U.S.-China Commercial Relations.* Washington DC: US Chamber of Commerce and American Chamber of Commerce China.

US China Business Council. 2014. Competition Policy and Enforcement in China. https://www.uschina.org/sites/default/files/AML%202014%20Report%20FINAL_0.pdf

Wagreich, S. 2013. Lobbying by Proxy: A Study of China's Lobbying Practices in the United States, 1979-2010 and the Implications for FARA. *Journal of Politics and Society.* 24(1): 130-160.

WIPO. 2020. China Becomes Top Filer of International Patents in 2019 Amid Robust Growth for WIPO's IP Services, Treaties and Finances. WIPO April 7, 2020. https://www.wipo.int/pressroom/en/articles/2020/article_0005.html

Zarroli, J. 2018. It Was A Company With A Lot Of Promise. Then A Chinese Customer Stole Its Technology. NPR April 9, 2018. https://www.npr.org/2018/04/09/599557634/it-was-a-company-with-a-lot-of-promise-then-a-chinese-customer-stole-its-technol

Zenglein, M. J. & A. Holzmann 2019. Evolving Made in China 2025: China's industrial policy in the quest for global tech leadership. Mercator Institute for China Studies. https://

kritisches-netzwerk.de/sites/default/files/merics_-_evolving_made_in_china_2025_-_chinas_industrial_policy_in_the_quest_for_global_tech_leadership_-_2._juli_2019_-_80_seiten.pdf

2 대항 헤게모니 성격의 신자유주의 EU 플랫폼 규제에 대한 이해

필립 슈탑

1. 들어가는 말

비판적 기술 연구자들이 지적하듯이 근대 사회에서 디지털 기술들은 권력의 중심 위치로 변화해 왔다. 특히 알파벳/구글, 애플, 아마존, 메타/페이스북 등 '메타 플랫폼'의 부상을 보라. 메타 플랫폼의 부상은 디지털 경제 내에서 시장 지배의 맥동하는 심장으로 여겨진다. 디지털 경제 시대 정치와 빅테크의 통제 문제에 대한 관심이 지대했음에도 불구하고 플랫폼 경제에 대한 포괄적 규제 틀의 수립이라는 개념은 최근까지도 단지 학계, 정계, 대중의 논의 대상에 머물러 왔다. 최근에야 이 쟁점은 논의의 영역을 벗어나 드디어 법제화의 영역에 편입됐다. 미국 의회의 경우 '오픈앱 마켓법the Open App Markets Act'과 '미국의 혁신과 선택을 위한 온라인 법the American Choice and Innovation Act' 등 딱히 대단하지도 않은 정책조차 여전히 논의를 거치는 단계에 있다. 반면 EU는 포괄적인 일군의 규제 계획을 밀어붙여 왔다. EU 집행위원회는 2019년 이래 경쟁, 컨텐츠, 데이터, 노동 조건 분야를 다루는 일군의 정책을 야심차게 발표해 왔는데, 각 분야별 해당되는 법(안)으로 '디지털시장법

Digital Markets Act, 이하 DMA', '디지털서비스법Digital Services Act, 이하 DSA', '데이터거버넌스법Data Governance Act, 이하 DGA'과 '유럽데이터법European Data Act, 이하 EDA' 그리고 '플랫폼 노동 조건개선 입법지침안Platform Work Directive, 이하 PWD'이 있다.

EU 역내에 선도적인 플랫폼 기업은 사실상 없다시피 하다. 그래서 흔히들 EU를 기술 플랫폼이 시장에 행사하는 헤게모니에 종속된 '디지털 느림보'로 여기곤 한다. 반면에 실상을 보면 EU는 디지털 규제의 선도 주자이다. EU가 입안한 규제가 타국에는 관련 정책 수립의 청사진과 같은 구실을 해 줄 수도 있다. 이른바 '브뤼셀 효과'가 작용할 수 있는 것이다. EU 권역 내부에 그치지 않고 플랫폼 경제의 잠재적 궤적을 이해하려면 EU의 플랫폼 규제 활동을 제대로 이해하는 것이 중요하다.

EU가 제안한 입법안은 예외 없이 전문가들이 참여하는 다층적 논의 과정을 거쳐야 한다. 개별 입법안은 각각의 쟁점에 대한 일군의 전문가들이 견지하는 관점을 출발점으로 삼게 된다. 이는 독점금지법·경쟁 정책 분야 법조인부터 소셜미디어의 거버넌스와 데이터 규제에 관심을 가지는 정책보좌관 그리고 플랫폼 노동 문제를 상대하는 노동조합까지 포괄하는 것이다. 이러한 정치 영역 내의 전문적인 논의를 추적하는 대신, 나는 관련 입법으로 인해 발생한 플랫폼 권력 내부의 분쟁에 초점을 맞추면서 EU 플랫폼 규제를 독해하고자 한다. 이는 플랫폼 경제의 형성에 개입된, 경쟁하는 세력과 입장을 파악하고자 함이다. 우선 EU 정책의 타깃이 되는 여러 플랫폼 공룡의 권력 자원과 전략을 분석하고, 플랫폼 경제의 부상과 플랫폼 거대 기업 권력의 자원을 다루고 있는 문헌을 선택적으로 검토하고자 한다(2절). 시장 지배 전략에 분석의 초점을 둠으로써, '디지털 통제'의 네 가지 차원에 관한 논의를 도출하고자 한다. 이 글에서 나는 이것들을 독점적인 플랫폼 소유자가 추구하는 '사유화된 디지털 시장 설계' 전략으로 규정한다. 글의 3절에서는 앞서 분석한 네 가지 차원의 범주를 활용하여 EU 플랫폼 규제를 분석할 텐데, 이때 각 법률의 특수성보다는 이들이 공유하는 포괄적인 이념적 궤적을 파악하고자 한다. 나는 해당 규제가 사적인 플랫폼에 의한 시장 지배에 대항하는 의도로 이뤄지는 '정치적 시장 설계' 수단의 일환이라는 주장을 펼칠 것이다. 4절에서는 플랫폼 경제에서 '사유화된 기업에 의한 시장 설계'와 공공에 의한 시장 설계 사이의 갈등 쟁점을 파악하기 위해 정치경제학 문헌들을 참조할 것이다. 요지는 EU의 플랫폼 규제가 '기업가적'(Mazzucato, 2014)이거나 '발전적'(Block, 2008)인 노선을 지향한 것이 결코 아니라는 것이다. 흔히들 미국에서 플랫폼 경제가 부흥한 요인이 바로 이러한 노선의 실현이라고 지적한다. 그러나 EU의 실상을 살펴보면, 해당 규제 방안의 형성은 그러한 노선 설정이 아니라 경로의존성 속에서 이뤄졌다는 점을 알 수 있다. 일련의 정책이 결국 EU의 소극적 통합 그리고 질서자유주의와 신자유주의와 같은 이념적 궤적이라는 경로의존성 속에서 형성되었다는 것이다. 따라서 나는 EU가 사적 플랫폼 권력에 맞서는 동시에 정치적 디지털 시장 설계의 친시장 프로그램을 추진함으로써 실제로는 우리가 '대항 헤게모니 성격의 신자유주의'라고 규정하는 관행에 개입하고 있다고 결론짓고자 한다(제5절).

2. 디지털 부문에 대한 사유화된 시장 설계의 눈부신 성장

주류 시각에 따르면 플랫폼 기업이 이룩한 눈부신 성장은 전적으로 사적인 기업가적 활동 덕분이라고 알려져 있지만, 비판적 정치경제학 이론은 이를 매우 다른 방식으로 설명하고 있다. 관련 문헌에서 알 수 있듯이 주로 미국에 기반을 두고 있는 대형 플랫폼은 두 가지 지배적인 국가개입 방식을 따르고 있다. 첫째로, 사적 기업들의 성장 기반으로 활용될 수 있었던 다양한 컴퓨터 기술은 공적 투자를 통해 개발된 것이었다. 대체로 그러한 기술의 개발 주체는 다름 아닌 미국 군산복합체였다(Schiller, 2000, 2014; Mazzucato, 2014 참조). 이와 같은 관점의 연구에 따르면 미국 플랫폼 산업의 맹아가 창출되고 발전하여 만개하는 과정에서 중대한 구실을 수행한 것은 '기업가적 국가entrepreneurial state'(Mazzucato, 2014) 혹은 '발전국가developmental state'(Block, 2008)의 형성과 그 정책(자원 조달, 창구 개방, 중개, 활성화)이었다. 둘째로, 국가는 반독점 정책을 통해 AT&T의 통신 산업 독점을 정치적으로 해체하는 형식으로 구글이나 애플과 같은 후발 기업이 진출할 시장을 마련했다. 이것보다 광의의 플랫폼 경제 또한 그 덕에 자리 잡을 수 있었다(Kushida, 2015).

그에 비해서 EU의 관련 제도 여건 마련 상황은 파편적임이 드러났다. 미국과 달리 유럽의 발전주의적 국가 운용은 재정 동원 능력이나 시장에 미치는 범위가 제한되어 대개 국가 차원에서 이뤄졌다. 덧붙여, 프리츠 샤프(Fritz Scharpf, 2008; 2009)의 주장대로 유럽 통합 과정을 규정하는 것은 소극적 통합과 적극적 통합 사이의 근본적 비대칭성이다. 소극적 통합의 본질은 관세 철폐를 비롯하여 자유무역에 대한 양적·질적 제한, 자유경쟁에 있다. EU에서는 경제통합의 지배적 노선이 이와 같은 방식을 따랐기 때문에, 경제정책과 규제 권한의 적극적 통합은 제한적 수준에 머물렀다(Scharpf, 2008: 50-51). 현재까지도 소극적 통합이 우세하고, 그로 인해 디지털 분야에서 개입주의적 발전 정책은 체계적으로 차단되었다. 더군다나 각국의 독점적 통신업체가 느리게, 그것도 극히 부분적으로만 해체됐기 때문에 기존 운영 주체의 권력이 더 강해지기도 했다(Kushida, 2015). 오히려 주안점은 거시적 차원에서의 시장 설계가 각국 국민경제에 조화되는 것을 지향하는 소극적 통합에 있었다. 이처럼 EU는 발전국가적 개입보다는 시장의 규칙 설정을 '선호'해 왔다. 적잖은 이들이 지적에 따르면 이는 독일과 오스트리아의 질서자유주의 전통의 영향을 크게 받은 것으로 보인다(Schnyder and Siems, 2013). 현재 EU의 '질서자유주의적' 성격이 얼마나 짙은지에 관해서는 논란의 여지가 있지만(Cardwell and Snaith, 2018, Schnyder and Siems, 2013) 적어도 '계획경제'에 입각한 산업정책은 부재하고 '자유시장'의 조정을 선호한다는 점에서, 질서자유주의적 정책 결정이 확고히 뿌리내린 것으로 보인다(Fouskas and Roy-Mukherjee, 2019).

킨 버치(Kean Birch, 2020)에 의하면, 소극적 통합의 정치는 주로 시장 설계에 관한 것이기 때문에 실용적이고 이념적인 궤적을 본질적으로 신자유주의적 방식으로 구성할 수 있다. 버치(2020)는 이를 오늘날 신자유주의 실천의 핵심으로 이해한다. 그는 신자유주의의 개념이 굉장히 애매모호하거나 불분명하다는 점을 인정함으로써 이러한 결론에 도달했다. 따라서 버치는 신자유주의를 개념화할 때 '과정적'으로 접근해야 한다고 주장한다. 시간이 흘러가면서 신자유주의가 어떻게 발전했는지, 시장을 이해하는 방식이 어떻게 달라졌는지, 시장이 어떻게 지배되고 무엇에 적용되어야 하는지 등에 대한 고려가 필요하다. 그는 "시장이란 무엇인가 혹은 무엇을 해야 하는가"에 대한 여러 신자유주의 사상가의 견해가 상당히 '이질적'임을 언급한다(ibid: 14). 신자유주의의 대부로 알려진 오스트리아 학파의 프리드리히 하이에크와 시카고 학파의 밀턴 프리드먼은 정부에 의한 경제 계획과 개입이 시장을 왜곡시킨다고 비난했다. 반면 "시카고 학파 가운데 게리 베커(1992)와 같은 일군의 사회학적 신자유주의자는 사회 자체를 곧 시장이란 식으로 치부했다"(ibid., 15; cf. Birch 2017). 한편 버치는 최근의 신자유주의적 관행은 리처드 포스너(Richard Posner, 1973)가 제시한 시장 개념을 따르고 있다고 지적한다. 포스너는 "시장은 공공 부문에 속하는 것이든 민간 부문에 속하는 것이든, 제도적으로 관료적인 수단 따위에 의해 설계되고 조직된다"고 주장했다(Birch, 2020:.16에서 재인용). 그중에서 EU의 질서자유주의적·신자유주의적 전통은 특히나 시장 설계자 구실을 국가가 맡는 형태로 구현됐다. 해당 구실은 경쟁의 기본 규칙을 세우고 이를 감독하는 것이다.

오늘날 플랫폼 경제와 다양한 플랫폼이 지닌 시장 지배력의 원천과 관련해서 앞서 살펴본 견해를 적용하자면, 이들 기업이 데이터를 기반으로 시장 프로세스와 제도를 설계하려 함으로써 신자유주의 국가의 규제 우선권에 근본적으로 도전한다는 것이 분명해진다. 일련의 플랫폼 자본주의 이론은 이 점을 엄밀하게 강조하면서 종종 지배적 플랫폼 기업의 경제적 실천은 데이터의 확보와 상품화에 있다고 말한다. 일례로 쇼샤나 주보프(Shoshana Zuboff, 2019)는 첨단기술업체가 지닌 경제적 지배력을 비판하면서 기본적인 데이터 경제와 그 사회적 결과에 초점을 맞춘다. 그는 디지털 시대의 주된 혁신이 심대한 사회·경제적 변혁을 수반하는 새로운 유형의 자원과 이윤 창출 기회를 발굴해낸 것이라고 주장한다. 기술 기업은 서비스를 개선하고 판매하기 위해 개인정보를 추출하고 가공할 뿐 아니라 사용자의 행동을 예측하거나 수정하는 능력을 강화한다. 닉 서르닉(Nick Srnicek, 2017; 2018)은 플랫폼 기업이 사용자의 개인정보를 사적으로 전유함으로써 자신들의 헤게모니를 구축하는 방식에 대해 논한다. 그는 플랫폼을 중개 매체 구실을 하는 디지털 인프라로서 '승자독식' 논리하에서 '자연독점' 지위를 차지하는 경향이 있는 존재로 규정하는데, 이는 오늘날 통용되는 일반적 규정과 동일한 것이다(Srnicek, 2017). 플랫폼의 입장에서는 '데이터 해자data moats'를 구축하는 것이 시장 지배력을 키우기 위한 중추적 전략이다. 이는 이질적인 참가자 집단(고객, 광고주, 기업 등)을 묶어 내서 플랫폼상에서 이들의 상호작용을 활성화시킴으로써 데이터의 집계 및 통제를 극대화하는 것을 의미한다. 데이터를 확보하고 집계하여 활용하는 것은 플랫폼 기업으로 하여금 향상된 제품과 서비스를 제공하기 위해 필요한 지식을 획득할 수 있게 해 주고, 그 결과 기업은 경쟁력을 향상시키고 시장에서 지배적인 입지를 차지할 수 있게 된다. 시장에서의 지배적인 입지를 차지하게 되면, 주도적 플랫폼의 입장에서 유리한 경로의존성들을 창출해낸다. 왜냐하면 다른 시장 참여자들이 이 주도적 플랫폼을 중심으로 사업 모델을 짜낼 것이고, 그들의 인프라와 서비스 유지에서 공통의 이해관계를 갖게 될 것이기 때문이다.

플랫폼을 이론화할 때 세 번째 고려 사항은 플랫폼이 알고리즘적 관리 기법들을 활용하여 시장 과정을 미세하게 디자인함으로써 자신들의 지배력을 강화하는 방식 그 자체에 대해 보다 직접적으로 탐구하는 것이다. 슈탑(Staab, 2022)이 지적했듯, 다양한 산업별 플랫폼 그리고 구글과 아마존처럼 보다 광범한 플랫폼 생태계 모두에서 수요와 공급 양 측면에서 사용자 데이터를 활용하여 그들이 보유한 디지털 시장을 관리하고 공급자로서 시장에 참여하는 주체들에게 조세와 같은 것을 부과함으로써 이윤을 수취한다. 예를 들어 구글과 애플은 자사 앱스토어상 상거래에서 취득된 이윤의 30%를 취득하게 되어 있고, 음식 배달 플랫폼은 요식업계로부터 일정액을 취득하며, 아마존의 전자상거래 플랫폼에 참가하는 판매자가 납부해야 하는 요금 등이 이에 해당한다. '상거래 플랫폼'(Gawer and Srnicek, 20121)은 본질적으로 경제적 교환의 장소, 즉 하나의 시장이다(Staab, 2022). 따라서 플랫폼 기업의 시장 지배력은 시장 **내부**의 권력이 아니라 시장을 소유하고, 통제하는 것이다.

자동차, 의료, 배달, 지불 등 다양한 산업 부문에서 플랫폼 시장이 설립되자, 구글(안드로이드)과 애플iOS은 그보다 큰 시장 환경인 '메타 플랫폼', 요컨대 '디지털' 혹은 '사회-기술적 생태계'(Van Dijck et al., 2018)를 조성하여 디지털 경제에서 특권적 지위를 차지하게 됐다. 개별 기업이 운영하고 있는 소유권 시스템이 수요-공급의 상당 분량을 차지하고 있다는 점에서, 메타 플랫폼들은 포괄적 디지털 상거래 체계의 '소유권 시장proprietary markets'을 창출하고 있다.

이런 맥락에서 알고리즘적 경영 행위는 사유화된 주체에 의해 세밀하게 디지털 시장을 설계하는 정교한 수단이라고 볼 수 있다. 시장을 궁극적 정보 처리자로 보는 하이에크의 정의를 따르면, 시장 설계는 시장 제도를 조정하여 시장의 참가자가 정보를 제공할 동인을 제공하고(Nik-Khah and Mirowski, 2019) 이렇게 수합한 정보를 통해 게임이론적 전략에 따른 행위를 방지하여 시장실패를 막기 위해 활용한다(Hitzig, 2020). 디지털 경제에서 조사와 실행의 영역으로서 시장 관리는 확실히 디지털 데이터의 관리에 의존한다(Posner and Weil, 0218; Roth, 2015). 왜냐하면 데이터 기반 플랫폼 시장의 관리는 시장 소유자에게 해당 데이터와 그 상응하는 경제적 교환의 인프라에 대한 완전한 통제권을 부여하고, 지배적인 플랫폼 기업은 "개별 시장 참여자의 행동을 유발하는 인센티브가 시장 설계자의 전반적 목적과 부합하도록" 자신의 소유권 시장 제도를 설계함으로써 수백만 명의 경제적 조건에 직접적으로 영향을 미치는 시장개입을 실행할 수 있기 때문이다(Ockenfels, 2013). 바로 이들이 플랫폼 기업이다. 플랫폼 기업들이 활용하고 있는 알고리즘적 관리는 본질적으로 디지털 시장이 어떻게 설계, 변형, 조정되는지의 문제다. 슈탑에 따르면 민간 부문에 의한 디지털 설계 기법을 크게 네 가지 집합으로 나눠 볼 수 있다(Staab, 2022).

첫째, **데이터 통제**란 상품과 서비스, 시장 참여자 행태, 커뮤니케이션, 거래, 재고 물량, 가격 등을 측정하고 평가하여 시장 정보를 독점적으로 취득하는 것을 말한다. 완전한 통제를 위해 플랫폼 기업은 모든 트래픽을 자사 소유의 서버에 집중시켜야 하고, 사용자 정보 중 어떤 부분이 필수적 혹은 선택적으로 제공돼야 하는지를 자신들의 웹사이트 인터페이스 디자인을 통해서 결정한다. 플랫폼의 자동화된 유저 모니터링은 수요 변화에 대한 세밀한 추정이 가능케 하고, 회사의 상품 디자인과 배치의 효율적으로 최적화할 수도 있게 된다. 데이터 통제는 또한 경쟁 플랫폼으로 사용자가 옮겨 가는 비용을 증가시킴으로써 이른바 '잠금 효과lock-in' effect'를 강화하는 수단이기도 하다.

둘째, **접근 통제**를 통해 플랫폼은 공급 측면이든 수요 측면이든 인위적인 부족을 만들어 낼 수 있다. 플랫폼 기업은 소비자들이 선택하게 될 재화와 서비스를 통제하고 이들이 나타나는 질서 또한 통제한다. 또한 공급자들이 시장 규칙을 따르지 않을 경우, 고객에 대한 접근을 배제하거나 축소 심지어 차단할 수 있는 권한이 있다.

셋째, 지배적 플랫폼들은 경제적 지배력을 통해 직·간접적으로 공급업자들의 상품 판매가격을 조절한다. 요컨대 **가격 통제**를 행사하는 것이다. 예컨대 아마존이나 부킹닷컴의 경우 '최대 할인가 규정'을 통해 판매자들이 다른 곳보다 더 낮은 가격을 형성하지 못하게 한다. 아마존은 랭킹 알고리즘을 통해 제3자인 판매업체의 가격을 직접적으로 조정하기까지 한다(Kim, 2019).

넷째, 사업 운영과 관련해서 시장을 소유하고 있는 플랫폼이 정한 스탠다드를 따라야 시장에 참여할 수 있다. 이는 실질적인 **성과 통제**의 대표적 사례로, 플랫폼이 서비스 품질을 측정하고, 공급업체를 규율하기 위해 사용하는 불투명한 평가 시스템이다.

개별 주체가 시장 인프라를 악용해 자기 이익을 충족시킬 능력을 지닌 것은 누가 봐도 자유시장경제 원리의 핵심 교리와 충돌하는 것이다. 플랫폼 시장은 자유시장도 아니고 중립적이지도 않으며 모든 시장 참여자에게 동등하게 개방되어 있지도 않다. 역으로 디지털 플랫폼의 사유화된 시장 설계는, 시장 설계가 본디 국가의 전유물이라는 역사적 자유주의적 인식에 대한 도전이다(Staab, 2022). 따라서 EU 플랫폼 규제는 본질적으로 디지털 시장의 설계를 재정치화하려는 시도로 이해될 수 있다. 이러한 견해를 논증하기 위해서 다음 절에서는 EU의 플랫폼 규제 프로그램을 세밀히 살펴본 후에 각각의 정책이 실제로 꾀하는 바가 사유화된 디지털 시장 설계의 중추적 기둥이라고 규정한 알고리즘적 시장 관리 도구를 견제하기 위함이라는 것을 밝히고자 한다.

3. EU 플랫폼 규제:
사유화된 시장 설계에서 정치적 시장 설계로의 전환

사기업의 디지털 시장에 대한 설계는 수많은 파급효과를 낳았다. 국가의 정책 집행의 효력이 약화된 것도 그 일환이다. 다수의 플랫폼 기업은 기존 규제 법안을 우회하여 자신만의 시장 통제 권한을 확립했다. 보다 일반적 차원에서 말하자면, 인터넷을 매개로 경제활동이 이뤄지는 전환이 발생하면서, 국민국가의 규제 법안과 통치성의 효력이 매우 약화되었다. 최근에 EU에서는 디지털 경제를 규제하려는 새로운 흐름이 나타났다. 혹자는 이를 두고 심지어 '유럽의 데이터법이 일으킨 진화'(Streinz, 2021) 운운하기도 하고, 새로운 방식의 '데이터거버넌스법DGA'(Vijoen, 2020)이 플랫폼 경제의 시장 설계에 질서를 부과할 것이라고 말한다. 2016년 들어 EU는 〈일반 데이터 보호 규제〉를 도입했고, 이와 더불어 관련된 데이터 처리 관련 규제를 시행했다. 기존의 플랫폼 비즈니스 모델에 대해 규제 조치를 부과한 것이다. 우르줄라 폰 데어라이엔Ursula von der Leyen의 임기 동안 EU 집행위원회는 직접적으로 플랫폼 기반 시장 설계를 직접적으로 겨냥한 듯한 몇몇 법안을 제출했다. 이 글은 2019년 이후에 제시된 입법 초안을 살펴보고자 한다. 이에 해당하는 법안은 다음과 같다. 디지털시장법안(DMA, COM/2020/842 final), 디지털서비스법(DSA, COM, 2020/825 final), 데이터관리법(DGA/Com/2020/767 final), 플랫폼 노동조건 개선 입법 지침(COM/2021/762 final) 그리고 유럽데이터법(COM/2022/68 final)이 이에 해당한다. 이런 조처는 EU의 정책 결정자가 디지털 시장의 기저에 있는 중요한 요소를 파악하기 위해 취해졌다. 이러한 정책 패키지는 보다 긴 시야로 사기업의 시장 설계에 맞서기 위한 정치적 입법 조치를 시행하는 것이다. 이들은 이러한 방식으로 정치적 장악력을 다시금 손에 쥐려고 한다.

3절에서는 EU의 디지털 시장 설계 방법의 접근법을 크게 네 가지로 나누어 분석해 보고자 한다. 디지털 플랫폼에 의한 시장 설계의 문제를 해결하기 위해서 제안된 규제 관련 제안들은 많다. 여기서는 그중에서 가장 중요한 내용을 포함한 입법안을 살펴보고자 한다. 이를 통해 유럽의 플랫폼 규제가 시장을 통제하는 특별한 수준과 통제 내용과 형식 등에 대해서 이야기할 것이다.

우선 플랫폼 통제의 지배적 형식으로서 '데이터 통제'를 살펴보도록 하자. EU 정책 입안자의 일반적 의중은 플랫폼 공룡들의 힘을 제약하는 것이다. 입법 초안은 정보를 수집하고 추가할 때 근본적 제약을 부과함으로써 게이트키퍼 플랫폼이 수행했던 데이터 취득 행위를 제한했다. 특히나 DMA의 경우 게이트키퍼 기업[1]이 이용자들의 실제 플랫폼 활용 이외 출처에서 데이터를 취득하는 것을 금지하고 있다(제6조). 실행 여부에 따라 달라질 수 있겠지만, 이러한 조치는 그 수행 방식에 따라 해당 규제안이 플랫폼 기업의 경쟁력을 상당히 약화시킬 여지가

---

1 게이트키퍼 규정은 논쟁적이고 여전히 큰 토론거리다. 특히나 이를 규정하는 임계치가 어떤 것인지의 여부가 문제다. 해당 입법 초안에는 월말 4,500만 유로, 사업상 이용자 1만 명 이상의 디지털 플랫폼이 여기에 해당한다고 규정하고 있다. 해당 플랫폼은 EEA 내에서 연간 회전 자금이 75조 유로 이상이어야 하고 시장의 자본화 규모는 75조 유로 이상이어야 한다. 여기에 더해 세 개 이상의 EU 국가의 핵심적 플랫폼 서버의 제공자여야 한다(유럽 의회, 2021). 이러한 접근은 분명히 빅테크 기업을 겨냥한 것으로, 스포티파이 같은 스트리밍 플랫폼이나 부킹닷컴과 같은 여행사 플랫폼, Just Eat Takeaway 같은 배달 플랫폼이나 장거리 버스 플랫폼인 Flixbus와 같은 소규모의 게이트키퍼 플랫폼에는 영향을 주지 않는다. 만약 '게이트키퍼'의 정의가 초-대규모 플랫폼만을 겨냥한 것이라면, 규제가 '사전 예방'의 성격을 띠고 있는 것이라 할지라도 새로운 게이트키퍼 플랫폼의 등장을 막을 수는 없을 것이다.

있다. 왜냐하면 이러한 금지 조치가 수요 공급 차원에서의 변화와 같은 알고리즘 예측에 기초한 전략적 지식을 배타적으로 확보할 수 있는 플랫폼 기업의 역량을 제약하기 때문이다.

지금까지는 영업기밀 취급을 할 수 있었던 데이터와 알고리즘에 대한 접근 개방 의무를 부과한 것은 지금까지 게이트키퍼가 지녔던 정보에 대한 독점적 통제력에 큰 타격을 준 것이다. 그런 의미에서 2019년에 도입된 그런데 플랫폼-대-사업체 관계 규제를 기초로 DMA는 사기업이 디지털 시장을 설계하고 주도하는 것에 대한 통치적 대응의 최전선에 있는 조처라고 볼 수 있다. DMA는 2020년 12월에 공표되어 2030년 초에 실질적으로 발효되리라 여겨지고 있는데, "시장 개방성"을 보존하고 시장 지배력의 남용을 제재한다는 점 또한 플랫폼 이용자들을 위해서 투명성을 개선시키는 데 방점이 있다. 요컨대 경쟁 정책의 고전적 목적들을 반영하고 있다. 기술적인 면에서 보자면 DMA는 포괄적인 호환성과 데이터 이동성 규정[2]을 두고 있어서 기존의 독과점 구조였던 시장을 개방하게 할 여지가 있다(6조). DSA(29조, 31조)나 플랫폼노동 기본지침(6조)과 같은 다른 입법 제안들을 봐도 마찬가지다. 이들 역시 성과 측정 도구, 온라인 광고, 검색엔진 사용자들이 만들어 낸 데이

---

2 데이터 호환성은 이질적 정보체계 사이의 매끄러운 결합을 가능케 하는 API, Application Programming Interface를 통한 표준화된 데이터 교환을 일컫는다. 이를 위해 데이터의 출력, 입력, 편집을 가능케 하는 공통적이고 제대로 확립된 의사소통 프로토콜이 필요하다. 그러한 프로토콜이 이런 절차에서 핵심적 매개이기 때문이다. 이러한 표준은 대부분 산업 부문별로 특화된 실무 협의회가 추진하는데, 'ICT 분야 유럽 다중 이해관계자 플랫폼 표준화' 그룹이나 '유럽 상호 운용성 프레임워크' 그룹 등이 이에 해당한다. 표준 설정이 국가에서 EU 차원으로 넘어간 가이아-엑스Gaia-X가 그런 사례 중 하나이다. 호환성의 의무화는 데이터 이전 가능성·공유·개방과 같은 다양한 수준의 개방성을 갖춘 모든 데이터 접근 체제에 적용될 수 있다. 각각의 경우 호환성은 특정 업체의 높은 의존성vender lock-ins을 완화하기 위해 데이터 이전 가능성과 재사용을 용이하게 해야만 한다.

터 등 핵심 플랫폼 운영에 속하는 정보의 공개를 촉구하고 있다.

플랫폼 작업지침 또한 정보의 흐름이 플랫폼 내부에서 규제하여 운영자가 플랫폼 노동자, 노동자 대의원, 노동조합 간의 소통 채널을 활성화할 것을 요구한다(15조). 데이터관리법의 2절에 따라 기업과 개인이 필요로 하는 데이터 공유 서비스를 제공하는 새로운 플랫폼 모형이 규제될 것이다. EU 집행위원회의 2020년 입법 초안은 EU에서 운영되는 데이터 공유 서비스가 유럽 법률에 따라 기소될 수 있도록 회원국에 등록하거나 최소한 EU 내에서 '대표자를 지정'해야 한다고 규정하고 있다(제10조). 유럽데이터법European Data Act은 대형 사적 플랫폼이 처리하는 데이터에 대한 접근과 활용을 촉진하여 독점적인 데이터 통제를 방해하는 이상적인 수단이 될 것이다. 한편, 기업 대 공공 데이터 공유는 인프라 플랫폼이 사적으로 보유하고 있던 데이터에 공정하고 신뢰할 수 있으며 투명하게 접근할 수 있도록 공공 부문에 제공해야 한다(14조와 15조). 반면에 유럽 중소기업은 B2B 데이터 공유에 대한 권리 확대를 통해 이익을 얻게 된다(4, 5, 6조). 한마디로 말해서, 이 조항에 있는 모든 규제는 데이터 통제를 기업으로부터 되찾아오려는 EU의 시도를 나타낸다. 이들의 사업 모델이 사유화된 데이터 구조를 바탕으로 집단화되어 있기 때문에, 데이터 규제를 강화할수록 다수의 게이트키퍼 플랫폼이 데이터의 접근과 가격, 성과를 통제하기가 훨씬 어려워질 것이다.

새 법안이 통과되면서 보다 투명한 요구 사항과 정부의 감독에 의해서 플랫폼의 **데이터 접근에 대한 통제**가 상당히 제한될 것이다. 디지털 노동 플랫폼은 저항하는 노동자를 함부로 해고할 수 없고, 소셜 미디어 플랫폼은 사용자 계정을 부당히 차단해서는 안 되며, 그 대신 대안적인 표준화 절차를 준수해야 한다. 게이트키퍼의 운영체계가 제3자 소프트

웨어 어플리케이션과 시장 폐쇄 문제를 해결하는 데 중요한 어플리케이션 스토어에도 개방되어야 한다. 접근 통제를 완화시키기 위한 가장 중요한 조처는 모든 사업체 고객에게 어플리케이션 스토어와 같은 게이트키퍼 운영체계의 일부를 "공정하고 비차별적인 일반 조건에서" 사용할 수 있도록 허용하는 규칙으로, 이를 통해 시장의 독점성을 제거하고자 하였다(DMA, 6조). EU 의회는 소셜미디어 운영 주체의 일반적 호환성이 준수되도록 하는 계획을 통해 접근 통제를 제약하는 안건을 강하게 밀어붙이고자 한다. DMA의 수정안(PG_TA[2021]0499)에서 EU 의회는 페이스북이나 유튜브와 같은 플랫폼이 개방된 인터페이스와 스탠다드 API를 제공하여 소셜미디어 사용자 간 커뮤니케이션을 가능케 할 것을 요구하고 있다. 이 계획이 실행된다면 단 하나의 소셜미디어 플랫폼을 가지고도 페이스북, 유튜브, 왓츠앱 등에 있는 모든 공개 사용자와 의사소통이 가능할 것이다. 그렇게 함으로써 효과적으로 소셜미디어 환경의 분산화를 이끌어내고, 경쟁 플랫폼의 유저를 배제할 수 없으므로 네트워크 효과를 취약하게 만들 것이다(Pietron, 2022 참조).

플랫폼의 가격 통제와 관련된 입법 절차는 두 가지 조처를 필요로 한다. 첫째, 최저가 조항은 금지되어야 한다. 따라서 게이트키퍼는 동일한 상품이나 서비스를 제공하려는 고객이 다른 조건과 가격하에서 판매를 시도하려는 것을 계약상 방해하지 말아야 한다. 그렇게 될 경우 공급자 구속을 통해 시장 폐쇄 관행을 금지하고, 절대 가격 통제를 불가능하게 한다. 둘째로 플랫폼이 외부 기여자에 대한 보수를 효과적으로 결정할 경우 이는 고용관계의 지표로 간주될 것이며, 플랫폼은 직원에 대해 전적인 책임을 져야 한다.

최저임금 규정과 노사관계가 보장되는 단체교섭이 적용되기 때문에 플랫폼 운영자가 적절한 고용을 추진하면 노동자에게 가격(임금)을 제시하는 능력이 크게 약화될 수 있다. EU 집행위원회가 최근에 발간한 플랫폼노동 지침 초안은 디지털 노동 플랫폼의 착취적 노동조건을 다루고 있다. 이 지침은 고용 상태에 대한 명확한 가이드라인을 제시함으로써 기업이 피고용인과의 노동계약을 프리랜서 계약으로 둔갑시켜서 노동법을 무시하고 있는 관행을 제지하려는 시도이다. 해당 계약이 고용관계인지 여부를 판단하는 초안에서 제시된 기준은 보수 결정, 노동 프로세스 통제, 고객 기반 구축 가능성 제한 등을 통해 플랫폼이 '노동 수행'을 통제(2조)하는지 여부다. 또한 부당해고에 보호를 강화하고, 노동자에게 자동화된 모니터링 과정과 의사결정 시스템의 적용 방식에 관한 포괄적 정보에 대한 알 권리를 부여한다.

EU는 **성과 통제**와 관련해서 플랫폼이 사용자의 활동을 기술적으로 제한하고 이해하기 어려운 알고리즘적 통제 기술을 사용하는 것을 금지하려고 한다. 고객이 타사의 어플리케이션과 앱스토어를 사용할 수 있도록 보장함으로써 다른 메타 플랫폼을 선택할 자유가 높아지게 된다. 소셜미디어 플랫폼 사용자와 디지털 노동 플랫폼의 노동자는 플랫폼 경험을 형성하고, 활동을 모니터링하고, 성과를 관리하는 알고리즘에 대한 정보를 얻을 수 있는 권리를 가지게 될 것이다. 따라서 자동화된 결정은 제어될 수 있어야만 한다. 새로운 법안이 발효될 경우, 결과적으로 소셜미디어 사용자는 플랫폼의 표준적 추천 알고리즘에 휘둘리지 않게 될 수 있다. DMA와 함께 공표된 또다른 플랫폼 관련 입법 초안인 DSA는 플랫폼 경제에서 불법적 컨텐츠를 처리하기 위한 포괄적 규칙을 다루고 있다. 이는 2017년 독일에서 발효된 '네트워크수사법 Netzwerkdurchsuchungsgesetz'처럼 소셜미디어 플랫폼상의 증오 표현과 가짜

뉴스에 대한 조처를 담고 있지만, 전자상거래 플랫폼의 위험물질 거래도 다루고 있다. 대형·초대형 플랫폼은 불법 콘텐츠나 사용자 계정을 삭제하고, 특수한 경우 법집행 대상이 될 수 있음을 고지해야 한다(제3장). DSA 초안은 거대 플랫폼에 대한 일반적 항소권을 제안하고, EU 회원국이 독립적인 중재 재판소를 설립할 것을 요구한다(17조. 18조).

이상으로 플랫폼의 지배력을 규제하기 위한 EU의 구상을 살펴보았다. 우리는 여기서 네 가지 핵심 전략 목표를 알 수 있다(다음 쪽 표 1 참조). 첫째, **자기 우대 금지**. 해당 규제가 도입될 경우, 게이트키퍼는 자사의 상품을 우대하는 조처를 취해서는 안 되고, 온라인 시장이나 자사에서 생산한 하드웨어 장비에 대한 선전에도 지나치게 눈에 띄는 장소에 상품을 전시할 수 없다. 둘째, 수직적 거래 제한 금지. 이를 통해 다른 플랫폼과 다른 가격 및 조건으로 서비스와 제품을 제공할 수 있는 사용자의 권리를 보호한다. 셋째, **구속 메커니즘 금지**. 대형 플랫폼 기업은 고객을 자신의 디지털 생태계에 가두어 다른 회사 제품으로 갈아타지 못하게 유도하곤 한다. 게이트키퍼 플랫폼은 사용자가 제3자가 제공하는 서비스를 이용하는 것을 허용하고, 핵심 어플리케이션과의 상호운용성을 보장해야 한다. 더불어 게이트키퍼는 소위 "데이터 이동성"을 보장하기 위한 기술적 조치를 마련해야 한다. 다시 말하면 고객들이 기존의 데이터는 유지한 채 다른 플랫폼으로 갈아탈 수 있도록 해야 한다. 마지막으로 데이터 오용 금지. DMA는 게이트키퍼가 자신의 이익을 위해 비즈니스 고객의 데이터를 활용하는 것을 금지한다. 반면, 구글이나 페이스북이 대규모로 '맞춤 광고'를 제공했던 것과 같이 사용자 프로필은 더 이상 다른 서비스의 데이터와 결합될 수 없다.

표 1. 사기업의 디지털 시장 설계와 정치적 시장 설계 사이의 비교

시장 설계를 통한 통제의 차원	사기업의 디지털 시장 설계: 소유권적 알고리즘에 근거한 시장 설계(빅테크 기업의 전략)	국가 주도 정치적 디지털 시장 설계 (EU 디지털 정책 패키지)
데이터 통제	▶ 기업의 목적에 맞게 수집되어야 할 데이터 결정 ▶ 시장 데이터의 독점적 획득(사용자 행태, 소통, 거래, 재고사항, 거래 가격) ▶ 플랫폼 고유의 서버로 트래픽을 중앙 통제 ▶ 다른 플랫폼 사용자나 제3자에게 데이터를 공개 및 /제공할 수 있음	▶ 데이터 오남용 금지(DMA): 게이트키퍼는 자기 이익의 달성을 위해 사용자 데이터를 활용해서는 안 됨. 사용자 신상정보에 다른 서비스에서 수집된 자료가 추가적으로 결합돼선 안 됨 ▶ 자기 우대 금지(DMA): 게이트키퍼라는 분류 알고리즘으로 다른 시장 참여자를 불리하게 만들어 자기 상품이 우선되게 해선 안 됨 ▶ 구속 기제 활용 금지(DMA): 특정 플랫폼들은 데이터의 이동성과 호환성을 보장해야 함 ▶ 의무적 정보 공개(DSA, DMA): 이용 시 약관과 구매가 혹은 사용료에 대한 정보 관련 공개 ▶ 데이터 공유 서비스의 규제(DGA) ▶ 데이터 공유 규제(데이터법): 플랫폼은 반드시 B2P(ublic) 혹은 B2B 간 데이터 공유를 허용해야 함
소비자들이 접근하는 재화와 서비스 통제	▶ 접근 약관 비동의 시 이용 제한 ▶ 인공적으로 수급상 희소성 창출 ▶ 소비자들의 접하는 재화와 서비스 통제 ▶ 접근 약관이라는 명목하에서 시장의 규칙 설정	▶ 앱스토어 등 핵심적인 플랫폼 서비스에 대해서는 필수적으로 제3자에게도 의무 제공(DMA) ▶ 수직적 제약 금지(DMA): 상업적 목적의 플랫폼 이용자가 다른 플랫폼을 통해 상품과 서비스를 판매할 수 있음
가격 통제	▶ 특정 서비스 가격 직접 설정(즉, 우버) ▶ 공급자의 가격 설정 범위를 지정 (예: 최저가 규정 등. 아마존과 부킹닷컴)	▶ 최저가 조항과 독점계약 금지[DMA] ▶ 플랫폼 피고용자 급여의 집단교섭권 보장(플랫폼 노동 보호 노동조건 개선 입법 지침) ▶ 플랫폼이 직접 가격 통제 시행 시, '위장 자영업자로 간주(플랫폼 노동조건 개선 입법 지침)
성과 통제	▶ 시장 참여자의 성과 기준을 부과하되 성과 관련 평가 시스템과 알고리즘 프로세스 비공개	▶ 모든 불법적 컨텐츠와 위험한 상품을 제거(DSA) ▶ 성과 관리 역시 노동법 우회를 위한 '위장 자영업자 취급 행위'로 간주' (플랫폼 노동조건 개선 입법 지침)

출처: 저자

4. 논의 사항

이상을 바탕으로 우리는 EU 집행위원회의 입법 제안이 유럽의 '규칙 설정' 전통 속에 있으면서도, 디지털 시장의 주요 권력 원천인 플랫폼의 데이터 통제 전략을 방해하거나 수정함으로써 알고리즘 시대에 맞게 세분화된 코드를 재작성한다고 설명했다. 이를 위해 플랫폼 기업들의 시장 지배력 원천을, 즉 데이터 통제 전략에 제동을 가하거나 변경을 주려고 하는 것이다. 이와 같은 **디지털 시장의 정치적 설계 방식**은 EU 당국자의 언론 성명에도 반영되어 있다. 특히 두드러지는 사례가 DMA 법안이다. DMA 담당위원인 안드레아스 슈밥Andreas Schwab은 "경쟁 규칙만으로 첨단산업계의 공룡기업과 이들의 불공정한 비즈니스 관행에 참여하여 규칙을 설정하는 능력에 직면한 모든 문제를 해결하기에는 역부족이다"라며 더 큰 규제 개입을 공개적으로 주장했다. 그는 디지털 시장법의 도입이 "그러한 관행을 배제하고 단일시장 내에 있는 소비자와 기업들 모두에게 확고한 메시지를 보낼 것이며, 규칙을 정하는 것은 입법 관계자이지 사기업의 권한이 아니라는 것"임을 분명히 했다.

물론 주목해야 할 지점은 주요 플랫폼 규제와 관련해서 EU의 정책결정자들이 통일된 입장을 지니고 있지는 않다는 것이다. 또한 EU가 지속적으로 사기업 플랫폼의 시장 지배력을 규제하려고 한다고 해서 그 결과가 어떨지는 아무도 모른다. 개별 회원국이 품고 있는 정치공학적 목표가 다를 것이란 점은 분명하다. 이는 해당 분야의 정치 경제적 이해당사자나 이익집단의 의중과 관련해서도 마찬가지다. 그러나 내가 분석한 바로는 EU의 플랫폼 규제 이니셔티브에 단순한 '정치 영역'을 넘어서는 보다 광범한 갈등의 동학이 얽혀 있다. 플랫폼을 운영하는 사기업과 정책 입안자 사이에서 중심 역학이 전개됨에 따라 EU 플랫폼 규제는 분명히 사적인 플랫폼 권력에 대한 경쟁일 뿐 아니라 디지털 시장의 설계에 대한 갈등으로 이해된다. 본질적으로 이는 소유권 중심 플랫폼 시장의 필수 기능에 대한 정치적 통제의 우위를 (재)입증하려는 시도이다. 따라서 이러한 갈등은 사적인 시장 설계와 정치적 시장 설계 간의 투쟁이라고 할 수 있다.

현 시대의 플랫폼 시장 지배에 대한 강력한 쟁점이 본질적으로 무엇인지 규정하기 위한 이와 같은 접근법은 플랫폼의 시장 지배력과 관련된 갈등의 주요 차원을 보여줄 뿐 아니라 특별한 정치적 경로의존성과 유럽식 시장규제 내에서 각각의 쟁점을 실험적으로 건드리고 있다. 첫째, 플랫폼 경제 부상의 역사적 기원 두 가지를 고려한다면, 디지털 시장 설계에 영향을 미치려는 현재의 정치적 노력이 분명 기업가적 국가정책 혹은 발전주의적 국가정책은 아니라는 점이 분명하다. 물론 그러한 측면의 정책 개입이 완전히 부재하다는 점은 아니다. 사실 관련 연구를 보면 EU 내부의 공적 투자 영역에서 국가 차원의 개입이 갈수록 커지고 있다는 점을 알 수 있다 '유럽그린딜투자계획European Green Deal' 과 '차세대 EUNext Generation EU 재생기금' 모두 디지털 혁신을 위한 재정 지원 정책이다. EU의 혁신 목표는 갈수록 목적지향적으로 되어 갔으며 (Staab and Piétron, 2020) EU는 유럽투자은행을 통해 점점 더 공적인 벤처 자금의 제공을 늘려 왔다(Mertens and Thiemann, 2018; 2019). 스타트업 플랫폼 기업에게 이와 같은 인내심 있는 공적자금을 제공해 주는 것은 (Cooiman, 2020) 사실 미국의 플랫폼 기업이 성장하는 데도 결정적이었다(Rahman and Thelen, 2019; Klingler-Vidra, 2018).

그러나 이상에서 살펴본 정책 방향은 1980년대 미국에서 AT&T의 독점을 붕괴시킨 통신 시장의 (탈)규제 조처와 관련된 정치에 훨씬 가깝다. 이는 본질적으로 시장을 규제하고 설계하는 작업이다. 경제정책적 개입 대신에 '자유' 경쟁과 디지털 경제의 '실질적' 시장의 복원을 주장한다는 점에서 EU의 플랫폼 규제는 '소극적 통합' 정책의 연속 선상에서 봐야 한다. 궁극적으로 EU의 규제 역량을 강화한다면, 결국 소극적 통합을 넘어설 수도 있을 것이다. 하지만 이상의 문제들이 해결된 것이라고 생각한다면, EU는 현존하는 플랫폼 생태계의 문제에 대한 공적인 대안을 마련하는 데 노력을 기울이지는 않을 것이며, 플랫폼 경제에 대한 보다 강한 국가 개입에 대해서 소극적 자세를 보일 수도 있다.

광범위하게 말하자면, EU의 플랫폼 규제 프로그램은 질서자유주의의 장기적 영향력에 따른 규칙 설정과 시장규제에 대한 깊은 역사적 '선호'를 반영하는 것으로 보인다. 이러한 분석이 EU 프로그램의 전반적인 목적과 국가에 부여된 역할을 설명해 주는 반면에, 버치와 슈탑은 EU의 플랫폼 규제에서 추구하는 정치적 디지털 시장 설계에 대한 보다 세분화된 이해를 도와준다. 이들에 의하면 한편으로 정치적 디지털 시장 설계는 디지털 플랫폼의 사유화된 디지털 시장 설계로부터 배운 교훈을 반영한다. 이는 동일한 기업이 개발한 알고리즘 관리와 데이터 기반 시장 설계의 세분화된 도구와 전략을 정확하게 겨냥하고 있기 때문이다. 반면에 이는 시장 설계 측면에서 사회 거버넌스에 대한 현재 신자유주의의 핵심적 접근 방식을 재현한다. EU 프로그램에서 재현된 시장 설계를 둘러싼 갈등은 사회 신자유주의 시장의 가장 중요한 도전이다.

5. 결론

　플랫폼 기업과 자신들의 정책 전략의 상호 연계에 초점을 둔 EU의 최근 플랫폼 규제에 대한 실증적 분석을 통해서 다음과 같은 결론을 내리고자 한다. EU의 정책 입안자들은 현재의 거대 플랫폼 기업이 자신들의 권력을 구축하고 행사하기 위해 사용하는 바로 그 수단을 통해서 공적 통제를 확보하고자 한다. 디지털 경제의 힘은 주로 디지털 시장에 대한 사적 통제에서 나타나기 때문에, 이들의 설계는 플랫폼의 사유화된 시장 설계와 정치적 디지털 시장 설계의 우선권을 옹호하는 정책 입안자 사이의 치열한 싸움의 장소가 되었다. 비록 EU의 디지털 정책이 대체로 규칙 설정과 부정적 통합이라는 제도적 기본 모드에 남아 있지만, 대형 플랫폼의 시장에 대한 총체적 장악으로 인해 EU는 정책 대응의 세분화된 코드를 다시 작성해야만 했다. 현재 EU가 추구하는 디지털 시장의 정치화는 시장을 지배하는 사적 권력에 대해 비판적이다. 이는 공기업의 독점을 해체하는 방식으로 경제에서 정치적 권력에 맞서 싸우는 일종의 역사적 시장 (탈)규제와 구분된다. 그럼에도 EU는 사회적 교류의 본질적인 조직 원리로 시장을 유지하고 강화함으로써 디지털 사회에 대한 신자유주의적 비전을 실행한다. 실제로 신자유주의가 시장 설계로 간주된다면, EU의 플랫폼 정치는 자신의 영역 내에서 논쟁을 벌이는 경제주체에 대해 방어적인 입장을 취하는 정치적 신자유주의의 전형을 보여준다. 이를 신자유주의 사상의 테두리를 결코 벗어나지 않으면서 대항적 헤게모니를 추구하는 신자유주의라고 하겠다.

참고 문헌

Becker, G. S. 1992. *The Economic Way of Looking at Life. The Nobel Prize.* 09/12/1992. https://www.nobelprize.org/prizes/economic-sciences/1992/becker/lecture/.

Birch, K. 2017. *A Research Agenda for Neoliberalism.* Edward Elgar Publishing. https://doi.org/10.4337/9781786433596.

Birch, K. 2020. Automated Neoliberalism? The Digital Organization of Markets in Technoscientific Capitalism. *New Formations* 100: 10–27. https://doi.org/10.3898/newf:100-101.02.2020.

Block, F. 2008. Swimming Against the Current: The Rise of a Hidden Developmental State in the United States. *Politics & Society* 36(2): 169–206. https://doi.org/10.1177/0032329208318731.

Cardwell, P. J. & Snaith, H. 2018. There's a Brand New Talk, but it's Not Very Clear: Can the Contemporary EU Really be Characterized as Ordoliberal? *Journal of Common Market Studies* 56(5): 1053-69. https://doi.org/10.1111/jcms.12706.

Cooiman, F. 2021. Veni Vidi VC – the Backend of the Digital Economy and its Political Making. *Review of International Political Economy* https://doi.org/10.1080/09692290.2021.1972433.

European Commission. 2020. *Proposal for a REGULATION OF THE EUROPEAN PARLIAMENT AND OF THE COUNCIL on European data governance (Data Governance Act).* COM/2020/767 final. 25/11/2020. https://eur-lex.europa.eu/legal-content/EN/ALL/?uri=COM:2020:767:FIN.

European Commission. 2020. *Proposal for a REGULATION OF THE EUROPEAN PARLIAMENT AND THE COUNCIL on a Single Market For Digital Services (Digital Services Act) and amending Directive 2000/31/EC.* COM/2020/825 final. 15/12/2020. https://eur-lex.europa.eu/legal-content/en/TXT/?uri=COM%3A2020%3A825%3AFIN.

European Commission. 2020. *Proposal for a REGULATION OF THE EUROPEAN PARLIAMENT AND OF THE COUNCIL on contestable and fair markets in the digital sector (Digital Markets Act).* COM/2020/842 final. 15/12/2020. https://eur-lex.europa.eu/legal-content/EN/ALL/?uri=COM%3A2020%3A842%3AFIN.

European Commission. 2021. *Proposal for a DIRECTIVE OF THE EUROPEAN PARLIAMENT AND OF THE COUNCIL on improving working conditions in platform*

work. COM/2021/762 final. 09/12/2021. https://eur-lex.europa.eu/legal-content/EN/TX
T/?uri=COM%3A2021%3A762%3AFIN&qid=1639058069638.

European Commission. 2022. *Proposal for a REGULATION OF THE EUROPEAN
PARLIAMENT AND OF THE COUNCIL on harmonised rules on fair access to and use of
data (Data Act)*. COM/2022/68 final. 23/02/2022. https://eur-lex.europa.eu/legal-content/
EN/ALL/?uri=CELEX:52022PC0068.

European Parliament. 2021. *Digital Markets Act: Parliament Ready to Start Negotiations with
Council*. Press Releases. 15/12/2021. https://www.europarl.europa.eu/news/en/press-
room/20211210IPR19211/digital-markets-act-parliament-ready-to-start-negotiations-
with-council.

European Parliament 2021. *Amendments adopted by the European Parliament on 15
December 2021 on the proposal for a regulation of the European Parliament and of the Council
on contestable and fair markets in the digital sector (Digital Markets Act)* (COM(2020)0842 –
C9-0419/2020 – 2020/0374(COD)). 15/12/2021.https://www.europarl.europa.eu/doceo/
document/TA-9-2021-0499_EN.html.

Fouskas, V. K. & Roy-Mukherjee, S. 2019. Neo-liberalism and Ordoliberalism – One
or Two Critiques? An Introduction. *Critical Sociology* 45(7-8): 953–65. https://doi.
org/10.1177/0896920519835008.

Gawer, A. & Srnicek, N. 2021. *Online Platforms. Economics and Societal Effects. Study. Panel
for the Future of Science and Technology*. European Parliament Research Service. https://doi.
org/10.2861/844602.

Hitzig, Z. 2020. The Normative Gap: Mechanism Design and Ideal Theories Justice.
Economics & Philosophy 36(3): 407–34. https://doi.org/10.1017/S0266267119000270.

Kim, E. (2019). Amazon is Testing a New Program That Lets it Control Third-Party
Products Prices as its Pricing Policy Draws Criticism. CNBS. 08/08/2022. https://www.
cnbc.com/2019/08/08/amazon-new-program-sold-by-amazon-amid-pricing-policy-
scrutiny.html.

Klingler-Vidra, R. 2018. *The Venture Capital State: The Silicon Valley Model in East Asia*.
Cornell University Press. https://doi.org/10.7591/9781501723384.

Kushida, K. E. 2015. The Politics of Commoditization in Global ICT Industries: A Political
Economy Explanation of the Rise of Apple, Google, and Industry Disruptors. *Journal of
Industry, Competition and Trade*: 15, 49–67. https://doi.org/10.1007/s10842-014-0191-3.

Mazzucato, M. 2014. *The Entrepreneurial State*. Anthem Press.

Mertens, D. & Thiemann, M. 2018. Market-Based but State-Led: The Role of Public Development Banks in Shaping Market-Based Finance in the European Union. *Competition & Change* 22(2): 184–204. https://doi.org/10.1177/1024529418758479.

Mertens, D. & Thiemann, M. 2019. Building a Hidden Investment State? The European Investment Bank, National Development Banks and European Economic Governance. *Journal of European Public Policy* 26(1): 23–43. https://doi.org/10.1080/13501763.2017.1382556.

Nik-Khah, E., & Mirowski, P. 2019. On Going the Market One Better: Economic Market Design and the Contradictions of Building Markets for Public Purposes. *Economy and Society* 48(2): 268–94. https://doi.org/10.1080/03085147.2019.1576431.

Ockenfels, A. 2013. *Marktdesign*. Gabler Wirtschaftslexikon. 27/02/2013. https://wirtschaftslexikon.gabler.de/definition/marktdesign-51491/version-176807.

Piétron, D. 2022. *Interoperabilität als Regulierungsinstrument für Social-Media-Plattformen*. Heise online. 06/02/2022. https://www.heise.de/hintergrund/Interoperabilitaet-als-Regulierungsinstrument-fuer-Social-Media-Plattformen-6345726.html.

Posner, E. A. & Weyl, E. G. 2018. *Radical Markets. Uprooting Capitalism and Democracy for a Just Society*. Princeton University Press.

Rahman, K. S. & Thelen, K. 2019. The Rise of the Platform Business Model and the Transformation of Twenty-First-Century Capitalism. *Politics & Society* 47(2): 177–204. https://doi.org/10.1177/0032329219838932.

Roth, A. E. 2015. *Who Gets What—and Why: The New Economics of Matchmaking and Market Design*. Houghton Mifflin Harcourt. https://doi.org/10.1017/S0266267117000104.

Scharpf, F. W. 2008. Negative und positive Integration. In: Höpfner, M. & Schäfer, A. (eds.). *Die Politische Ökonomie der europäischen Integration*. (pp. 49–88). Campus Verlag.

Scharpf, F. W. 2009. *The Asymmetry of European Integration: or Why the EU Cannot be a "Social Market Economy"*. KFG Working Paper Series. No. 6. Freie Universität Berlin.

Schiller, D. 2000. *Digital Capitalism: Networking the Global Market System*. MIT Press.

Schiller, D. 2014. *Digital Depression. Information Technology and Economic Crisis*. University of Illinois Press.

Schnyder, G. & Siems, M. 2013. The Ordoliberal Variety of Neoliberalism. In: Konzelmann, S. & Fovargue-Davies, M. (eds.). *Banking Systems in the Crisis*. (pp. 250–68). Routledge

Srnicek, N. 2017. *Platform Capitalism*. Wiley.

Srnicek, N. 2018. Platform Monopolies and the Political Economy of AI. In: McDonell, J. (ed.). *Economics for the Many*. (pp. 152–64). Verso.

Staab, P. 2022. *Markets and Power in the Digital Age*. Manchester University Press (forthcoming).

Staab, P. & Piétron, D. 2020. Industrial Policy and Artificial Intelligence. Renaissance of the Interventionist State. *BEHEMOTH. A Journal on Civilisation* 13(1): 23–34. https://doi.org/10.6094/behemoth.2020.13.1.1033.

Streinz, T. 2021. *The Evolution of European Data Law*. In: Craig, P. & de Búrca, G. (eds.). The Evolution of EU Law. (pp. 902–36). Oxford University Press. https://doi.org/10.1093/oso/9780192846556.001.0001.

Van Dijck, J, Poell, T. & de Waal, M. 2018. *The Platform Society: Public Values in a Connective World*. Oxford University Press. https://doi.org/10.1093/oso/9780190889760.001.0001.

Viljoen, S. 2020. Democratic Data: A Relational Theory For Data Governance. *Yale Law Journal* (forthcoming). 09/06/2021. https://papers.ssrn.com/sol3/papers.cfm?abstract_id=3727562.

Zuboff, S. 2019. *The Age of Surveillance Capitalism: The Fight for the Future at the New Frontier of Power*. PublicAffairs.

2부

디지털 전환과 사회 갈등

3 지전략 경쟁의 시대
자동화와 노동의 미래

아론 베나나브

최근 언론의 헤드라인을 장식하는 기술 뉴스는 자연어 처리GPT-3, AI 예술Dall-E, 로봇 기술(보스턴 다이나믹스)의 놀라운 발전을 다룬다 (Nguyen, 2022; Metz & Aguilera-Hellweg, 2018; Dott et al., 2022; Metz, 2020). 동시에 디지털 기술에 관한 담론은 기술 전반의 진보에 대한 논의에서 첨단기술을 둘러싼 국제 경쟁과 국가정책에 대한 논의로 주제가 점점 변화해 왔다. 구미의 정책 입안자들은 중국 산업정책의 틀인 '중국 제조 2025'에 대한 심각한 우려를 표명해 왔다. 특히 미국의 여러 정책 행위자 집단은 기술력 우위를 유지하는 동시에 디지털 경제에서 필수적인 장비를 확보하고 나아가 정치적으로 이를 통제하기 위해 산업정책 전략을 입안하려고 한다. 미국의 반도체과학법CHIPS and Science Act은 반도체 산업에서 미국의 제조 능력을 재건하는 동시에 인공지능과 관련된 중요한 기술에 중국의 접근을 막는 것을 목표로 한다(Peters, 2022). 이러한 미국의 움직임으로 인해 지정학적 불안정이 심히 고조되고 있다. 무엇보다도 대만은 현재 세계 최대의 반도체 생산국이며, 때문에 오히려 중국 정부의 입장에서는 미국의 반도체 산업 개입으로 인해 대만에 대한 무력 점령을 검토하는 것으로 보인다.

이와 같은 산업정책에 대한 국가의 개입이 오늘날 진행 중인 경제의 디지털 전환에 어떠한 영향을 미칠 것인가? 한 가지 놓치지 말아야 할 것은 첨단기술 산업에서 가장 최근까지 불평등한 권력 분배가 핵심 문제였다는 사실이다. 시민사회와 정부 당국은 아마존과 페이스북, 구글, 애플 등의 거대 기술 기업이 막대한 사내유보금을 통해 인수합병을 단행하고 건전한 경쟁을 해친다는 점에서 독점을 형성한다고 비난하였다(Goliński, 2021). 이들 기업은 시장점유율과 정보 접근성 측면에서의 우위를 활용해 거대한 국제 공급망 속에서 자사의 막대한 이윤 몫을 실현한다. 더군다나 이들은 조세 회피에 적극적인 기업으로 자사 서비스의 비물질적 특성을 활용하여 법인세율이 낮은 조세피난처에 자사의 수입을 보내고 있다. 이는 정의로운 전환을 추진하는 과정에서 국가들이 필요한 재원을 마련하는 데 걸림돌로 작용한다.

더불어 첨단기술 산업의 노사관계가 매우 중요한 문제로 부각하였다. 최근 수년간 실리콘밸리의 첨단 기업에 대한 광범위한 대규모의 반발이 발생하였다. 특히 이들이 제공하는 서비스가 정치적 양극화를 가속화하고 음모론을 퍼트려 이들 기업의 영리활동이 사회 전반의 이익에 해가 된다는 우려가 널리 확산되었다. 이러한 조건 속에서 구글과 같은 기업에서 일하는 고임금 노동자들의 노조 조직화 논의가 불붙었고 페이스북의 노동자들은 내부 자료를 유출하여 내부 고발자 구실을 해 왔다(Mac & Kang, 2021; Waterson & Milmo, 2021; Conger, 2021). 디지털 경제는 방대한 규모의 저임금 노동자에 의존하는데 이들은 본사와 멀리 떨어진 나라에서 미세 노동을 수행하거나 해당 국가에서 운수 혹은 배달 노동자로 일한다(Berg et al., 2018, Rosenblat, 2018; Gray & Suri, 2019; Schor, 2020). 실리콘밸리 첨단기술 기업의 경영진은 대중에게 인공지능과 로봇 기술의 진보로 인해 저임금 일자리는 죄다 자동화되어 사라질 것이라고 확고히 단언하였고, 때문에 이들을 보호하기 위한 입법이나 노동조건 개선을 위한 조직화 투쟁은 아무 의미가 없다고 선언하였다. 그러나 이런 일이 실제로 벌어지지 않자 노동자와 대중은 거대 기술 기업의 엄포에 신물이 났고, 이들 기업과 다시금 맞서 싸우기 위한 주요 투쟁을 벌이기 시작했다.

산업정책을 통해 디지털 경제에서 불평등한 권력관계의 문제를 해결할 수 있을까? 아니면 지전략적 중요성이 큰 디지털 신기술의 부상은 첨단산업 거대 기업이 노동자와 시민사회에 더 광범한 희생을 강요하며 자유롭게 사업 영역을 확장하고 이윤을 추구하는 계기로 전락하게 될까? 산업정책을 옹호하는 연구자는 산업정책이 국내 기업의 경쟁력을 향상하고 동시에 디지털 경제 내부에서의 권력 불균형 문제를 해결할 수 있을 것이라고 주장한다. 이들은 새로운 '사회적 타협'의 필요성을 주장한다(Stantcheva & Rodrik, 2020; Mazzucato et al., 2020; Aiginger & Rodrik, 2020; Kotkin & Lind, 2021). 이러한 시각에 따르면 국가가 디지털 산업의 발전에서 더 큰 역할을 하면, 이들 디지털 기업이 사회적 책임을 중시하며 사업을 하도록 압박할 수 있는 더 강한 힘을 국가가 갖게 될 것이다. 즉, 국가가 디지털 산업의 투자를 촉진한다면, 국가의 투자를 받은 기업의 신기술 활용과 연관된 규제를 부과할 권한 또한 국가가 가질 수 있다는 것이다. 여기에는 노동자가 기술 변화의 적용 방식에 영향을 미칠 수 있도록 더 많은 발언권을 부여하는 것이 포함된다(Mazzucato & Andreoni, 2020).

그렇다면 디지털 산업에서 국가의 산업정책은 성공할 것인가? 이 글에서 나는 설령 이러한 산업정책이 실제 도입된다 하더라도 부진한

성과를 거둘 것이라고 주장한다. 그 이유를 설명하기 위해서는 산업정책에 관한 최근의 논의를 이해하는 방식을 근본적으로 바꾸어야 한다. 산업정책을 옹호하는 연구자는 오늘날 미국과 유럽, 중국이 기술력과 경제력 차원에서 경쟁하고 있다고 말한다. 그러나 해당 지역의 경제성장률이 눈에 띄게 둔화하고 있는 것이 현실이다. 즉, 이들은 경제의 성장 동력이 감소하는 **장기침체**secular stagnation를 경험하고 있다. 산업정책이 이와 같은 침체를 해결하는 데 효과적인 방안이 될 수 있는가 여부는 장기침체의 원인을 무엇으로 설명하는가에 따라 달라진다. 이 글에서 나는 이러한 장기침체를 세계 경제의 구조적, 진화적 특성에 따른 결과로 설명하며, 특히 세계경제가 총생산과 고용 차원에서 제조업에서 서비스산업 중심의 경제로 변모하였다는 점에 주목한다. 오늘날 주요국 경제의 성장 잠재력은 이전 시기 그 어느 지역보다 낮다. 이런 배경에서 미국의 정책 입안자들이 설령 산업정책 전략에 관한 공통된 전략을 도출한다 하더라도, 그 결과 경제가 부흥하고 불평등이 해소되는 방향으로 나아갈 것으로는 보이지 않는다. 물론 양극화가 심화된 미국의 정치 환경을 보면, 이러한 합의는 불가능한 것 같지만 말이다. 오늘날 미국에서 첨단기술 산업이 지닌 지전략적 중요성에 대한 강조는 단지 '주의를 분산시키는 담론'에 그칠 수 있다. 즉, 이는 노동자와 시민사회의 필요에 부응하는 더 나은 결과를 낳을 수 있도록 디지털 경제를 재구성하는 정치적 과정에 사람들이 개입하지 못하도록 할 것이다.

장기침체에 대한 대응으로서 산업정책

많은 매체들이 미국과 중국 간 경쟁, 특히 기술혁신의 최전선에 누가 선두에 나설지에 관한 경쟁에 초점을 맞추었다. 이러한 언론의 프레이밍은 마치 미국과 중국의 기업이 더욱 효율적인 기술혁신을 향해 경쟁하고 있다는 식으로 상황을 묘사한다. 그러나 실상을 살펴보면, 양국 모두 최근 몇 년 동안 경제성장률과 생산성 증가율의 심각한 감소를 경험하였다. 이는 2020년부터 시작된 코로나19 위기 이전부터 분명히 존재했던 사실이다. 2000년 기준 세계 총생산의 80%를 차지했고 현재는 약 60%를 여전히 차지하는 대부분의 부국이 가입한 OECD 회원국의 경우, 1970년대 초반 이래로 이들 국가의 경제성장은 나날이 둔화되었다. 연평균 경제성장률은 1960년대에 5.5%에서 2010년대 1.3%로 감소하였다.[1] 전문가들은 2010년대 기술력과 경제력의 대단한 진보가 이뤄질 것으로 예측하였으나 이 시기는 2차 세계대전 이후 가장 낮은 경제성장률을 보였다.

반면, OECD 비회원국인 중국의 경제는 1980년대부터 2000년대까지 대략 연평균 10% 수준의 고속 성장을 거듭해 왔다. 그러나 2011년에서 2019년 사이에 1인당 GDP 성장률은 6.7%로 감소하였고 경제성장에 대한 전망은 어두워졌다.[2] 최근 중국 경제의 성장을 간신히 유지 시

1 World Bank. "GDP growth (annual %)- OECD members." World Development Indicators, The World Bank Group, Accessed October 19, 2022. https://data.worldbank.org/indicator/NY.GDP.MKTP.KD.ZG?end=2021&locations=OE&start=1961&view=chart

2 World Bank. "GDP growth (annual %)- China." World Development Indicators, The World Bank Group, Accessed October 19, 2022. https://data.worldbank.org/indicator/NY.GDP.MKTP.KD.ZG?end=2021&locations=OE&start=1961&view=chart

켜 온 것은 공공 부문의 막대한 재정지출과 부동산 부문의 불안한 성장 덕분이었다. 중국과 다른 나라들이 기술력과 경제력상의 우위를 차지하기 위해 앞다퉈 나가고 있다는 주장에 대한 근거는 사실상 희박하다.

상술한 바와 같이, OECD 회원국과 중국에서 경제성장이 둔화하고 경제성장 전망이 악화되고 있다는 지적은 논쟁의 여지가 있는 주장이 아니다. 지난 7년 동안 경제학자와 정책 입안자 사이에서 주요국 경제가 '장기침체'의 덫에 걸려 있으며 경제성장의 둔화를 겪고 있다는 주장은 널리 수용되었다. 이러한 장기침체는 새로운 산업정책 레짐의 도입을 뒷받침하는 근거로 종종 제시되었는데, 새로운 산업정책은 신자유주의 정책 방침을 뒤엎음으로써 경제성장률을 제고하고 보다 평등한 번영을 이룩하는 수단으로 간주되었다(Mazzucato, 2018). 실제로 오늘날 산업정책의 옹호자들은 1980~1990년대에 이뤄진 신자유주의로의 전환이 잘못된 선택이었다고 평가한다(Cowling & Tomlinson, 2011). 정부 개입으로부터 시장과 기업을 자유롭게 하더라도 경제성장률을 끌어올릴 수는 없는데, 이는 민간 부문의 성장에는 공공의료, 공공교육, 기초 연구개발에 대한 투자와 같은 성장을 견인할 공적 투자가 필요했기 때문이다. 신자유주의 정책은 급격한 경제성장의 조건을 마련하지 못하고 오히려 경제적 불안정과 불평등의 고조 그리고 이에 대한 대중적 반발을 심화하는 결과를 낳았다. 산업정책을 통해 이러한 쇠락을 되돌릴 수 있을까? 아니면 신자유주의의 전철을 밟아 장기침체 시대가 지속될 것인가?

산업정책으로의 새로운 전환이 장기침체를 극복하는 데 성공할 수 있는가에 대한 판단은 장기침체의 근본 원인을 어떻게 이해하느냐에 따라 달라진다. 장기침체의 원인에 대한 설명은 크게 두 가지 방향에서 제시되고 있는데 이들은 국가정책에 의한 문제 해결이 가능할 것이라 주장한다(Gordon, 2015; Summers, 2015; Eichengreen, 2015). 래리 서머스Larry Summers와 같은 논자들은 장기침체를 수요 측면의 현상으로 이해하며 특히 투자재 수요의 부진을 강조한다. 서머스는 금융적 동기들과 국제무역과 연관된 수많은 원인으로 인해 민간 경제주체들이 생산설비에 대한 투자보다 유동성이 상대적으로 높은 금융자산에 대한 투자를 선호하게 된 것이 문제의 핵심 원인으로 주장한다. 반면 로버트 고든Robert Gordon은 장기침체 문제의 핵심이 공급 측면 변수들에 있다고 본다. 그는 선진 산업국의 기업들이 기술혁신의 정체에 직면했다고 주장한다(Gordon, 2016). '쉽게 얻을 수 있던 혁신' 즉, 활용이 용이한 기술혁신은 모두 성취되었다. 고든에 따르면, 기업의 투자 부진의 이유는 투자할 이유 자체가 사라졌다는 데 있다. 다시 말해 생산성 향상을 위한 투자는 과거보다 까다롭고 막대한 비용을 수반한다. 마리아나 마추카토Mariana Mazzucato와 같은 산업정책의 옹호론자는 국가가 수요 부족과 투자 부진의 문제를 동시에 해결해야 한다고 주장한다(Mazzucato, 2018: 14). 국가는 한편으로 조세를 통해 재원을 확보하여 공공투자 지출을 늘리고 장기침체의 수요 측 요인을 교정할 수 있다. 다른 한편으로 국가는 선도적 기술 분야에서 연구개발 투자를 촉진함으로써 생산성을 향상시키는 기술을 확장할 수 있다. 국가가 산업정책을 통해 이를 성취한다면, 새로운 번영의 시대를 이룩하는 것도 분명히 가능하다는 것이 마추카토의 주장이다. 이러한 산업정책의 옹호자들은 고도 경제성장률을 달성한다면, 민간 투자를 줄이지 않으면서도 임금을 꾸준히 상승시키는 것이 가능하다고 주장한다.

더욱이 산업정책 옹호론자에 따르면, 국가는 경제발전을 이끌어 내는 데 보다 능동적인 역할을 할 수 있기 때문에, 부의 균등한 분배를 보장하기 위해 기업을 규제할 권력을 지니고 있다(Mazzucato & Andreoni, 2020). 국제통화기금IMF이 개별 국가의 자금 융자 조건을 규제할 수 있는 것과 마찬가지로 임무지향형 국가mission-oriented states는 기업에 공적 투자기금이나 국가 주도로 개발될 기술을 제공할 역량을 지니고 있다는 것이다. 또한 이들은 임무 지향형 국가가 부과하는 규제는 IMF의 구조조정 프로그램과 상반되는 성격을 지니고 있다고 말한다. 국가의 개입을 통해 노동자가 기업 거버넌스 구조에 이해당사자로서 참여하는 것이 가능하기 때문이다.

물론 국가의 압력을 통한 부의 균등한 분배는 2차 세계대전 이후 전후 자본주의 황금기에 그러하였듯이 오직 **경제성장률이 임금과 이윤 전부를 끌어올릴 수 있을 정도로 충분히 높아져야만** 성취할 수 있다. 산업정책을 옹호하는 연구자들은 자신들이 제안하는 정책을 통해 경제성장률의 제고와 장기침체의 극복이 분명히 가능하다는 신념을 가지고 있다. 이러한 견해를 수용하는 일부 정책 집단은 미국의 양당이 이러한 산업정책을 추진하는 과정에서 미-중 경제전쟁을 피할 수 없다면 이러한 경쟁을 감수해야 한다고 주장한다. 이들은 산업정책을 통해 성취할 수 있는 경제적 번영과 균등한 분배로부터 얻을 수 있는 편익이 (특히 대만의 국제적 지위와 관련된) 지정학적 불안정으로 인해 희생되는 비용을 넘어서는 수준에 달할 것이라 기대한다.

침체의 사회 구조적 원인

이 글에서 나는 앞서 설명한 산업정책 옹호론자의 제안이 성공하기 힘들 것이라고 주장한다. 왜냐하면 이들의 견해는 구조적 장기침체의 진정한 원인을 잘못 파악하고 있기 때문이다. 이와 같은 장기침체는 정책 레짐의 과오에서 비롯된 것이 아니며, 세계경제 구조의 장기 변화야말로 장기침체의 근본 원인이다. 이는 오늘날 여러 국가에서 벌어지고 있는 제조업에서 서비스 기반 경제로의 이행과 연관된 현상이다.[3] 거의 모든 국가에서 이러한 변동이 일어나고 있으며, 서비스 부문의 비중은 국내총생산과 고용 측면에서 지속적으로 증가하고 있다. 그리고 이러한 주요국 경제의 탈공업화는 전반적 경제성장률의 급격한 하강과 연관되어 왔다. 물론 신자유주의 정책이 이러한 상황을 악화시키는 데 일조한 것은 사실이다. 그러나 이러한 정책을 갈아엎는다고 장기침체 문제가 해결되지는 않을 것으로 보인다. 신자유주의가 노동자에게 얼마나 악영향을 미쳤는지와는 별개로 말이다. 오늘날 자본주의 경제의 활력이 떨어지고 있는 진정한 원인은 정책의 실패가 아닌 세계경제의 장기 변화에서 비롯됐기 때문이다.

이 글의 주장은 세 가지 부분으로 구성된다. 첫째, 제조업의 역할과 관련하여 세계 각국 경제의 성장 동력원으로서 제조업이 쇠퇴하고 있다. 둘째, 쇠퇴한 제조업을 대신하여 서비스산업이 새로운 경제성장의 동력이 되는 것은 불가능하다. 셋째, 탈공업화와 서비스 기반 경제의 부상이라는 경제구조의 추세와 인구 성장 속도 감소 사이의 상호작용이 중요하다.

---

3 이 부분의 논의는 필자의 책 《자동화의 노동의 미래》에 기반한 것이다(Benanv, 2020: 15-28).

제조업의 쇠퇴

이 글의 첫 번째 주장은 경제성장의 동력을 창출하는 과정에서 제조업 혹은 산업 전반의 역할에 초점을 맞춘다. 지난 200여 년 동안 제조업은 경제성장 과정에서 특별한 엔진으로 작용하였다. 여기에는 몇 가지 이유를 거론할 수 있다(Hallward-Driemeier & Navyar, 2018: 9-37; Szirmai, 2012; Szirmai & Verspagen, 2015). 우선 눈여겨봐야 할 점은 생산성을 점진적으로 향상시키는 과정에서 제조업 제품이 활용되었고 이것이 산업 기술의 발전을 통해 여러 생산공정에 적용 가능하였다는 사실이다. 제조업은 생산량의 증가가 생산성의 증가로 이어지는 규모의 경제 효과를 창출하는 특성 또한 지니고 있다. 생산성이 낙후된 부문이었던 농업, 가내 공업, 가내 용역 부문에서 일하던 사람들은 산업화 과정에서 생산성 수준이 높은 근대 공업의 노동력으로 전환되었고, 이는 국민경제의 생산성 향상과 경제성장률 증가로 이어졌다. 한국과 일본, 대만과 같은 국가들은 [국민] 소득 측면에서 서구사회를 성공적으로 추격했는데, 이는 산업화 덕분에 가능하였다. 이들 국가는 세계시장으로 수출하기 위한 상품 생산의 기회들을 십분 활용하여 경제 규모를 늘리고 기술력을 향상하여 고속 성장을 달성하였다. 만약 이들 국가의 제조업 생산이 국내 시장의 수요에만 의존하였다면 이러한 경제성장은 불가능했을 것이다.

그런데 1970년대부터 제조업의 역동성이 감소하기 시작하였다. 이는 세계에서 가장 부유한 국가에서 먼저 발생했으나 곧이어 다른 나라로 확산되었다. 제조업의 역동성 상실은 탈공업화와 연관되어 있는데, 이는 대체로 전체 고용인구에서 제조업 고용인구가 차지하는 비중으로 측정된다. 탈공업화가 발생하는 이유로는 크게 두 가지가 있다.

하나는 수요 측면, 다른 하나는 공급 측면의 문제다. 수요 측면에서는 소득 성장에 따라 소비자가 재화와 서비스를 소비하는 방식이 장기간에 걸쳐 변화를 겪었다(Rowthorn & Ramaswamy, 1997; Rowthorn & Coutts, 2004). 요컨대 소득이 상승함에 따라 GDP 대비 서비스를 소비하기 위한 지출의 비중이 지속적으로 증가하였다. 물론 여전히 사람들이 상당한 양의 공산품을 구매한다는 점은 중요하다. 또한 다양한 서비스의 수행 과정에서 보완재가 필요하다는 점 역시 놓쳐서는 안 될 것이다. 예컨대 부유한 가구의 자녀가 테니스 레슨을 받으려면 테니스 라켓, 테니스공, 운동복, 운동화와 같은 장비의 구입이 필요하다.

이와 같은 소비 수요의 변화에서 재화와 서비스 구입 가격의 상대적인 변동은 무엇보다 중요한 요인으로 작용한다. GDP에서 재화와 서비스의 소비 지출이 차지하는 비중의 변화 추세는 주로 가격 변동에 기인한다. 아래에서 재론할 보몰William Baumol의 '비용 병폐' 효과로 인해 서비스의 가격은 공산품 가격보다 빠른 속도로 상승하는 경향이 있다(Baumol, 1967; Baumol, 2012; Baumol et al., 1989). 이 효과는 제조업과 서비스산업 사이의 생산성 상승률의 상당한 격차를 낳는다. 제조업은 지속적인 생산성 상승 덕분에 경제 전반의 성장 동력을 유지하는 데 중요했고, 공산품의 가격을 서비스의 가격보다 상대적으로 낮추는 데 기여했다. 물론 공산품의 가격이 상대적으로 저렴해졌기 때문에 사람들이 공산품에 대한 소비를 늘리기도 했지만, 소득이 증가하면서 사람들은 비교적 더 많은 예산을 서비스 지출에 할당하게 되었다. 그 결과, 이들은 소득 증가분의 일부만을 재화를 구입하는 데 사용하였다. 이는 공산품 수요의 전반적 증가에 제약 요건으로 작용한다.

이와 같은 추세 그 자체는 제조업의 동력을 약화시켜 경제 전반의 성장 동력[생산성 고도화]에 악영향을 끼친다. 재화에 대한 수요가 감소하여 공산품 시장은 쉽게 포화상태에 이른다. 공산품 제조업체는 막대한 경쟁 압력에 시달린다. 이들 업체는 예전과 달리 생산 능력을 빠르게 늘릴 필요가 없기 때문에 수요 부진에 맞춰 제조업에 대한 투자를 감축하게 된다. 이 과정에 대한 정형화된 사실은 제조업 산출 증가율이 제조업 생산성 증가율보다 심각하게 낮아 제조업 고용 규모의 감소로 이어지는 '탈공업화'로 이어진다는 것이다.[4] 즉, 예전보다 더 적은 수의 노동자로 더 많은 공산품을 생산한다. 탈공업화는 세계 최부국에서 가장 심각하게 벌어졌으며, 특히 미국에서 가장 심각하다.[5] 미국에서는 1970년대 22%의 노동자들이 제조업에 고용되어 있었으나 2017년에는 고작 8% 수준으로 줄었다. 일본과 독일의 경우에도 (미국에 비하면 상황은 다소 낫지만) 탈공업화 현상이 심각한 편인데, 제조업 고용인구 비중이 일본에서는 25%에서는 15%로, 독일에서는 29%에서 17%로 감소하였다.

이와 같은 수요 측면의 변화는 공급 측면 추세와 상호작용하여 탈공업화를 전 세계로 확산시키며 공산품 시장에서의 경쟁을 보다 심화시킨다. 세계 대부분의 지역에서 탈식민화가 이루어지기 시작한 전후 시기에 보다 많은 국민국가들은 산업정책을 도입하여 자국 경제의 산업화를 이뤄 내고자 했다.[6] 수입 대체 산업화라는 실험이 이루어진 이후 대부분의 국가들은 산업 생산 역량을 확보하는 유일한 방법은 일부

---

4 일반적으로 탈공업화는 제조업 고용의 절대 규모보다는 제조업 일자리가 전체 고용 규모에서 차지하는 상대적인 비중으로 측정된다. 이에 관해서는 Tregenna (2009)를 참고할 것.

5 Conference Board, International Comparisons of Manufacturing Productivity and Unit Labour Cost and Total Economy Database. https://www.conference-board.org/ilcprogram/index.cfm?id=30139.

6 보다 자세한 논의는 Benanav(2020: 35-39)를 참고할 것.

제품의 특화를 수행하고 세계시장을 지향하는 것이라는 결론에 도달했다. 그 결과, 특히 1970년대 이후 생산의 국제화가 심화되었다. 비록 이러한 국제화의 과정에서 고소득 국가의 다국적기업이 주도적 역할을 맡았고 세계화를 통해 엄청난 양의 이윤을 벌어들였지만 말이다.

문제는 전 세계 수많은 기업이 국제 시장에서 자사의 제품을 판매하려고 했지만, 이들 업체들이 앞서 언급한 수요 측면의 문제로 인한 공산품 수요 증가율의 한계라는 심각한 문제를 마주했다는 사실이다. 비록 이러한 공산품 수요의 비중 감소가 주로 부유한 국가에서 발생했다 하더라도, 이들 국가들이 전 세계 소비재 최종 수요 시장의 대부분을 차지하고 있었다는 사실이 중요하다. 따라서 모든 기업의 타깃이 되는 소비재 시장에서 해당 국가는 매우 큰 몫을 차지하고 있었고, 특히 다국적기업들이 조직한 글로벌 공급망과 연계된 기업의 경우 선진 산업국 소비재 시장에 대한 의존도는 더욱 높았다. 이로 인해 공산품의 과잉생산과 과잉설비 문제가 전 세계 차원으로 확장되었다. 그런데 보다 많은 국가가 자국 기업이 선진 산업국 최종 소비재 시장에 진출하도록 독려함에 따라, 세계경제는 공산품의 '글로벌 공급과잉' 심화에 더 시달리게 되었다. 최종 소비재 시장에서 공급과잉이 벌어지고 있음에도, 후발 산업국 국가와 기업이 경제발전을 도모하고 세계시장과의 연계를 이어 가기 위해서는 다른 대안이 존재하지 않았다.

이러한 공급과잉의 전반적 결과는 투자율 감소, 산업 팽창 저하, 제조업 생산성 증가율 둔화, 고용 창출 감소를 수반하는 제조업의 성장 동력 감소였다. 탈공업화는 전 세계로 확산되어 보다 많은 국가가 탈공업화의 영향을 받게 되었고 빈곤한 국가에서 '조기 탈공업화'가 진행되었다(Klein & Petits, 2020). 2010년대 중반부터 중국 경제의 탈공업화가 시작되었고 이와 더불어 전 세계 경제는 탈공업화를 경험하였다. 제조업은 경제 전반의 주된 성장 동력이었기 때문에, 조기 탈공업화는 전 세계적 경제성장률 악화로 이어졌다. 이러한 추세는 자기 강화적이었다. 가구 소득 증가율이 갈수록 둔화되면서 공산품에 대한 소비 지출도 더욱 줄어들었다. 시간이 지남에 따라 이러한 장기침체는 세계 경제의 특징으로 보다 확고하게 나타났다.

서비스산업을 통한 고용 증가의 실패

제조업에만 초점을 맞추는 분석으로는 경제 전반의 모든 변화를 설명할 수 없다. 왜냐하면 제조업이 더 이상 경제성장의 원동력이 아니라 하더라도, 서비스산업이 경제성장의 새로운 핵심 동력이 될 수도 있었기 때문이다. 그런데 왜 그런 일은 일어나지 않았는가? 이 질문에 답하기 위해서 우선 앞서 언급한 보몰의 비용 병폐 개념을 살펴보자. 서비스산업에 대해 경험적으로 정형화된 사실들은 이 산업의 생산성 증가율이 제조업보다 낮다는 것이다. 이러한 시각에서 서비스산업을 공업화되기 어려운 경제활동을 지칭하는 것이라고 볼 수 있다(Rodrik, 2016; Dasgupta & Singh, 2007). 그러나 서비스산업을 경제활동에 대한 사전에 정해진 구분만으로 볼 수는 없다. 오히려 공업화를 기존 생산과정이 기술 진보에 좀 더 잘 적응하도록 하는 생산과정의 혁신, 즉 생산과 소비, 투자 활용 방식의 전환 과정으로 이해하는 것이 적절하다. 예컨대 서비스산업에 해당하면서 높은 생산성 성장률을 경험한 업종은 패스트푸드점이나 아마존 물류창고처럼 제조업과 유사성을 지닌다. 이 업종에서는 일정 기간 동안 부분적으로 산업화가 이루어졌고, 노동생산성의 상승을 거두기도 하였다. 그러나 서비스산업은 전반적으로 생산성 성장률에서 높은 증가율을 거두지 못하였다는 점이 실증적으로 확인되었다.

국내총생산 혹은 고용의 비중 측면에서 서비스산업의 성장은 생산성 증가율의 심각한 둔화와 연관성을 지닌다. 제조업의 역동성이 지닌 중대한 특징은 생산성이 낮은 부문에서 높은 부문으로 노동 인구의 이전을 촉진한다는 것이다. 이는 곧 국민경제 전반의 생산성 상승률을 높이고 그 결과 경제성장률을 높인다. 제조업에서 서비스산업으로 노동력의 이전은 정반대의 결과를 낳는다. 생산성이 높은 부문에서 낮은 부문으로 노동력이 이전되는 셈이다, 이는 경제성장률을 낮추는 요인으로 작용하여 경제 전반의 역동성을 감소시킨다(Baumol et al., 1985: 806-817).

경제성장률 둔화와 함께 높은 실업률과 도시 인구의 급증을 경험하고 있는 국가에서는 충분한 보수의 일자리를 제공하지 못하는 어려움에 직면한다. 이들 나라에서 정부는 고정자본에 대한 대규모 투자 없이 서비스산업에서 저임금, 저생산성 일자리 창출을 장려한다(Benanav, 2020: 45-64). 각국 정부는 노동자에 대한 보호를 약화하고 노동자가 국가의 복지가 아닌 시장 기반 소득에 의존하여 생계를 영위하도록 하는 노동법을 개정함으로써 이러한 목적을 달성한다. 또한 재계가 단체교섭을 거부하고 노조 조직률이 낮추려 노력할 때 이를 지지한다. 이와 같은 정책은 실업률을 낮추는 데 대체로 도움이 되지만, 그 대가로 불평등을 심화시키고 직무 만족도를 낮춘다. 신자유주의 옹호자들은 이러한 불평등의 심화는 노동력을 값싸게 만들고 자본의 투자 인센티브를 늘림으로써 경제성장의 원동력을 확보할 수 있다고 기대하였다. 그러나 이러한 정책은 경제의 역동성 감소라는 구조적 문제를 극복하지 못하였고 노동자의 처우가 악화하는 결과를 낳았다.

인구 측면 요인

　　장기간에 걸친 경제구조의 변화를 제대로 이해하기 위해서는 인구 측면 요인 또한 고려해야 한다. 아프리카 대륙의 국가들을 제외하면 전 세계 많은 국가에서 인구 고령화라는 문제에 시달리고 있으며 인구가 감소할 임계점에 가까워지고 있다(United Nations Department of Economic and Social Affairs, Population Division, 2022). 이로 인해 청년 인구가 줄어들고 노동시장 신규 진입 인구가 매년 감소할 것이다. 그 결과 임금률의 상승할 수 있지만, 경제성장의 둔화 속에서 이는 고용의 감소로 이어질 수 있다. 동시에 인구증가율의 감소는 장기적으로 재화와 서비스에 대한 수요를 낮출 것이다. 기업의 입장에서는 생산 설비를 늘릴 만한 이유가 없다. 예컨대, 인구 감소가 초래할 중대한 문제로 신규 주택 건설 수요의 감소를 거론할 수 있다.

　　일반적으로 낮은 인구 성장률이 피부양 인구의 증가를 수반할 때, 경제활동 참가율을 낮추고 따라서 노동력 규모를 감소하게 될 것이다(United Nations Department of Economic and Social Affairs, Population Division, 2019). 이는 경제성장률 저하로 이어질 수 있는데 노동 인구 증가 그 자체가 경제성장의 주원인 중 하나이기 때문이다. 국민경제가 디플레이션의 양상을 띠게 되기 쉬운 상황에 처할 것이다.

　　이러한 상황에서 인구 감소를 경험하는 국가는 해외로부터 노동력을 충원하고자 하는데 특히나 값싼 청년층 노동력을 선호한다(물론 반대로 보면 교육 수준이 높은 노동력의 감소를 감당할 수 없는 나라에서는 두 뇌 유출이 지속될 것이다). 경제성장률을 높이기 위한 수단으로 이주노동 자 유입의 증가를 지지하는 정치인은 거의 모든 나라에서 이민에 반대 하는 기존 정주민 집단의 강력한 저항을 마주할 것이다. 따라서 인구 감소와 동시에 인구 유출을 경험하는 국가에서 특히 심한 피해가 발생 할 것인데 이는 해외로 송출한 노동자들의 송금 수입이 충분하지 않은 국가에서 더욱 그러할 것이다. 과거에도 그랬듯이 미래에는 노동력을 유입시킬 수 있는 국가의 역량이 경제 상황을 개선하는 데서 핵심 변수 로 작용할 것이다.

경제성장 동력 쇠퇴기의 기술 진보

산업정책의 옹호자는 제조업과 서비스산업 사이의 차이를 고려하 지 않기에 경제성장 동력 쇠퇴의 더 심층적인 구조 요인을 설명하지 않 고, 경제 전반의 구조 변동에 대해서 거의 다루지 않는다. 대신 이들은 국민총생산 증가율이나 생산성 증가율, 국민총생산 중 투자의 비중 등 거시경제 변수에 주목한다. 해당 변수들에 관한 신고전학파의 연구는 경제성장을 기본적으로 기술혁신의 문제로 보고, 기술혁신이 끊임없이 이어질 수 있다는 가정을 전제하고 있다. 그런데 이들의 연구는 기술혁 신이 거시경제에서 비중이 감소하고 있는 제조업에서 훨씬 더 효과적 이라는 사실을 간과한다.

물론 기술의 진보는 지난 반세기 동안 경제성장률 둔화에 중요한 역할을 하였다. 한편으로 정보통신기술과 운송업에서의 기술 진보는 세계무역의 증가를 견인하였고 이는 오늘날 공산품의 세계적 과잉생산으로 이어졌다. 다른 한편으로, 다국적기업은 이러한 기술 진보를 통해 노동을 외주화하고 글로벌 공급망을 구축하여 치열한 국제 경쟁에 대응할 수 있었다. 후술하겠지만 다국적기업은 더 많은 로봇과 컴퓨터 기술을 산업 생산과정에 도입함으로써 보다 치열한 국제 경쟁에 대응하기도 했다. 그러나 나는 탈공업화의 원인으로 로봇과 자동화에 초점을 맞추는 설명이 궁극적으로 잘못되었다고 주장한다.

자동화 이론가는 제조업 일자리 감소의 주된 요인이 산업 로봇의 도입이라고 주장한다(Ford, 2015). 그러나 자료가 보여주는 바는 정반대이다. 탈공업화가 자동화에 따른 생산성 증가로 인해 벌어진 사례는 전혀 없다시피 했다. 이와 달리, 탈공업화의 주원인은 앞서 언급한 생산량 증가율 감소의 결과였는데, 이는 앞서 언급한 바와 같이 제조업 성장 동력의 감소와 연관되어 있다. 탈공업화는 훨씬 구조적이고 수요 주도의 과정이었으며 세계적 차원에서 생산설비와 무역 규모가 증가하면서 발생함으로써 더욱 심화된 문제였다(Benanav, 2020: 15~28). 물론 기술 진보는 탈공업화 과정에 영향을 미쳤다. 즉, 디지털화를 통해 이미 고도로 효율화된 세계 제조업의 효율성이 더욱 증진되었다. 그러나 노동자 1인당 로봇 장비율이 상당히 높은 국가를 포함한 대부분의 나라에서 제조업의 생산성 증가율은 1970년대에 비해 훨씬 둔화되었다. 1970년대 이래 생산성 증가에서 큰 몫을 차지한 것은 노동집약적 생산과정을 해외로 이전시킨 것에 기인한다.

마찬가지로 자동화 이론가들이 제시하는 서비스산업에 대한 설명은 근거가 희박하다. 우선 컴퓨터 기술이 서비스산업의 노동생산성을 고도화할 것이라는 주장은 1980년대로 거슬러 올라간다. 그러나 이러한 주장은 아무리 시간이 지나도 실현되지 않았고, 때문에 경제학자 로버트 솔로Robert Solow가 비꼰 바 있듯이 "컴퓨터 시대가 도래했다는 것을 어디에서든 볼 수 있지만 생산성 통계에서는 예외적으로 보이지 않는다"(Solow, 1987). 물론 제조업과 마찬가지로 서비스산업에서도 생산이 증가한 것은 분명한 사실이다. 컴퓨터 기술의 적용과 인터넷 통신망, RFID의 도입은 지속적인 경제 혁신 과정에서 중요한 부분이었다. 그러나 여지껏 이러한 기술 덕에 서비스산업의 생산성이 폭발적으로 증가한 사례는 없었다. 서비스산업의 생산성 증가세는 매우 더뎠다. 대체로 연간 1% 내지 그 미만의 수치를 기록하였다.

자동화로 인해 무려 일자리의 47%가 사라질 것이라고 예견했던 프레이와 오스본의 보고서 《고용의 미래》가 출간되어 열광적 반응을 이끌어 냈던 2010년대 초반이 지나자 사람들은 현실을 직시하기 시작했다. 보다 최근에 이뤄진 연구에 따르면, 서비스산업에서 자동화가 이뤄질 가능성은 훨씬 낮다(Nedelkoska & Quintini, 2018; Frey & Osborne, 2013). 기술 도입에 따라 많은 일자리가 변화를 겪지만 그렇다고 자동화로 인해 완전히 사라지지는 않는다. 또한 최신 디지털 기술이 생산성 고도화에 기여하더라도 적어도 지금까지는 그 효과가 가시적이지 않다. 앞서 언급했듯이 2010년대가 급속한 기술 진보의 시기가 될 것이라는 기대가 팽배했지만, 실상 이 시기는 2차 세계대전 이후 가장 낮은 생산성 증가율과 경제성장률을 기록하였다. 이는 부분적으로는 생산성이 높은 제조업에서 생산력이 낮은 서비스산업으로 노동력의 이전이 지속되면서 경제의 성장 동력이 보다 감소하였다는 점에 기인한다.

경제성장 동력 쇠퇴기의 산업정책

이러한 상황에서 산업발전을 뒷받침하기 위한 국가의 개입과 투자 조정으로서의 산업정책은 어떠한 역할을 하는가? 미국, 일본, 독일과 같은 나라에서 기업은 특히 저임금 국가 제조업체와의 국제 경쟁 속에서 자국 산업의 성장 동력이 사라지기 시작했음을 직감했다. 따라서 선진 산업국가의 기업도 비용 절감을 달성할 수단이 필요하였다. 대체로 이들 기업은 자국에 대한 투자를 줄이고 직접투자 또는 하청 계약을 통해 생산과정에서 노동집약적 부문을 해외의 저임금 국가들로 이전하는 방식으로 대응하였다. 이는 1960년대 중반 이래로 지속된 제조업에서의 공급 사슬 확장으로 이어졌다. 그러나 이러한 생산의 세계화 전략이 선진 산업국가의 기업이 취할 수 있는 유일한 대응 방안은 아니었다.

선진 산업국가의 기업은 공급사슬의 확장과 더불어 본국에서 산업고도화를 추진하는 두 전략을 혼용하는 것이 가능하다. 즉, 제조업 생산과정에서 고숙련 부문의 생산성을 향상시켜 국제 경쟁으로부터 자국 기업을 보호하는 방식을 활용할 수 있었다. 이러한 전략을 일본, 한국, 독일, 스웨덴 등의 기업이 선택했고 국가는 산업정책을 통해 이를 지원했다. 오히려 이들 국가에서는 제조업 일자리 감소를 가장 심각하게 경험했던 부국인 미국이나 영국보다도 제조업 내 로봇 장비율이 상대적으로 높았다. 자동화 이론가들이 생각한 가정과 달리, 고소득 국가 중 제조업 일자리의 비중이 상대적으로 높은 나라에서 노동자 1인당 로봇 장비율이 높았다. 물론 이러한 신기술들을 적용한다고 해서 일자리 소멸을 막을 수 있었던 것은 아니었으며 일본, 한국, 스웨덴, 독일 역시 어느 정도 탈공업화를 경험하였다. 그러나 이들 국가에서는 매우 낮은 로봇 장비율을 기록한 미국과 비교할 때 탈공업화 정도가 오히려 낮았다. 이러한 국가 간 차이는 고임금 국가의 기업이 제조업 생산과정에 로봇을 투입하여 세계시장에서의 경쟁력을 증대하였고, 이를 통해 국제 경쟁의 격화 속에서도 생산 능력을 어느 정도 보존할 수 있었다는 사실에 기인한다. 같은 이유로 임금 인상과 해외 업체와의 경쟁 심화에 직면하여 제조업 일자리 감소를 막기 위해 산업고도화를 추진하고 더 많은 로봇을 활용한 고생산성 기술 도입을 촉진하고 있다.

그러나 산업정책만으로 이러한 현상을 전부 설명할 수 없다. 실제로 여전히 제조업 고용 비중이 높은 국가 중에서 독일의 경우 사실상 산업정책의 역할에 대한 근거가 거의 없는 것으로 보인다. 일부 국가가 경쟁의 심화 속에서도 제조업 생산 능력을 유지할 수 있었던 데는 두 가지 요인이 있다. 첫째, 임금 상승을 억제한 것, 둘째, 흑자 재정 운용을 유지하고 긴축적인 통화정책을 통해 자국 통화 가치를 안정화한 것이다. 다시 말해 제조업 고용 규모를 유지할 수 있던 나라들은 경상수지 흑자국[7]이다. 즉, 이들은 무역 경쟁에서 승리하여 경상수지 적자국을 희생시켜 제조업 생산 능력을 유지하는 전략을 채택하였다. 만성적인 무역 불균형으로 인해 일부 국가에서는 경제의 안전성을 저해하는 국제 금융자본이 유입되었고, 2000년대 미국과 스페인이 경험했던 것처럼 자산 가격 거품이 커지게 되었다. 이는 경상수지 흑자국이 [미국 유가증권 매입 등을 통해] 달러 수익을 국제적으로 환류시켜 자국의 통화가치를 절하하고 경쟁 우위를 유지하고자 하였기 때문이다.

미국은 실제로 1980~1990년대 경상수지 흑자국이 되려는 노력의

---

7 [옮긴이] 원문에서는 무역수지흑자trade surplus라고 나와 있으나, 모두 의미상 경상수지 흑자에 해당하였다.

일환으로 이와 같은 전략을 활용하였다. 이 시기에 미국 기업은 임금 상승을 성공적으로 억제하였다. 1980년대 중반부터 미국 정부는 제조업체의 더 많은 지지를 얻기 위해 동맹국에 미국 달러 가치의 평가절하를 수용하도록 강제하였다. 이후 미국의 달러 가치가 떨어지면서 제조업 수출이 늘고 무역적자는 사라졌으며 미국의 경상적자는 해소됐다. 그 결과, 미국 경제는 짧은 호황을 누릴 수 있었다. 그러나 1990년대 중반에 이르러 미국이 취한 전략의 결과가 세계적으로 분명하게 나타났다. 이는 일본과 독일을 포함한 국제 경제의 불안정을 심화시키고 금융 위기를 촉발하였으며, 이러한 위기는 전 세계로 확산되었다. 이러한 조건에서 미국 정부는 반대 방향의 정책을 추진할 수밖에 없었다. 1995년 이후 달러 가치를 평가절상하자 짧았던 미국 경제의 호황이 종결되고 미국 국내의 버블이 촉진되었다. 미국은 전 세계 상품시장에서 '최종 소비자the consumer of last resort' 역할을 맡았다.[8] 이로 인해 미국 기업은 해외로 생산을 이전하는 것 이외의 다른 전략을 추진하기가 어렵게 되었다.

결론

산업정책 옹호론에 따르면, 기술 발전에 대한 더 많은 투자를 통해서 국가는 경제적 번영과 균등한 부의 분배를 누리는 새 시대의 시작을 알릴 것이다. 만일 생산성 성장률이 큰 폭으로 상승한다면, 신규 투자를 억제하지 않으면서 노동자의 임금 상승과 노동조건 개선을 이루는 것이 가능하다. 그러나 앞서 주장하였듯이 가장 유리한 경우를 상정하더

---

8 [옮긴이] 중앙은행의 최종 대부자 역할the lender of last resort에 빗댄 표현이다.

라도 이를 달성하기는 어렵다. 왜냐하면 각국 국민경제가 제조업에서 서비스업 기반 경제로 전환되면서 높은 수준의 생산성 증가율을 유지할 수 있는 역량을 상실했기 때문이다. 오늘날 디지털 기술 중에서 서비스산업 노동과정의 혁신을 통해 급격한 생산성의 성장을 촉진할 수 있는 기술은 거의 없다. 2010년대 초반, 자동화 기술에 대한 초창기의 열광적인 반응이 있었지만 얼마 지나지 않아 냉철하고 과학적인 전문가들이 현실을 직시하기 시작했다. 아직 디지털 기술의 발전은 실리콘밸리와 박람회의 기술 전시실에서 볼 수 있는 기술만능주의자가 성취했다고 주장하는 수준에 이르지 못하였다.

결과적으로 향후 경제성장률과 생산성 증가율은 여전히 낮은 수준에 머무를 것 같다. 국가의 경기부양책에도 불구하고 기업은 생산설비 확대를 위한 장기 투자에 나서기보다는 가격을 인상하고 자사주 매입 및 배당 지급을 통한 주주 이익의 실현에 몰두할 가능성이 크다. 구조적 저성장과 치열한 국제 경쟁, 인구 감소로 인해 기업은 자사의 투자가 수익을 내도록 도와주는 수요가 존재한다고 기대하지 않는다. 오늘날의 산업정책 옹호론자들은 자신들이 제안하는 정책이 다시금 고도 성장을 불러올 수 있다고 말하지만 이는 실패할 가능성이 더 크다.

앞으로도 효과를 보는 정책은 근린궁핍화에 기반한 경제정책일 것이다. 일부 국가는 임금 상승을 억제하고 국가지출을 줄이며 수출을 통해 벌어들인 돈을 국제적으로 불안정한 금융 흐름의 형태로 다시 지출함으로써 무역수지흑자를 유지할 것이다. 국가의 산업 지원이 이루어진다면 이러한 경제정책은 경상수지 흑자국에서 제조업의 쇠퇴를 늦출 수 있다. 이들 국가들이 앞서나가고 있는 것처럼 보일 수 있겠지만, 실상은 상대적으로 경제 침체가 무역수지 적자국에 비해 느리게 진행되고 있을 뿐이다. 이 전략은 또한 본질적으로 제로섬 게임의 양상을 지니고 있다. 일부 국가가 경상수지 흑자를 보고 있는 것은 다른 나라, 특히 미국과 같이 무역수지 적자를 수용할 국가가 있기에 가능하다.

반면 전 세계적으로 생산성 상승률이 낮게 유지된다면, 기업은 계속해서 임금 인상을 억제하려고 할 것이다. 결론에서의 논의와 관련하여 보다 중요한 문제는 기업은 시장에서 가용한 기술을 활용하여 작업 과정에서 노동자에 대한 통제를 강화하기 위한 방법을 찾고자 한다는 사실이다. 이는 이러한 기술 진보를 정부를 비롯한 공공의 지원을 통해 달성하였는가 여부와 별개의 문제이다. 노동생산성을 높이기 위한 기회가 제한되기 때문에 기업은 노동 강도를 강화하기 위해 기술을 활용하는데 집중할 것이다. 이는 노동자들을 관리하기 위한 디지털 감시 기술의 활용으로 이어질 것이다.

따라서 디지털 경제에 관한 논쟁에서 지전략적 문제로의 전환은 향후 기업의 투자 결정에서 더 많은 이해당사자가 참여할 수 있는 기회가 늘어나지는 않을 것이며 일부 노동자만이 이러한 의사결정에 참여할 수 있으리라는 것을 의미한다. 과거에도 그러했지만 국제 경쟁에 대한 우려로 인해 향후 디지털 경제의 부상에 따른 부정적인 결과나 사회 문제에 대해 충분한 관심이 기울여지지는 않을 것이다. 노동자의 입장에서는 착취에 대항하여 목소리를 내기가 더욱 힘들어질 것이다. 자국의 기술 기업이 세계시장에서 경쟁하는 데 도움이 되도록 지원하는 일에, 노동자나 사회가 수혜를 입을 거버넌스상의 그 어떠한 변화보다도 높은 우선순위가 매겨질 것이다.

오늘날 이미 이와 같은 결과가 발생하고 있다. 팬데믹의 여파로 증가한 미국의 재정지출은 높은 인플레이션과 임금 상승률로 이어졌다.

미국 연방준비위원회US Federal Reserve는 세계경제의 침체를 감수하면서도 상당한 수준의 금리 인상을 결정하였다. 또한 연준은 지난 두 번의 위기 기간 동안 매입했던 자산들을 팔아 치우려고 하고 있는데 이는 국제 자산가격의 하락으로 이어질 것이다. 이러한 연준의 조치는 보다 명확하게 경제의 침체 경향만을 드러낼 것이다. 특히 중국 경제가 2020년대 지속적으로 성장률 둔화를 경험한다면 그러할 것이다.

그러나 경제성장의 제약을 이야기하는 것은 노동조건을 개선하거나 보다 넓은 의미에서 인간의 필요를 충족하기 위한 경제 전환의 방안을 마련할 수 없다고 주장하는 것과는 다르다. 고도성장의 시대가 종언을 고하였다는 것을 인정할 경우, 신자유주의와 지전략적 갈등 이외의 선택지에 대해 생각할 수 있게 될 것이다. 더 높은 효율성의 달성이라는 단일한 목적을 위해서 다른 모든 대안을 희생시키는 방식에 의존하지 않고 인간의 삶을 개선하는 것에 우선 순위를 두어야 한다. 만일 이윤 확보가 아니라 인간의 필요를 충족시키기 위해서 투자가 이루어진다면 연평균 경제성장률이 1%에 지나지 않는다 하더라도 인류의 삶에는 큰 개선이 이루어질 것이다. 의료 복지와 교육, 교통 이용의 개선을 정책의 목표로 삼는다면, 산업정책과 도시계획은 실제로 인간의 삶을 개선할 수 있다. 경제성장 과정의 효율성을 더욱 끌어올리기 위해서가 아니라 지속가능성이 인류의 행복을 위한 미래에 핵심 요인임을 직시한다면, 새로운 에너지 체제로의 전환에 주목할 수 있다.

그런데 핵심 문제는 경제성장의 둔화로 인해 갈수록 모든 계급의 이익을 조화시키는 것이 어려워졌다는 점이다. 즉, 임금 수준과 이윤을 동시에 상승시키는 것이 어려워졌다. 경제성장은 정치 갈등을 중화시키는 효과가 있는데 왜냐하면 모든 사람의 욕구가 충족될 경우, 소득분배와 권력 배분은 부차적인 문제가 되기 때문이다. 이와 대조적으로 경제성장률이 감소하면 제한된 성장 역량을 어떻게 사용할 것인지에 대한 갈등이 첨예해진다. 경제성장과 사회안정을 위해 민간자본의 투자에 의존하는 국민경제에서는 자본가가 이러한 논쟁에서 늘 구조적으로 유리한 위치를 차지한다. 자본가는 사회의 다른 집단에 비해 자본가의 이윤이 우선권을 지닌다고 논리적으로 주장한다. 즉, 국가에 더 많은 예산이 필요하고, 실업자에게 직장이 필요하고, 노동자들의 고용안정을 유지하려면 투자 환경 개선을 위해 다 같이 노력해야 한다는 것이다. 일단 이러한 주장이 널리 수용되면, 노동자와 사회가 얼마나 많이 희생하는가와는 별개로, 공유된 번영의 시대가 다시 돌아오지 않을 것이다.

경제성장이 지속적으로 둔화하는 환경에서 높은 불평등 수준으로 인해 사회의 정당성은 상실될 것이다. 따라서 자본으로부터 소득과 부가 재분배되어야 한다는 요구는 강화될 것이다. 핵심은 재분배가 단지 노동자들의 임금 상승만으로 이해되는 것이 아니라 모든 이들의 생활 조건을 개선하는 것으로 이어져야 한다는 것이다. 이것이 궁극적으로 의미하는 바는 산업정책과 공공투자가 지역사회, 지속가능성, 국가 배상과 같은 공동선을 추구하기 위해 변화해야 한다는 것이다. 비록 오늘날의 기술 수준이 서비스산업에서 고도의 생산성 상승을 견인하는 데 부족하지만, 현존하는 기술을 인류의 삶을 개선하는 데 사용할 여지는 얼마든지 많다. 예컨대 사람들을 연결하여 그들의 공동체를 강화하고 다양한 생산 현장에서 고강도 노동을 줄이는 것이 가능하다. 이러한 변화는 인류의 삶의 질을 향상시키는 데 매우 효과적일 것이지만 동시에 생산성을 높이는 데는 커다란 도움이 안 되기에 수익성이 높지는 않을 것이다. 그럼에도 불구하고 이러한 경로를 추진해 볼 만한 가치는 충분하다. 수익성에 대한 고려와 별개로 신기술에 대한 투자가 이뤄진다면 인류의 후생 수준 개선에 큰 도약을 이루는 것이 가능하리라 생각된다.

참고 문헌

Aiginger, K., & D. Rodrik. 2020. Rebirth of Industrial Policy and an Agenda for the Twenty-First Century. *Journal of Industry, Competition and Trade* 20(2): 189–207.

Baumol, W. J. 2012. *The Cost Disease: Why Computers Get Cheaper and Health Care Doesn't.* New Haven London: Yale University Press.

Baumol, W. J., S. A. B. Blackman, & E. N. Wolf. 1985. Unbalanced Growth Revisited: Asymptotic Stagnancy and New Evidence. *American Economic Review* 75(4): 806–17.

Baumol, W. J., S. A. B. Blackman, & E. N. Wolf. 1989. *Productivity and American Leadership: The Long View.* MIT Press.

Berg, J., U. Rani, M. Furrer, E. Harmon, & M. S. Silberman. 2018. Digital Labour Platforms and the Future of Work. Geneva, Switzerland: International Labour Office.

Bott, I., R. Kwong, K. Wilson, A. Cook, & J. Murtagh. 2022. Seven Robots You Need to Know. *Financial Times.* Accessed October 18, 2022. https://ig.ft.com/sites/seven-robots/

Conference Board, International Comparisons of Manufacturing Productivity and Unit Labour Cost and Total Economy Database. https://www.conference-board.org/ilcprogram/index.cfm?id=30139.

Conger, K. 2021. Hundreds of Google Employees Unionize, Culminating Years of Activism. *The New York Times*, January 4, 2021.https://www.nytimes.com/2021/01/04/technology/google-employees-union.html.

Cowling, K., & P. R. Tomlinson. 2011. Post the 'Washington Consensus': Economic Governance and Industrial Strategies for the Twenty-First Century." *Cambridge Journal of Economics* 35(5): 831–52.

Dasgupta, S. & A, Singh. 2007. Manufacturing, Services, and Premature Deindustrialization in Developing Countries: A Kaldorian Analysis. In G. Mavrotas & A. Shorrocks

(Eds.), *Advancing Development: Core Themes in Global Economics*. Palgrave Macmillan.

Eichengreen, B. 2015. Secular Stagnation: The Long View. *American Economic Review* 105(5): 66–70.

Ford, M. 2015. Rise of the Robots: Technology and the Threat of a Jobless Future. New York: Basic Books.

Frey, C. B., & M. A. Osborne. 2013. The Future of Employment: How Susceptible Are Jobs to Computerisation? Oxford Martin Programme on Technology and Employment Working Papers.

Goliński, M. 2021. GAFA. Internal Innovators and Disruptive Monopolists. In T. Doligalski, M. Goliński, & K. Kozłowski (Eds.), *Disruptive Platforms: Markets, Ecosystems and Monopolists*. Routledge.

Gordon, R. J. 2015. Secular Stagnation: A Supply-Side View. *American Economic Review* 105(5): 54–59.

Gordon, R. J. 2016. *The Rise and Fall of American Growth: The U.S. Standard of Living Since the Civil War*. Princeton University Press.

Gray, M. L. & S. Suri. 2019. *Ghost Work: How to Stop Silicon Valley from Building a New Global Underclass*. Houghton Mifflin Harcourt.

Hallward-Driemeier, M. & G. Nayyar. 2018. *Trouble in the Making? The Future of Manufacturing-Led Development*. World Bank.

Klein, M. C. & M. Pettis. 2020. *Trade Wars Are Class Wars: How Rising Inequality Distorts the Global Economy and Threatens International Peace*. Yale University Press.

Kotkin, J. & M. Lind. 2021. The Reshoring Imperative. *American Affairs Journal* 5(4) https://americanaffairsjournal.org/2021/11/the-reshoring-imperative/

Mac, R. & C. Kang. 2021. Whistle-Blower Says Facebook 'Chooses Profits Over Safety.' *The New York Times*. October 3, 2021. https://www.nytimes.com/2021/10/03/technology/whistle-blower-facebook-frances-haugen.html

Mazzucato, M. & A. Andreoni. 2020. No More Free-Lunch Bailouts. Project Syndicate. June 25, 2020. https://www.project-syndicate.org/commentary/conditional-bailouts-of-private-companies-2020-crisis-by-mariana-mazzucato-and-antonio-andreoni-2020-06.

Mazzucato, M. R. Kattel., & J. Ryan-Collins. 2020. Challenge-Driven Innovation Policy: Towards a New Policy Toolkit. *Journal of Industry, Competition and Trade* 20(2): 421–37.

Mazzucato, M. 2018. *The Entrepreneurial State: Debunking Public vs. Private Sector Myths*. Penguin Books.

Metz, C., & M. Aguilera-Hellweg. 2018. These Robots Run, Dance and Flip. But Are They a Business? *The New York Times*, September 22, 2018. https://www.nytimes.com/2018/09/22/technology/boston-dynamics-robots.html

Metz, C. 2020. Meet GPT-3. It Has Learned to Code (and Blog and Argue). *The New York Times*, November 24, 2020. https://www.nytimes.com/2020/11/24/science/artificial-intelligence-ai-gpt3.html

Nedelkoska, L. & G. Quintini. 2018. Automation, skills use and training. OECD Social, Employment and Migration Working Papers, No. 202. Organisation for Economic Cooperation and Development.

Nguyen, B. 2022. I Tried the Controversial Internet Tool That Lets Anyone Create AI-Generated Art for Free — Here's How to Use DALL-E. *Business Insider*. October 3, 2022. https://www.businessinsider.com/how-to-use-dall-e-online-ai-image-generator-art-2022-9

Peters, M. A. 2022. Semiconductors, Geopolitics and Technological Rivalry: The US CHIPS & Science Act, 2022. *Educational Philosophy and Theory*: 1–5. https://doi.org/10.1080/00131857.2022.2124914.

Rodrik, D. 2016. Premature Deindustrialization. *Journal of Economic Growth* 21(1): 1-33.

Rosenblat, A. 2018. *Uberland: How Algorithms Are Rewriting the Rules of Work*. University of California Press.

Rowthorn, R. & K. Coutts. 2004. De-industrialisation and the balance of payments in advanced economies. *Cambridge Journal of Economics* 28(5): 767-790.

Rowthorn, R. & R. Ramaswamy. 1997. Deindustrialization: Causes and Implications. IMF Working Paper 97/42.

Schor, J. 2020. *After the Gig: How the Sharing Economy Got Hijacked and How to Win It Back*. University of California Press.

Tregenna, F. 2009. Characterising Deindustrialisation: An Analysis of Changes in Manufacturing Employment and Output Internationally. *Cambridge Journal of Economics* 33(3): 433–66.

Solow, R. 1987. We'd better watch out. *New York Times Book Review*. July 12, 1987.

Stantcheva, S. and D. Rodrik. 2020. The Post-Pandemic Social Contract. Project Syndicate, June 11, 2020. https://www.project-syndicate.org/commentary/new-social-contract-must-target-good-job-creation-by-dani-rodrik-and-stefanie-stantcheva-2020-06

Summers, L. H. 2015. Demand Side Secular Stagnation. *American Economic Review* 105(5): 60–65.

Szirmai, A. & B. Verspagen. 2015. Manufacturing and Economic Growth in Developing Countries, 1950–2005. *Structural Change and Economic Dynamics* 34: 46–59.

Szirmai, A. 2012. Industrialisation as an Engine of Growth in Developing Countries, 1950–2005. *SI: Firm Dynamics and SI: Globelics Conference* 23(4): 406–20.

United Nations Department of Economic and Social Affairs, Population Division. 2022. World Population Prospects 2022: Summary of Results. UN DESA/POP/2022/TR/NO. 3.

United Nations, Department of Economic and Social Affairs, Population Division. 2019. World Population Prospects 2019, Volume I: Comprehensive Tables. ST/ESA/SER.A/426.

Waterson, J. & D. Milmo. 2021. Facebook Whistleblower Frances Haugen Calls for Urgent External Regulation. *The Guardian*. October 25, 2021.

William B. 2017. Macroeconomics of Unbalanced Growth: The Anatomy of Urban Crisis. *American Economic Review* 57(3): 415–26.

World Bank. "GDP growth (annual %) - China." World Development Indicators, The World Bank Group, Accessed October 19, 2022. https://data.worldbank.org/indicator/NY.GDP.MKTP.KD.ZG?end=2021&locations=OE&start=1961&view=chart

World Bank. "GDP growth (annual %) - OECD members." World Development Indicators, The World Bank Group, Accessed October 19, 2022. https://data.worldbank.org/indicator/NY.GDP.MKTP.KD.ZG?end=2021&locations=OE&start=1961&view=chart

4 디지털-그린 전환과
포스트-코로나 시대의 글로벌 가치사슬

이준구

1. 글로벌 금융위기 이후의 글로벌 가치사슬

지난 수십 년간 글로벌 가치사슬global value chains, GVC은 지역적으로, 산업적으로 꾸준히 확장되면서 자본주의 경제의 글로벌화globalization에 크게 기여해 왔다. 이전까지 한 국가나 기업의 경계 안에 머물렀던 생산활동은 해외직접투자와 역외 하청을 통해 공정별로 분절되고 지리적으로 분산되었다. 글로벌 선도기업lead firms들은 국제 교역과 투자의 흐름에 점차 중요한 영향을 미쳤고, 생산에서 소비에 이르는 일련의 부가가치 활동과 기업 간 관계를 조정하는 주관자로서 가치사슬을 주도하였다. 이를 통해 이들은 글로벌 가치사슬에 편입되는 국가, 기업, 노동자, 지역사회의 정치·경제·사회·생태적 환경에 직간접적으로 영향을 미쳤다(Ponte, Gereffi, and Raj-Reichert 2019).

하지만 2008년 글로벌 금융위기를 기점으로 글로벌 가치사슬은 큰 변화에 직면하였다(Cattaneo, Gereffi, and Staritz 2010). 금융화 financialization는 다국적기업의 확장과 역외 하청에 기반한 유연화와 비용 절감 전략을 뒷받침했는데 금융위기는 이에 제동을 걸기 시작했다

(Milberg 2008). 미국과 유로존의 경기 위축과 뒤이은 기업들의 구조조정은 글로벌 가치사슬의 구조와 동학를 크게 변모시켰다. 글로벌 가치사슬의 전통적 소비시장으로서 서구 경제가 가진 위상은 위축된 반면, 신흥개발국들을 필두로 글로벌 '남반구Global South'의 비중은 상대적으로 증가하였다. 전자 산업에서 폭스콘Foxconn의 성장이 보여주듯이 신흥개발국에서 다국적기업으로 부상한 1차 공급업체들first-tier suppliers이 가치사슬의 허리에서 보다 중심적 역할을 하기 시작했다(Appelbaum 2008).[1] 이러한 변화를 반영하듯, 확장일로였던 글로벌 가치가슬은 정체하기 시작한다. 1990년대 이후 국제 교역에서 GVC를 통한 교역의 비중은 꾸준히 증가해서 2008년 30%까지 기록했지만, 이를 기점으로 하락하면서 2015년 30% 이하로 떨어졌다. 해외직접투자의 성장세도 2010년을 기점으로 국내총생산GDP와 국제 교역의 증가세를 따라가지 못하는 것으로 나타났다(UNCTAD 2020).

국제 교역과 분업 구조의 이러한 변화는 금융위기 이전부터 글로벌 경제 저변에서 발생한 복합적인 변화의 결과이다. 우선, 중국, 인도, 브라질 등 대규모 내수시장을 가진 나라들이 글로벌 가치사슬에서 점차 핵심적인 역할을 하면서 생산품들이 전통적인 최종 시장인 서구로 수출되기보다 생산지 국가에서 자체 소비되는 비중이 늘었다(Barrientos, Gereffi, and Pickles 2016). 또한 이들 생산지 국가로 소재나 부품 같은 중간재를 수출하던 기업들이 현지에 공장을 세워서 직접 공급하게 되고, 현지 기업들이 고도화를 통해 중간재 생산을 국산화하게 된 점도 교역의 성장을 늦추는 이유가 되었다. 전자가 한국 기업이 중국 공장에서

---

1 대만의 전자제품 전문 위탁생산 기업으로 2000년대 후반 이후 애플 제품의 위탁생산을 도맡으면서 급성장하였다.

직접 부품을 생산, 현지 조립 공장에 공급하는 경우라면, 후자는 중국 기업이 직접 부품을 생산, 조달하게 되면서 한국으로부터 수입 자체가 줄어든 경우라고 할 수 있다.

동시에 이러한 변화는 금융위기 이후 대두된 글로벌 선도기업들과 주요 공급 기업들의 조직적, 지리적 대응을 반영한다. 선도기업들은 비용 절감과 구조조정을 위해 생산 네트워크를 합리화rationalization하는 조치를 취했다(Cattaneo, Gereffi, and Staritz 2010). 조직적으로, 공급망을 다수의 소규모 공급업체들로 분산하기보다 소수의 대형 업체들로 집중시켰다. 이를 통해 가치사슬 관리에 따른 비용과 위험을 줄이는 대신, 빅데이터 분석 등 신규 분야와 역량에 대한 투자를 늘렸다. 이렇게 되면서 신흥시장을 중심으로 성장한 1차 공급업체들이 차지하는 역할과 범위가 자연스럽게 늘어났고, 이들은 해외 확장을 통해 몸집을 키우기 시작했다(Appelbaum 2008). 지리적으로는 중국, 인도, 브라질 등 대규모 내수시장을 가진 국가들이 점차 중요한 수요처 역할을 하면서 글로벌 가치사슬의 집중도가 높아졌다. 중국은 더 이상 '세계의 공장'에 그치지 않고 '세계의 시장'으로 부상하였다. 일례로 2010~2015 회계연도 사이에 애플의 전 세계 매출액에서 중국을 비롯한 중화권(대만, 홍콩 포함)이 차지하는 비중이 불과 4%(28억 달러)에서 25%(587억 달러)로 급신장하였다.[2] 이러한 수요처의 이동과 함께 동아시아에 자리잡고 있는 제조업 공급 기반이 조밀해지고 두툼해지면서 많은 글로벌 선도기업들이 중국을 중심으로 한 소수의 신흥 개발국들로 공급망과 생산을 집중하기 시작했고, 이는 이들 지역에 있는 대형 공급업체에 새로운 성장의 기회

---

2 https://www.statista.com/chart/13246/apple-china-revenue/

와 동력을 제공하였다.

이러한 시장 수요와 기업 전략의 변화에 더해 글로벌 가치사슬의 확산에 따라 리스크가 늘어났다는 점도 변화를 촉진하였다. 2010년대 들어서 글로벌 공급망은 여러 차례 대규모 단절을 겪으면서 고도로 분산된 생산체계로서의 문제점을 노정하였다. 2011년 동일본 대지진과 태국 대홍수는 전자, 자동차 산업 등에서 동아시아 생산 네트워크를 일순간 혼란에 빠뜨렸다. 2010년 중국의 한 혼다 공급업체에서 발생한 파업이 다른 공장들로 확산되면서 혼다의 중국 내 생산망을 마비시킨 것처럼, 노동자들의 불만은 '적시생산just-in-time'에 최적화된 생산체계의 취약성을 공략하였다. 글로벌 가치사슬이 더 많은 산업 분야로 확대되면서 단절에 따른 위험성과 파급력은 전례 없이 높아졌다. 대표적인 예가 글로벌 공급망에서 만연한 노동 문제이다. 해외투자기업에서의 저임금, 장시간 노동 문제는 지속적인 비판의 대상이었지만, 2010년대 초 폭스콘의 중국 내 공장에서 잇따른 노동자 자살 사태와 2013년 세계 제2의 의류 수출국인 방글라데시 수도 다카에서 라나플라자 붕괴로 1천여 명이 넘는 의류 노동자들이 목숨을 잃은 비극적 사건은 중대한 분수령이 되었다. 이들 나라의 기업들에게 하청을 준 애플, 월마트, H&M 등 유수의 글로벌 브랜드 기업들에게 사회적 비판이 집중되었고, '행동강령', '윤리강령' 형태로 이들이 공급업체에게 강제해 오던 사적 노동기준private labor standards의 효과성은 물론, 글로벌 가치사슬 참여를 통한 경제발전 모델 자체에 대한 의구심도 높아졌다(Locke 2013).

보다 거시적인 심층의 변화는 소위 규제완화, 민영화, 기업의 자율규제를 모토로 한 신자유주의적 세계화의 퇴조이다. 정치·경제·사회적 글로벌화가 가져오는 혜택에 대한 회의감이 늘면서 글로벌화에 대한 일련의 '역풍'이 불어왔고, 극우 정치세력의 부상과 영국의 EU 탈퇴 결정 그리고 미국 트럼프 행정부의 등장으로 이어지면서 경제적으로는 보호무역주의가 고개를 들기 시작했다(Dür, Eckhardt, and Poletti 2020). 글로벌 가치사슬을 떠받들던 해외 투자 유치 중심의 발전 전략, 역외 하청을 통한 비용 절감과 유연화에 대한 정치·사회적 지지는 꾸준히 약화된 반면, 그로부터 파생되는 다양한 문제들에 대한 사회적 비판과 반발이 가치사슬의 양측, 선진국과 개발도상국 모두에서 높아졌다. 특히, 한-일, 일-중, 미-중 간 무역 분쟁에서 보듯이 자국의 정치, 외교, 경제적 목적을 위해 가치사슬을 통한 연결을 '무기화'하려는 경우가 빈번해지면서 지정학적 갈등과 위기는 직접적으로 글로벌 가치사슬에 영향을 미치는 동시에, 글로벌 가치사슬 자체가 이러한 갈등의 한복판에 자리 잡게 되었다. 이에 따라 일각에서는 글로벌 가치사슬의 종언 내지는 축소 가능성을 제기하는 주장들이 잇따랐다. 그런 점에서, 2020년 시작된 코로나19 대유행과 2022년 러시아의 우크라이나 침공에 따른 글로벌 공급망의 교란과 단절은 극적이긴 하지만 금융위기를 기점으로 글로벌 가치사슬 안에서 누적된 모순과 거시적인 글로벌 정치경제 환경의 변화 속에서 일견 예고된 것이라고 할 수 있다.

2. 지정학 위기, 디지털-그린 전환, 글로벌 가치사슬의 미래

지정학적 위험과 글로벌화의 위기와 더불어, 포스트-코로나 시대의 글로벌 가치사슬은 기후변화와 환경-생태적 위기, 디지털 전환으로 특징지어지는 중대한 변화에 직면해 있다(Gong et al. 2022). 디지털-그린 전환이라는 '쌍둥이 전환twin transition'은 아래에서 자세히 논의하듯이 지정학적 위기와 이에 따른 글로벌 가치사슬의 변화와 상호작용하면서 새로운 변동의 층위를 만들고 있다. 글로벌 가치사슬의 구성과 배치가 공간적으로, 조직적으로 어떻게 변화, 재구성될 것인지는 아래 그림 1에서 보듯이 세 가지 주요한 도전이 개별적으로 미치는 영향뿐 아니라 서로가 상호작용하면서 만들어 내는 동학에 의해 결정될 것이고, 이는 글로벌 가치사슬의 주요한 차원들, 즉, 가치사슬을 구성하는 투입-산출 구조, 가치사슬의 공간적 배치, 참여 기업간 관계의 거버넌스 그리고 가치사슬을 떠받드는 제반의 국내외적인 제도적 장치와 환경에 다양하게 영향을 미침으로써 구체화될 것이다.

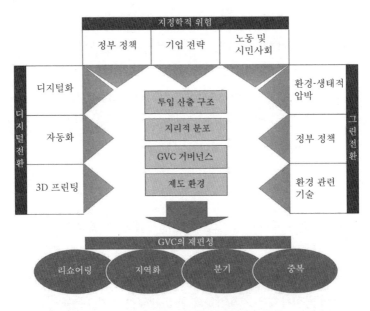

그림 1. 지정학 위기, 디지털-그린 전환, 글로벌 가치사슬의 구조 변화: 시론적 분석 틀
출처: UNCTAD(2020), Gong et al.(2022)를 참고로 저자 작성.

글로벌 가치사슬의 재편성에 대해서는 크게 네 가지, 서로 다른 시나리오를 상정할 수 있다. 첫째, 소위 '리쇼어링reshoring'으로 해외직접투자나 역외 하청이 감소하거나 기업들이 본국으로 회귀하면서 글로벌 가치사슬이 기업의 모국 중심으로 축소되는 경우이다. 실제로 코로나19 대유행 이후 많은 정부가 개인보호장구나 주요 의료장비에 대한 높은 대외 의존을 우려하여 제조업의 본국 이전 또는 신규 투자에 대한 적극적 인센티브 제공을 통해 가치사슬의 회귀를 유도하고 있다. 하지만, 많은 연구들이 리쇼어링의 현실성에 의문을 던지면서 실제로 이는 정치적 모토에 가까우며 견고하게 자리잡은 기존의 공급망과 별개로 개별 공장만 옮기는 것은 실현된다 하더라도 규모나 파급력이 크지 않을 것이라고 지적한다. 오히려 가치사슬은 지역 수준으로 축소되면서 아시아, 유럽, 북미 등 최종 시장에 인접해서 배치되는 형태(소위 'near-shoring')를 통해 지역화regionalization될 것이라는 전망이 제기된다. 이 두 가능성은 공히 글로벌 가치사슬의 축소를 시사하지만, 축소의 범위를 달리 보는 것이다. 또 다른 가능성은 가치사슬의 분기bifurcation나 다변화이다. 미-중 무역 전쟁은 미국 중심과 중국 중심의 가치사슬로의 분기를 가져올 수 있고 실제로 애플 등 선도기업들은 현재 복수의 가치사슬을 병렬적으로 배치, 운영하는 방식을 고려하고 있다. 특히, 미국이 추구하는 동맹 중심의 가치사슬(소위 'friend-shoring')이 현실화되고 중국이 자체적인 가치사슬을 공고히 하는 식으로 이에 대응한다면 글로벌 가치사슬이 일종의 '블록화' 또는 경제·기술적 신냉전으로 이어질 공산도 크다. 끝으로, 다른 이들은 가치사슬의 분산으로 인한 취약성만큼이나 집중 또한 위험성을 가짐에 주목한다. 코로나19 대유행이나 기후변화를 통해 경험하듯이 예측하기 힘든 가치사슬의 대규모 단절이 가진 리스크를 고려하면 가치사슬을 특정 지역이나 국가로 축소하는 것이 반드시 안정성을 가져오는 것은 아니다. 따라서 정부나 기업들이 복수의 대안적 공급처 확보를 통해 가치사슬의 중복redundancy을 추구한다면, 포스트-코로나 시대의 가치사슬이 오히려 더 복잡하고 중층적인 구조로 변모할 가능성도 배제할 수 없다.

3. 디지털 전환과 글로벌 가치사슬

디지털 전환의 범위와 성격에 대해서는 아직 의견이 분분하다. 하지만 공통적으로는 디지털 기술의 도입과 활용이 전면화, 보편화되면서 정보통신기술 분야를 넘어서서 사회 및 산업 체제에서 나타나는 전반적, 지속적인 변화와 그에 기반한 새로운 가치 창출을 의미한다고 할 수 있고, 그런 점에서 기술변화를 디지털 전환의 주요한 추동력으로 본다. 주요 기술로는 사물인터넷IoT, 클라우드, 빅데이터, 모바일, 인공지능은 물론 소셜 네트워킹을 비롯한 디지털 플랫폼, 3D 프린팅으로 대표되는 적층 제조additive manufacturing 등이 대표적이다. 그 외에 블록체인, 양자 컴퓨팅, 증강 가상현실 등 다양한 범위의 새로운 기술이 디지털 전환의 기반으로 언급되며, 자동화의 측면에서는 고도화된 산업 로봇이나 인공지능 로봇이 주목받고 있다.

디지털 전환이 국제 분업구조에 미치는 영향에 대한 대표적 논의로는 UNCTAD(2020)의 2020년 〈세계투자보고서〉를 꼽을 수 있다. 이 보고서는 디지털 전환과 관련한 핵심 기술들을 1) 디지털화, 2) 로봇과 AI 기반 자동화 기술, 3) 3D 프린팅과 같은 적층 제조 등 크게 세 가지로 구분하였다. 각각이 글로벌 가치사슬에 미칠 영향을 보면, 우선 디지털 기술의 광범위한 확산과 적용을 통한 디지털화는 글로벌 수준에서 분산된 공급망에 대한 조정과 통제가 용이해짐에 따라 가치사슬의 거버넌스와 기업 간 거래에 수반하는 비용과 위험을 낮춰서 하청과 같은 과업의 외부화externalization와 모듈화modularization 추세를 촉진시킬 수 있다. 또한 데이터에 기반하여 소비자 요구에 대응하는 맞춤생산이 늘면서 소비자에게 인접한 가치사슬 하류에서의 가치 창출이 중요해진다고 전망한다. 다음으로, 산업/AI 로봇의 가격이 하락하면서 자동화 기술이 빠르게 확산되면, 제조업과 서비스업 모두에서 가치사슬의 배치에서 노동 비용 차이가 갖는 중요성이 낮아지는 반면, 자동화에 따른 자본집약도와 지적 자산에 대한 의존도가 늘면서 규모의 경제가 중요해지고 공정의 내부화internalization 필요성은 높아진다고 보았다. 끝으로, 적층 제조 기술의 발달로 고안, 설계, 생산 공정까지 이르는 과정의 통합도가 높아지면서 반대로 모듈화 추세는 약화되고, 동일한 제품을 여러 지역에서 복제 생산할 수 있게 되면서 생산지와 소비지 간의 거리는 줄고 소비자의 필요를 반영한 맞춤생산이 늘어날 수 있는데 이는 전과는 다른 방식으로 생산의 지리적 분산을 촉진시킬 것이다. 또한 생산공정에 대한 지적 자산이나 암묵지의 역할은 낮아지는 반면, 디자인의 상대적 중요성은 늘면서 가치 창출에서 상류 부문의 역할이 증가할 것이라고 전망하였다(UNCTAD 2020).

종합해 보면, 디지털 전환이라는 큰 흐름에도 불구하고 개별 기술 요소들은 가치사슬의 투입-산출 구조, 지리적 분포, 거버넌스 구조 등에 상이한 영향을 미칠 수 있음을 알 수 있다. 영향의 방향도 수렴하기보다 디지털화와 적층 생산이 모듈화에 미치는 영향에서 보듯이 때로 상충될 수 있으며, 가치사슬의 상류, 중류, 하류 각각에서 상이한 결과를 가져올 수 있다. 또한 산업별로도 기술의 수용 및 적용 방식이 차이가 나면서 가치사슬에 미치는 영향도 달라질 수 있다. 실제, 글로벌 가치사슬의 집약도가 높은 산업들 중에서 전자나 자동차와 같은 고기술 집약 분야에서는 상대적으로 리쇼어링의 가능성이 높지만, 섬유 의류 등 중·저기술 분야에서는 오히려 가치사슬이 다변화될 것이라는 전망이 우세하다.

디지털 전환의 핵심 수단 가운데 하나인 스마트폰 사례를 통해 보다 구체적으로 살펴보면, 우선 스마트폰의 가치사슬에서 전통적인 음성 중심의 휴대전화와 달리 모바일 기기와 서비스의 결합도가 매우 높아졌다. 그 결과 기기의 고안과 설계에서 서비스의 이용에 이르기까지 가치사슬은 오히려 전보다 길어지고 복잡해졌다. 또한 스마트폰 기기의 가치사슬에서는 고도화된 부품의 사용이 늘어나 범용 부품보다는 개별 제품의 특성에 부합하는 기술과 부품의 공동 개발이 중용해지면서 애플이나 삼성과 같은 브랜드 선도기업들이 각 기술 분야의 선도적인 부품 기업들(예, 퀄컴)과 모듈-관계modular-relational적인 협력을 형성하고 있다. 반면 서비스 분야에서는 애플 앱스토어, 구글 플레이스토어와 같은 플랫폼의 압도적 영향하에서 무수히 많은 수의 앱 개발/서비스 기업들이 플랫폼을 통해 연결되는 시장형 구조가 나타나는데, 이는 플랫폼을 소유한 선도기업들의 집중화와 거래 플랫폼 거버넌스 자체의 시장-모듈market-modular화 경향을 잘 보여준다(ADB 2021). 이런 가운데 스마트폰과 서비스를 아우르는 전체 가치사슬의 거버넌스에서는 애플, 삼성, 구글, 화웨이 등 선도기업 간의 전략 차이도 두드러져서, 대표적으로 애플이 기기와 서비스 간의 인터페이스를 폐쇄적으로 관리하면서 양측을 강하게 통합한다면, 비교적 개방된 안드로이드 운영체제를 통해 다수의 단말기 업체들과 관계를 맺고 있는 구글의 전략은 이와는 대비된다(Lee and Gereffi 2021).

한편, 글로벌 가치사슬이 중심적인 역할을 하는 의류나 신발 산업에서는 디지털 전환이 자동화를 통해 단순노동을 어느 정도 대체할 것인가에 많은 관심이 모인다. 한편에서는 이들 산업이 단순 반복적인 대규모 노동력에 의존한다는 점에서 자동화가 저개발국에 분산된 공급망을 시장에 인접한 선진국으로 회귀시킬 가능성이 제기된다. 실제 글로벌 신발 브랜드인 아디다스가 로봇과 적층 제조 기술을 활용하여 '스피드팩토리Speedfactory'라는 이름의 최첨단 자동화 공장을 유럽과 미국에 세우면서 리쇼어링의 현실화에 대한 기대도 높아졌다. 하지만 아디다스는 몇 년이 채 안 되어 2019년 이들 공장을 폐쇄하고 해당 기술들을 주 생산기지인 베트남과 중국 공장에 적용하겠다고 발표했다.[3] 일각에서는 아디다스가 신발 생산에 소요되는 노동력의 규모에만 초점을 맞춘 나머지, 얼핏 단순해 보이는 작업도 대단히 많은 수의 미세하게 다른 공정들을 포함하고 있다는 사실을 간과했으며, 그 결과 예상보다 너무 큰 비용이 들었음을 지적한다.[4] 의류산업에서 대한 최근 연구(Bárcia de Mattos et al. 2021)도 자동화에 대한 유인이 높지만 이를 실현하는데는 여전히 많은 기술적 장애가 있으며, 특히 부드러운 원단 소재의 특성상 전면적인 자동화보다는 반자동화가 현실적이라는 진단을 내놓았다. 또한 기업들이 일부 리쇼어링의 가능성에도 불구하고 오히려 공

---

3 https://edition.cnn.com/2019/11/12/business/adidas-speedfactory-plants-closing/index.html

4 https://www.supplychaindive.com/news/adidas-speedfactory-blunder-distributed-operations/571678/

급망을 다변화할 공산도 크다. 예를 들어 유행에 민감해서 리드 타임을 짧게 해야 하는 맞춤생산용 제품군과 반대로 낮은 노동비용을 활용하여 원격지에서 생산할 수 있는 대량생산용 제품군을 구분하여 운영하는 소위 '멀티스피드, 멀티모드multi-speed, multi-mode' 방식은 이러한 다변화의 예이다(Andersson et al. 2018). 이러한 논의들은 디지털 전환의 성격이나 자동화 투자에 대한 내용도 제품군별로, 지역에 따라 상이하며 그에 따라 가치사슬에 미치는 영향도 달라질 수 있음을 시사한다.

4. 그린 전환과 글로벌 가치사슬

기후위기와 탄소중립의 중요성이 높아지면서 그린 전환에 관한 논의도 활발해지고 있다. 대표적으로, 2019년 발표된 EU의 '그린 딜Green Deal' 정책을 꼽을 수 있고, 한국 정부도 2020년 한국판 뉴딜의 일환으로 그린 뉴딜을 발표한 바 있다. EU의 경우 지구온난화 대응을 위해 회원국 경제의 구조적 변화를 통해 2050년까지 순 탄소배출량을 0으로 만들기 위해 에너지, 산업, 건설, 수송 분야를 중심으로 탄소 배출을 집중적으로 감축할 계획이고, 친환경 농식품의 생산 및 소비 촉진, 생태계 및 생물다양성의 보존 등을 강조하고 있다. 이를 통해 EU 경제를 보다 지속 가능하고 공정하며 경쟁력을 가진 모습으로 탈바꿈시키겠다는 목표를 세우고 있다(European Commission 2019).

글로벌 가치사슬의 관점에서 보면, 그린 전환과 관련해서 다음 네 가지 정도의 차원에서 연관성을 논의할 수 있다. 첫째, 글로벌 가치사슬은 그간 지구적 수준의 대량 생산과 소비를 떠받드는 방식으로 작동해 왔고, 그 결과 기후변화와 탄소 배출, 종다양성 감소 등에 부정적인 영향을 미침으로써 환경의 지속가능성을 위협해 왔다.[5]

　글로벌 가치사슬의 확장에 따라 생산지와 소비지 간의 거리가 멀어지고 가치사슬의 단계마다 많은 물류와 수송 과정이 수반되면서 온실가스 증가에 기여하였다. 또한 기업들이 환경이나 기후 관련 규제가 낮은 지역으로 옮겨 감에 따라 환경 악화와 탄소 배출의 부담을 저개발국에 전가한 점도 빼놓을 수 없다. 글로벌 가치사슬을 통해 낮은 노동, 환경 관련 비용으로 생산된 제품들이 범람하면서 폐기물 또한 넘쳐나고 있다. 고도의 분업화와 전문화에 기반한 수출지향적 산업구조는 커피나 차와 같은 농식품업의 사례에서 보듯이 단작monoculture화를 촉진하고 종다양성을 위협할 수 있다. 운송의 효율성을 위해 연안지대나 강하구 지역에 세워진 수출자유지역이나 경제특구는 생산의 집중만큼이나 환경 피해 또한 집중시키는 결과를 낳았다.

　둘째, 글로벌 가치사슬의 작동과 구조도 환경 악화와 기후위기의 영향을 피할 수 없다. 대표적으로, 기후 패턴의 변화는 농업 생산성을 위협하고 작물 재배의 지리적 분포에 변화를 가져오는 것은 물론, 생산자들 간에 변화에 대한 대응 역량에서 차이가 나타나면서 불평등을 높일 수 있다. 자연환경의 변화는 산업을 막론하고 생산비용은 물론, 운송 등 가치사슬 활동 전반의 비용에 영향을 미침으로써 공급망 구조에 영향을 미칠 수 있다. 또한, 자연재난이 빈번해지고 기후 예측의 불확실성이 높아지면서 이에 따른 공급망 두절이나 단절은 한 국가나 지역을 넘어 광범위한 영향을 미친다. 실제로 2011년 태국의 대홍수는 말레이시

5　이하 두 문단의 논의는 아시아개발은행(ADB 2021) 보고서 5장에 기반한다.

아, 필리핀, 베트남은 물론 북미의 자동차 생산에까지 차질을 낳았고, 같은 해 대지진으로 인해 동일본 지역으로부터 부품 조달이 상당 기간 중단되면서 아시아 지역에서 전반적으로 전자제품과 자동차 생산이 타격을 입은 바 있다.

세 번째로 살펴봐야 하는 차원은 환경 관련 기준, 정책, 제도가 글로벌 가치사슬에 미치는 영향이다. 제도적 차원은 가치사슬을 둘러싸고 있는 중요한 환경이다. 무역 규제, 환율 정책과 같은 경제정책뿐만 아니라, 각종 기술, 품질, 안전 관련 표준 등은 일종의 교역 규칙으로서 글로벌 가치사슬의 작동에 영향을 준다. 대표적인 예로 영국을 비롯한 유럽에서 농식품에 대한 제품 안전 및 품질에 대한 규제가 강화되면서, 대형 유통업체들은 강화된 기준을 준수할 수 있는 지역이나 대형 생산자 중심으로 공급망을 재편하였고, 저개발국이나 소생산자들에 대한 공급망 진입장벽을 높이는 결과를 가져왔다(Lee, Gereffi, and Beauvais 2012). 따라서 선진국을 중심으로 그린 전환에 따른 각종 환경 및 기후 관련 기준이 강화되고 이에 따라 기업들이 감수해야 하는 환경관련 비용과 리스크가 늘어나면, 이에 수반되는 교역이나 거래 비용을 전반적으로 높이게 되고 이는 공급지나 공급업체의 집중화로 이어질 공산이 크다(UNCTAD 2020). 하지만 반대로 환경과 기후의 불예측성이 증가하면 기업들은 오히려 그로 인해 발생할 수 있는 단절이나 두절의 리스크를 줄이고자 공급망을 분산시키거나 다변화할 가능성도 높다. 다만 이는 다른 한편으로 교역 증가와 공급망 분산에 따라 환경에 대한 전반적인 부담을 늘리는 결과를 낳을 수 있다.

끝으로 그린 전환은 보다 거시적인 차원에서 탄소중립경제로의 재편, 생태-환경적으로 지속 가능한, 순환적 생산-소비 구조로의 전환을 의미한다. 그간 환경 관련된 글로벌 가치사슬의 논의는 주로 환경적 고도화와 혁신을 통해 가치사슬을 녹색화('greening') 하는 과정에서 선도기업의 역할이나 공급업체의 전략에 초점을 맞추었다(De Marchi, Di Maria, and Ponte 2013). 하지만 그린 전환은 이를 넘어서 새로운 경제구조에서 주도권을 확보하려는 국가와 기업들 간의 경쟁인 동시에, 사회 세력 간의 분배와 형평성에 관련된 문제이다. 경제구조의 근본적인 재편은 다방면에서 글로벌 가치사슬의 재편, 구체적으로 가치사슬 내 행위자들 간의 분업 구조나 힘의 관계에 영향을 미침으로써 가치사슬 거버넌스 자체를 변화시킬 수 있다. 대표적으로 전기차의 등장은 전통적으로 자동차 산업의 선도기업인 완성차업체의 지위를 위협할 수 있다. 실제로 테슬라, BYD 등 전기차에 기반한 선도기업들이 새로 진입하였고, 배터리가 핵심 부품으로 부상하면서 CATL, LG에너지솔루션과 같은 배터리 제조업체는 물론, 광물부터 소재에 이르기까지 새로운 가치사슬이 창출되고 있다. 여기에 자율주행 기술과 모빌리티 서비스가 더해지고 구글이나 애플과 같은 빅테크 기업들의 참여가 이어지면서 자동차 산업의 가치사슬은 전자화, 플랫폼화를 통한 광범위한 구조 재편과 새로운 산업 거버넌스 출현을 예고하고 있다.

5. 지속 가능하고 정의로운 전환과
포스트-코로나 시대의 글로벌 가치사슬

본 논문은 디지털-그린 전환이 글로벌 가치사슬에 미칠 영향을 중심으로 전환점을 맞고 있는 글로벌 가치사슬이 현 시기 자본주의 세계

체계의 변동과 갖는 관계를 살펴보았다. 이를 위해 지정학 위기와 디지털-그린 전환이라는 상호 연계된 세 차원을 통합적으로 이해하기 위한 분석틀을 제시하고, 기존 연구와 사례들을 통해 이러한 변화가 글로벌 가치사슬에 미칠 여러 가능성을 논의하였다. 결론을 대신하여, 이하에서는 글로벌 가치사슬에 대한 관심과 이해가 지속 가능하고 포용적인 산업발전과 정의로운 전환을 추구하는 과정에서 노동운동을 비롯한 시민사회에 주는 시사점을 크게 가치사슬 분석이 가진 유용성과 글로벌 가치사슬의 향배가 갖는 의미라는 두 가지 측면에서 논의하겠다.

첫 번째로 강조할 점은 디지털-그린 전환이 미칠 영향에 대한 일률적인 판단이 어렵기도 하거니와, 현실적 유용성이 크지 않다는 점이다. 디지털 기술의 발달로 생산-소비 간의 거리 축소, 소품종 맞춤생산, 중개자를 거치지 않는 가치사슬이 도래할 것이라든지, 그린 전환이 선진국에 의한 또 하나의 무역과 투자 장벽으로 작용할 것이라는 전망들이 제기되고 있지만, 실상 디지털 플랫폼은 오히려 규모의 경제와 중개자가 갖는 네트워크 권력의 중요성을 환기시키며, 태양전지 패널의 사례에서 보듯이 에너지원의 전환도 선진국과 개발도상국을 연결하는 제조업의 전통적 가치사슬에 의존하고 있음을 무시할 수 없다. 이런 점에서, 글로벌 가치사슬 분석은 이러한 문제에 대해 보다 구체적이고 세밀한 분석과 이해를 도와준다는 장점이 있다. 산업별, 가치사슬 단계에 따라 기술이나 표준이 미치는 영향이 다르며, 자동화나 환경 친화적 투자의 영향도 제품군에 따라, 지역이나 국가에 따라 상이할 수 있다. 가치사슬 분석은 국제적 산업구조와 생산과정을 세분화하여 각 개별 단계에 대한 이해뿐만 아니라 가치사슬의 서로 다른 부분이 상호 영향을 주고받는 과정과 그 결과를 해명함으로써, 기술적 또는 생태적 낙관론이나 비관론 어느 한쪽에 치우치지 않고 구체적 대상에 대한 구체적 분석을 통해 자본주의 체계의 변동을 파악하게끔 해 준다.

둘째, 글로벌 가치사슬 분석은 디지털-그린 전환에서 누가, 어떻게, 어떤 방향으로 그 과정과 결과에 영향을 미칠 수 있는지에 대한 이해를 도와준다. 전환의 방향과 결과는 시장(선진국, 개도국), 기술(세부 기술 요소들)과 제도(의도하지 않은 결과를 포함)의 복합적 상호작용의 산물이다. 정책이나 제도가 늘 의도한 결과를 낳는 것은 아니며 기업의 전략적 대응, 사회세력의 개입에 따라 의도치 않은 결과를 가져올 수 있다. 대표적인 예로 1980년대 미국이나 유럽 국가들이 일본과 한국, 대만 등 아시아 신흥개발국으로부터 늘어나는 수입에 대응해서 의류, 전자, 자동차 산업에서 여러 무역 규제 조치를 실행했지만, 선도기업들은 생산지, 시장, 공급지를 전환하고 공급업체들은 제품과 공정을 고도화하여 이에 대응하였고, 그 결과 무역 규제는 애초의 의도와 달리 글로벌 가치사슬을 확장, 심화시키는 결과를 낳았다(Gereffi, Lim, and Lee 2021).

구체적으로, 글로벌 가치사슬의 구조에서 특정한 단계(노드)에 위치한 행위자들은 일종의 '지렛대leverage'로서 기술이나 표준의 도입을 가치사슬의 여타 부분으로 확산시키는 역할을 할 수도 있고, '요충지chokepoint'나 '병목bottleneck'으로서 작용하여 이를 억제 또는 지연시키거나 특정한 방향으로 향하도록 힘을 쓸 수 있다. 따라서, 글로벌 가치사슬 구조와 행위자들 간의 의존관계나 역관계, 다시 말해 거버넌스 구조에 대한 이해는 쌍둥이 전환을 어떻게 하면 보다 '정의로운' 방향으로 이끌 것인가를 고민하는 데서 중요한 의미를 갖는다. 실제로 쌍둥이 전환에 따라 산업의 경계와 구성이 변모하고 있고, 산업 안팎에서는 여러 차원의 주도권 싸움이 벌어지고 있다. '배달의민족'이나 '타다'와 같은 디지털 플랫폼이나 스마트폰이나 전기자동차와 같은 혁신 플랫폼은 기존 산업의 논리에 도전하고 있고, 선도기업들은 산업, 공급망, 노동을 규율하는 새로운 규칙과 수단(예, 고객 정보, 알고리즘)을 통해 주도권을 획득하고 자신의 영향을 공고히 하는 전략을 쓰고 있다. 동시에 최근 대형 플랫폼에 대한 국내외적인 규제 움직임에서 보듯이 시민사회는 가치사슬의 거버넌스에 개입함으로써 노동, 환경, 인권에 관한 의제를 제기하고, 포용적이고 지속 가능하며 공정한 전환을 추구할 수 있다. 이 과정에서 글로벌 가치사슬과 거버넌스에 대한 분석은 산업구조와 규칙, 행위자들 간의 세력 관계를 총체적으로 파악하고 적합한 전략을 개발하는 데 도움을 줄 수 있다.

동시에 글로벌 가치사슬의 향배를 이해하는 것은 포스트-코로나 시대 글로벌 경제의 구조 변화와 노동과 환경에 미칠 그 영향을 예견하는 데 중요한 실마리를 제공한다. 예를 들면, 과연 리쇼어링이 어느 정도까지 이루어질 것인가? 이것이 현실화된다면 어떤 일자리들이 돌아오고 어떤 것들이 남아 있을 것인가? 일자리가 선진국으로 회귀한다면 그것이 개발도상국이나 극빈국 노동자들에게 미칠 영향은 무엇인가? 이러한 문제는 국내외적 차원에서 노동의 미래를 전망하는 데 중요한 고려사항이 될 것이다. 또 다른 중요한 변화는 시장과 기업이 주도하는 신자유주의적 글로벌화의 퇴조에 따라 글로벌 가치사슬에서도 상대적으로 국가나 공적 제도의 역할이 새삼 강조되고 있다는 점이다. 실제로 최근 미국과 서유럽에서 나온 일련의 공급망 관련 입법들—미국 캘리포니아주 공급망투명법(2012), 영국의 현대판노예방지법(2015), 독일과 프랑스의 공급망 실사supply chain due diligence 관련 법률—은 공히 다국적 기업들에게 노동과 환경 관련한 인권침해가 발생하지 않도록 공급망을 구축, 운용해야 할 법적 책임을 부여하고 있고, 이는 기존의 사적 노동 기준에 의존하는 방식에서 진일보한 것으로 자본의 무분별한 이동에 따른 '바닥을 향한 경주race to the bottom'의 위험성을 막는 데 역할을 할 것이다. 하지만 동시에 점증하는 보호무역주의와 대외 개방성의 감소, 국내적으로는 극우 보수주의와 권위주의 세력의 전반적 대두는 글로벌화가 가졌던 이중성만큼이나 국가의 역할 증대가 가진 이중성과 노동과 시민사회에 대한 위험성을 환기시킨다.

끝으로, 쌍둥이 전환에 따른 글로벌 가치사슬의 변화는 지정학 위기라는 현재적 맥락 속에서 자리 잡고 있다. 지정학적 위기로 인해 불확실성이 높아지면서 지난 십 수년간 이뤄진 신기술에 대한 개발과 투자 흐름이 빠르게 냉각되고 있는데 이는 시장의 집중화나 독과점화를 강화시킬 수 있다. 우크라이나 전쟁에 따른 에너지 수급에 대한 불확실성이 높아지면서 화석연료에 대한 의존을 피할 수 없게 되었다는 것도 우려할 지점이다. 따라서, 지속 가능하고 보다 공정하며 포용적인 전환을 추구하기 위해서는 현재의 지정학 위기가 쌍둥이 전환과 어떻게 상호작용하면서 글로벌 가치가슬과 자본주의 세계경제 전반에 어떤 변화를 가져오는지에 대한 지속적이고 체계적인 분석을 통해 전환의 속도와 범위를 가늠하고 그에 적절한 전략을 고민하는 것이 필수적일 것이다.

참고 문헌

ADB. 2021. *Global Value Chain Development Report 2021: Beyond Production.* Manila, Philippines: Asian Development Bank.

Andersson, Johanna, Achim Berg, Saskia Hedrich, Patricio Ibanez, Jonatan Janmark and

Karl-Henrick Magnus. 2018. *Is Apparel Manufacturing Coming Home?*. McKinsey Apparel, Fashion & Luxury Group.

Appelbaum, Richard P. 2008. "Giant Transnational Contractors in East Asia: Emergent Trends in Global Supply Chains." *Competition & Change* 12(1): 69-87.

Bárcia de Mattos, Fernanda, Jeff Eisenbraun, David Kucera and Arianna Rossi. 2021. "Disruption in the Apparel Industry? Automation, Employment and Reshoring." *International Labour Review* 160(4): 519-36.

Barrientos, Stephanie, Gary Gereffi and John Pickles. 2016. "New Dynamics of Upgrading in Global Value Chains: Shifting Terrain for Suppliers and Workers in the Global South." *Environment and Planning A: Economy and Space* 48(7): 1214-9.

Cattaneo, Olivier, Gary Gereffi and Cornelia Staritz, eds. 2010. *Global Value Chains in a Postcrisis World: A Development Perspective*. Washington, DC: World Bank.

De Marchi, Valentina, Eleonora Di Maria and Stefano Ponte. 2013. "The Greening of Global Value Chains: Insights from the Furniture Industry." *Competition & Change* 17(4): 299-318.

Dür, Andreas, Jappe Eckhardt and Arlo Poletti. 2020. "Global Value Chains, the Anti-Globalization Backlash, and EU Trade Policy: A Research Agenda." *Journal of European Public Policy* 27(6): 944-56.

European Commission. 2019. "Delivering the European Green Deal." https://ec.europa.eu/info/strategy/priorities-2019-2024/european-green-deal/delivering-european-green-deal_en.

Gereffi, Gary, Hyun-Chin Lim and Joonkoo Lee. 2021. "Trade Policies, Firm Strategies, and Adaptive Reconfigurations of Global Value Chains." *Journal of International Business Policy* 4(4): 506–22.

Gong, Huiwen, Robert Hassink, Christopher Foster, Martin Hess and Harry Garretsen. 2022. "Globalisation in Reverse? Reconfiguring the Geographies of Value Chains and Production Networks." *Cambridge Journal of Regions, Economy and Society* 15(2): 165-81.

Lee, Joonkoo and Gary Gereffi. 2021. "Innovation, Upgrading and Governance in Cross-Sectoral Global Value Chains: The Case of Smartphones." *Industrial and Corporate Change* 30(1): 215-31.

Lee, Joonkoo, Gary Gereffi and Janet Beauvais. 2012. "Global Value Chains and Agrifood Standards: Challenges and Possibilities for Smallholders in Developing Countries." *Proceedings of the National Academy of Sciences of the United States of America* 191(31): 12326-31.

Locke, Richard M. 2013. *The Promise and Limits of Private Power: Promoting Labor Standards in a Global Economy*. Cambridge; New York: Cambridge University Press.

Milberg, William. 2008. "Shifting Sources and Uses of Profits: Sustaining US Financialization with Global Value Chains." *Economy and Society* 37(3): 420-51.

Ponte, Stefano, Gary Gereffi and Gale Raj-Reichert, eds. 2019. *Handbook on Global Value Chains*. Cheltenham, UK: Edward Elgar Publishers.

UNCTAD. 2020. *World Investment Report 2020: International Production Beyond the Pandemic*. Geneva and New York: United Nations Conference on Trade and Development.

5 디지털 전환 속 노동의 테일러리즘화:
한국 자동차 부품 산업 사례를 중심으로

임운택, 이규호

1. 코로나19에 의해 촉발된 한국 자본주의의 전환 전략[1]

코로나19 팬데믹 시기 동안, 방역을 위한 특정 지역의 일시적 혹은 지속적 봉쇄와 그로 인한 글로벌 공급 사슬의 동맥경화, 사회적 거리두기, 대면 경제의 위축으로 야기된 경제위기는 확실히 이전의 경제 시스템 자체에서 촉발된 위기와는 다른 고유한 특성을 지닌다. 그러나 위기의 표현 형태를 분석해 보면 현재 발생하는 구조적 모순의 상당 부분이 그렇게 새로운 것만은 아니다. 오히려 이미 2007/08년 대침체(글로벌 금융위기)에서 촉발되고 2010년 이후 일정 수준에서 경기가 회복되면서도 해결되지 못한 일련의 모순이 가속화되었다고 보는 것이 타당해 보인다. 따라서 코로나19 위기와 그 결과는 우선적으로 2007/08년 금융시장 위기 이후 일련의 위기(2015년 중국발 글로벌 경기침체 포함)의 맥락 속에서 살펴보아야 한다. 그러한 이유에서 우리는 소위 포스트코로나 현상 혹은 포스트 코로나 이후 자본주의의 전환을 네 가지 핵심 요인으로 규정할 수 있다. 첫째, 2007/08년의 대침체 위기의 지속. 둘째,

---

1 이 장은 임운택(2021)에 근거하여 작성되었다.

2010년 경기회복 과정에서 자본주의가 탈출구로 찾아낸 '디지털 전환' 전략. 셋째, 기후변화에 대한 대응 전략이자 디지털 전환과 연계된 '그린 자본주의' 프로젝트. 마지막으로 이미 신자유주의 시대부터 가속화된 세계화에 반발하여 나타난 브렉시트Brexit와 트럼피즘Trumpism으로 대표되는 자국중심주의이다. 이러한 요소들을 향후 포스트 코로나 시대의 자본주의 전환을 결정짓는 중요한 계기라고 볼 수 있다.[2] 디지털 전환과 그린 뉴딜 프로젝트는 오늘날 디지털 자본주의의 흐름 속에서 새로운 생산방식을 가능하게 하는 조건과 목표라는 점에서 별개가 아닌 통합적 흐름으로 이해될 수 있다.

2007/08년 대침체는 세계경제의 금융화의 결과이며, 역설적으로 위기 이후에 금융화는 중단되기는커녕 더 심화되었다. 2008년 이전에 글로벌 채무 규모가 세계 생산의 280%(1,680조 달러. 한화로 대략 18조 5천 9백억 원) 정도였다면, 2019년 말에 이 비중은 322%(2,550조 달러)에 도달하였다. 코로나19 위기는 단기간에 이 기록을 갈아치울 기세로 채무를 증대시키고 있다. 국제금융연구소Institute for International Finance: IIF는 2020년 7월에 "엄청난 불확실성 속에서 금융시장은 실물경제의 발전에서 분리되고 있으며, 이는 투자자들의 리스크 수용 범위risk appetite가 약화될 경우에 경기회복을 위협할 수 있다"고 경고하였다(Tiftik and Mahmood, 2020). 채무 기업, 호황 중인 금융시장과 부동산시장, 실질 투자의 정체로 제로에 가까운 금리 등은 실물경제와 화폐경제가 분리된

---

2 코로나 위기로 글로벌 이주가 잠시 주춤한 상태라 해서 이 문제가 덜 중요해지는 것은 결코 아니다. 급격한 인구 감소로 인해 자본주의 주요국에서 저숙련 노동에 대한 수요는 여전히 높으며, 이러한 상황이 디지털 전환에 따른 자국 실직자들과 격심한 사회적 문제를 야기할 것이라는 것은 이미 트럼피즘과 유럽 극우주의 정당의 창궐에서 확인된 바 있으며 앞으로도 잠재적인 정치적 화약고가 될 가능성이 크다. 한국도 농어촌, 중소 제조업체, 건설업은 이주 노동력에 대한 의존성이 절대적이다.

현실의 구체적 표현이기도 하다. 코로나19 위기는 신자유주의가 만들어 낸 문제를 압축적으로 보여주고 있다. 나라별로 편차는 있지만, 대체로 대부분의 OECD 주요 국가에서 실물경제가 심각한 위기에 봉착한 것에 비해, 금융시장은 2020년만 해도 최고 기록을 연이어 갱신할 만큼 과열되었지만 우크라이나·러시아 전쟁과 중국의 제로 코로나 방역 정책, 미국의 공세적인 금리 인상(빅스텝)으로 스태그플레이션의 위험에 직면해 있다. 반면에 지난 10년 동안 낮은 수준에 머물러 있던 실질 투자는 더 낮아지고 있다. 현재 이러한 모순적 상황으로부터의 단기적 탈출 전략은 보이지 않는다. 엔데믹 이전 시기만 하더라도 유동성 위기를 막기 위해 느슨한 화폐 및 금융 정책이 필요하기는 했지만, 상황이 개선되지 않는 한 아마도 더 느슨한 화폐 정책(저금리)이 필요하며, 그것이 더 큰 부채 불균형과 자산/소득 격차를 이끌 것으로 보였다(Tiftik and Mahmood, 2020). 즉, 2007/08년 대침체에서 분명하게 드러났듯, 제대로 된 경제의 성장 정책 없이 이러한 모순이 해결되기는 불가능하다.

'4차 산업혁명' 혹은 '경제의 디지털화'는 대침체 이후 금융시장 자본주의하에서 실물경제와 화폐자본의 분리, 실물자본의 성장과 고용창출의 분리가 심화되면서 초래된 자본주의의 구조적 위기라는 배경에서 출발한다. ICT, AI, VR/AR 등의 기술발전이 경제의 디지털화로 이끄는 중요한 동력이긴 하나 흔히 알고 있듯이 기술은 경제의 디지털화에 절대적 조건은 아니다. 자본주의는 1960년대 이후 (과잉생산에 따른) 만성적 유효수요 부족 위기에 시달렸고, 이를 1970년대에는 국가채무를 증대시키는 방식, 1980년대에는 신자유주의적 시장 확대(즉, 세계화), 1990년대에는 개인 채무를 증대시키는 방식으로 돌파하고자 하였으나 모두 실패했다(슈트렉, 2015). 한국은 1997년 외환위기 이후 이 모든 과정을 압축적으로 경험한 바 있다.

전자 상거래E-Commerce를 매개로 한 경제의 디지털화는 합리적 소비 모델을 통해 수요 저장소를 채굴하려는 자본주의의 전략을 애플, 구글, 아마존, 메타(구 페이스북), 마이크로소프트와 같은 디지털 기업[3]이 주도하고 있다. 국내에서도 네이버, 카카오는 물론 쿠팡, 인터파크 등의 디지털 플랫폼 기업이 소비 모델을 주도하고 있다. 플랫폼 기업을 앞세워 유효수요(소비)를 촉진시키는 디지털 자본주의하에서 최종 소비자의 욕구가 다양화되고 상품 주기가 짧아짐에도 불구하고 제조업의 '디지털 전환digital transformation'을 통해 린 생산양식lean production에서 꿈꿔 왔던 다품종 맞춤형 주문생산을 현실화할 수 있었다. 기술적 조건이 가능해지면서 자본은 전통적인 생산 합리화 과정을 넘어 수요 주도적 합리화 전략을 추구했고, 이는 대침체 이후 제조업의 귀환이라는 화려한 조명 속에 '산업 4.0'(독일), '첨단제조파트너십'(미국), '일본재생전략'(일본), '7대 신성장산업'(중국) 등 다양한 이름으로 등장하였다(임운택, 2019). 한국은 미래학자들의 뜬구름 잡는 '마이너리티 리포트' 세계에서 벗어나 이번 코로나19 타개책으로 디지털·그린 쌍둥이 전환을 내세운 '한국판 뉴딜' 종합계획(2020년 7월 14일 제7차 비상경제회의)에서야 비로소 경제의 디지털화가 국가와 자본의 전략적 지위를 얻게 되었다.

정부는 2025년까지 총사업비 160조 원(국비 114.1조 원)을 투자하여 일자리 190.1만 개를 창출하겠다고 하였다(표. 1 참조). 소위 '한국판 뉴딜'로 알려진 이 프로젝트는 코로나19 위기로 인한 경기회복을 염두에

---

3 2022년 초 세계 최고의 시장가치 10대 기업 순위는 애플, 마이크로소프트, 아마존, 사우디 아람코, 알파벳(구글), 테슬라, 메타(구 페이스북), 버크셔 헤서웨이, TSMC, 텐센트 순인데, 금융 기업 1개(버크셔 헤서웨이)와 전통적 제조업 기업 1개(사우디 아람코)를 제외하면 모두 디지털 (기술을 활용한 생산) 기업이다(임운택, 2022: 19).

표 1. 한국판 종합 뉴딜 분야별 세부 과제 투자 계획 및 일자리 효과

단위: 국비(조 원), 일자리(만 개)

구분	분야	'20추-'22	'20추-'25	일자리
	총계	49	114.1	190.1
	합계	18.6	44.8	90.3
디지털 뉴딜	D.N.A. 생태계 강화	18.6	31.9	56.7
	교육 인프라 디지털 전환	0.6	0.8	0.9
	비대면 산업 육성	1.1	2.1	13.4
	SOC 디지털화	4.4	10.0	19.3
	합계	19.6	42.7	65.9
그린 뉴딜	도시·공간·생활 인프라 녹색 전환	6.1	12.1	38.7
	저탄소·분산형 에너지 확산	10.3	24.3	20.9
	녹색 산업 혁신 생태계 구축	3.2	6.3	6.3
고용사회 안전망/ 사람 투자	합계	10.8	26.6	33.9
	고용사회안전망	9.3	22.6	15.9
	사람 투자	1.5	4.0	18.0

출처: 관계부처 합동(2020)

둔 것이기도 하지만 기본적으로는 금융시장에 집중되고 있는 경제 패러다임을 산업정책 중심으로 전환하면서 수요를 진작하고, 그 수단으로 일자리를 창출해내는 것이 핵심이다. 표 1에서 보듯, 가장 큰 예산은 디지털 생태계 구축 > 저탄소·분산형 에너지 확산(신재생에너지 확보) > 고용사회안전망 투자에 집중되고 있다(각 부분의 실행 내역은 다음 쪽 표 2 참조).

이중 전환으로 압축되는 자본주의 대전환의 흐름은 자본의 투자 현황 속에서도 확인된다. 코로나19 발발 이전인 2019년부터 2021년까지 주요 산업 대표 기업의 매출액 대비 투자 현황을 보면 정보기술, 환경, 연구개발 전 분야에서 전형적인 디지털 기업인 네이버가 압도적이고 삼성전자, 현대자동차가 그 뒤를 잇고 있으며, 에스오일이나 현대제철은 이러한 흐름에서 비켜서 있는 것을 확인할 수 있다(125쪽 그림 1 참조).

자본의 공세적 투자가 노동에 미치는 효과는 아래에서 검토하겠지만, 한국판 뉴딜의 기치로 산업 전환과 일자리 창출이라는 슬로건이

표 2. 한국형 뉴딜의 내용

부문	분야	뉴딜 1.0(2020년 7월~2021년 7월)	뉴딜 2.0(2021년 8월~2022년 5월)
디지털	1) D.N.A 생태계 강화	- 데이터·5G·AI 융합 및 활용 촉진 기업·산업 디지털화 추진	(추가) - 마이데이터 전 산업 확산 및 가명 정보 활용 지원 - 디지털 경제 전환 3법 제정 - 6G 국제 공동 연구개발 협력체계 구축
	2) 비대면 인프라 고도화	• 교육 인프라 디지털 전환 - 스마트학교, 온·오프 융합 학습 등 • 비대면 산업 육성: 의료·돌봄 인프라 디지털·비대면화, 소상공인 지원 등	(추가) - 초·중·고 고성능 Wifi 조기 구축 - 지능형 응급의료서비스 보급 추진 - 스마트 상점 질적 고도화
	3) 메타버스 등 초연결 신산업 육성	-	- 다양한 메타버스 콘텐츠 제작 지원 - 5G·AI 기반 로봇·서비스 융합 등
	4) SOC 디지털화	- 교통·재난 관리 등 디지털화 등	- (추가) 스마트시티 데이터 허브 확대
그린	1) 탄소중립 추진 기반 구축		- 온실가스 측정·평가 시스템 정비 - 디지털 기반 자원 순환 산단 구축 등
	2) 도시·공간·생활 인프라 녹색 전환	- 공공 건물·물관리 등 스마트·그린 시스템 전환, 녹색 생태계 회복	- (추가) 그린스마트스쿨 대상 확대 및 등급 단계적 상향 등
	3) 저탄소·분산형 에너지 확산	- 에너지 운영 효율화 및 신재생 에너지 확산, 친환경차 보급 확대	- (추가) 에너지 저장 시스템 설비의 안전성 평가 기준·기술 개발 등
	4) 녹색산업 혁신 생태계 구축	- 유망 녹색 기업 육성, 스마트 그린 산단 조성, 녹색 금융 제공 등	- (추가) CO_2 포집·저장·활용 기술 개발 등
휴먼	1) 사람 투자	- 인재 양성 및 미래적응형 직업훈련 체계 개편 등	- 첨단 분야 인재 양성, SW중심대학 추가 확대, 디지털 선도기업 아카데미 신설
	2) 고용·사회안전망	- 촘촘한 고용·사회안전망 구축 및 취약계층 생활·고용안정 지원	- 생계급여 부양의무자 기준 조기 폐지, 보호 종료 아동 지원 강화 등
	3) 청년 정책	-	- 청년 소득 수준별 맞춤형 자산 형성 지원 등
	4) 격차 해소	-	- 4대 교육 향상 패키지 도입 등

자료: 관계부처 합동(2021: 25-35)

무색하게 산업 전환 비중과 고용 창출 및 숙련 개발에 투자된 예산은 엄청난 격차를 보이고 있다. 126쪽 표 3을 보면, 2007년 국내에서 처음으로 중소기업의 스마트화 사업이 시작된 2007년 이후 2021년까지 산자부와 중기부가 기업의 디지털 전환에 투자한 예산이 꾸준히 증가한 반면, 고용과 관련된 예산은 한국판 뉴딜로 소란을 떨던 2020/21년에 오히려 감소하는 기현상이 발생하고 있다. 동기간 동안 고용노동부의 일터 혁신 사업 비용이 일부 증가하고 있으나 전체 예산에서 차지하는 비중은 0.002%로 매우 미미한 수준이고, 일터 혁신 사업은 평생학습

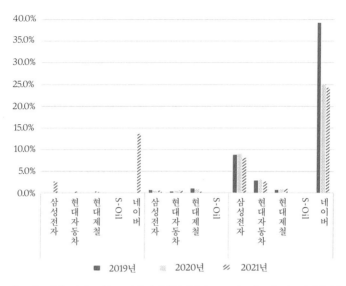

그림 1. 연도별 매출액 대비 부문별 투자액 비중 분포

자료: 한국거래소전자공시(KIND) 홈페이지(검색일자: 2022년 9월 3일), 한국인터넷진흥원(KISA) 정보보호공시종합포털(검색일자: 2022년 9월 3일), 삼성전자(2022: 95), 현대자동차(2022: 81), 현대제철(2022: 106), S-Oil(2021: 102).

체계 구축, 직업 조직/작업 환경 개선과 같은 디지털 전환과 관련된 항목 외에 노사관계 개선, 임금 체계 개선, 장시간 근로 개선 등의 다양한 항목으로 구성된 만큼 실제로 이중 전환과 관련된 직접적 예산으로 보기는 어려운 형편이다.

　자본과 노동의 불균형한 투자와 지원 전략의 효과는 자본과 국가의 디지털 전환 전략의 현주소에서 드러난다. 기업의 경영환경 개선과 노동 배제적 기술 투입 전략은 특히 자동차 부품 산업에서 '노동의 테일러리즘' 경향을 심화시키고 있는데, 127쪽 그림 2는 이러한 흐름을 단적으로 보여주고 있다. 중소기업 스마트공정 지원사업이 개시된 2007년 이후 전반적으로 제조업의 노동생산성의 변화가 낮지만, 상대적으로

표 3. 정보화 및 디지털화, 직업 능력 개발, 일터 혁신 관련 예산* 추이

(총예산액 대비 비중, %)[증감률, %], (단위 백만 원).

연도	총예산액	디지털화	직업 능력 개발	일터 혁신
		산업통상자원부, 중소벤처기업부	고용노동부	고용노동부
2007년	237,100,000	54,884(0.02)	1,193,522(0.5)	1,935 (뉴패러다임 컨설팅)
2009년	273,800,000[15.5]	621,848(0.23) [1,033]	1,343,015(0.49) [12.5]	1,100[-43.2] (뉴패러다임 컨설팅)
2011년	309,100,000[12.9]	533,276(0.17) [-14.2]	1,135,235(0.37) [-15.5]	7,013(0.002)[537.5] (작업장 혁신)
2013년	342,000,000[10.6]	1,091,266(0.32) [104.6]	1,409,073(0.41) [24.1]	5,358(0.001) [-23.6]
2015년**	257,900,000[-24.6]	143,323(0.06) [-86.9]	1,696,618(0.66) [20.4]	-
2017년	902,600,000[250.0]	265,297(0.03) [85.1]	1,981,088(0.22) [16.8]	10,900(0.001)
2019년	1,018,900,000[12.9]	511,154(0.05) [92.7]	1,841,389(0.18) [-7.1]	14,243(0.001) [30.7]
2021년	1,333,200,000[30.8]	816,651(0.06) [59.8]	1,043,859(0.08) [-43.3] (타 부처 158,022(0.01)) **(타 부처와의 합계: 1,201,881(0.09))**	22,054(0.002) [54.8]

* 일반회계, 특별회계, 기금액을 모두 더한 값임.
** 2013년에 비해 2015년에 정보통신 및 우정 사업 관련 기금이 없어 해당 예산이 줄어듦.

자료: 열린재정 재정정보공개시스템 홈페이지(검색일자: 2022. 10. 3), 기획예산처(2007: 2),
기획재정부(2011: 43; 2013: 48), 국회예산정책처(2010a; 2010b), 국회예산정책처(2022a: 23, 110; 2022b).

노동생산성이 높았던 대기업 자동차 산업의 노동생산성은 4차 산업혁명의 광풍 속에서 스마트공장 관련 사업이 본격화되던 2016년 이후 급격히 낮아지고 있으며, 자동차 산업 전반의 노동생산성도 전반적으로 심지어 제조업 일반의 노동생산성보다 낮은 수준을 보이고 있다. 중소기업으로 구성된 자동차 부품 산업의 경우는 두말할 나위가 없다. 노동(노동조합) 배제적 산업 전환은 그러한 점에서 당장의 수익구조 개선에는 도움이 될지 몰라도 중장기적으로 산업 경쟁력의 위기는 물론 고용 위기의 위험을 야기하고 있다.

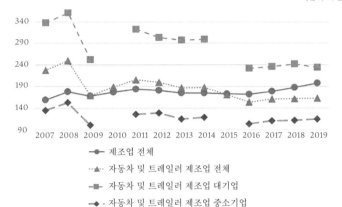

그림 2. 산업별 사업체 규모별 노동생산성 추이

(단위 백만 원).

자료: 한국생산성본부 생산성 연구·통계 데이터 포털(검색일자: 2022. 10. 11)

2. 자동차 산업의 패러다임 전환과 노동의 위기

1) 친환경 자동차 생산의 도전

OECD 국가들은 전 지구적 기후 환경 문제와 지속적인 불황에 직면하여 디지털 전환을 통해 산업 전환을 빠르게 추진하고 있고, 환경 규제 강화와 탄소 배출 저감에 노력을 기울이고 있다. 디지털 기술의 도입은 전반적인 고용 방식과 작업 조직에도 많은 영향을 미치고 있는데 특히 자동차 산업에서 관련된 뚜렷한 변화를 엿볼 수 있다.

본 연구는 자동차 산업에서도 고용에서 완성차 제조보다 더 큰 비중을 차지하고 있는 자동차 부품 산업에 초점을 맞추고자 한다. 왜냐하면 부품이 모듈화되면서 전체 완성차 제조 과정에서 완성차업체가 직접 처리하는 공정 과정의 비율은 줄어든 반면, 중소 부품업체들이 생산하는 자동차 부품이 사실상 완성차의 품질과 성능을 좌우하기 때문이다. 부품시장 구조는 모듈 부품을 생산하는 상위 벤더의 부품업체와 모듈 부품에 들어가는 구성 요소 부품을 생산하는 하위 벤더 업체로 세분화되면서 적기 생산을 위한 기업 간 정보 공유와 의사소통의 중요성이 높아졌다. 디지털 기술은 제품 다변화 생산, 비용 절감을 위한 공정 과정의 효율화에도 활용되고 있다. 이때 기업의 공정 과정, 생산 제품, 경영 전략의 특성에 따라 디지털 전환의 양상은 달라진다. 그리고 OECD 국가의 환경보호 및 기후위기 대응 노력은 친환경차 및 지능형 차의 상용화 및 보급의 확대로 이어지고 있는데 부품업체에게는 위기이자 기회로 다가오고 있다.

한국 자동차 산업은 대표적인 제조산업으로 세계로 수출되는 물량 비중이 크다. 한편, 한국 자동차 산업은 서구에 비해 매우 수직 계열화된 구조로 이루어져 있다(김철식, 2011; 조형제·김철식, 2013; 조형제, 2016). 다수의 부품업체는 위계화된 거래 구조에서 치열한 시장 경쟁 속에서 살아남기 위해 끊임없는 비용 절감 압박에 시달리고 있고, 거래 관계를 유지하기 위한 적기 생산 및 납품에 매진하고 있다. 디지털 전환 이후 부품업체들은 생존을 위해 생산제품 및 거래관계를 다각화하기 시작하였다(임운택·이균호, 2022). 동시에 친환경차 생산의 확대와 자율주행차, 커넥티드카의 상용화 및 보급이라는 자동차 산업의 새로운 흐름은 내연기관 부품을 생산하는 대다수 부품업체에게 큰 도전이 되고 있다(Galvin, Goracinova, and Wolfe, 2015: 54-56). 시장 경쟁이 더욱 치열해짐에 따라 제품 기능 및 품질 개선, 신제품 개발 등에 대한 압박이 높아지고, 부품업체의 연구개발 부담이 커지고 있다. 이러한 상황 속에서 부품업체들은 비용 절감을 위해 공정 과정을 효율화하고 낭비 요인을 줄이는 수단으로 스마트 공장 시스템을 적극적으로 도입하고 있다.

2) 디지털 기술 도입에 따른 디지털 테일러리즘의 위험

산업 전환은 우선 기술적 요인에 의해 주도되고 있는 것이 현실이다. 특히 20세기 극소전자 기술의 발전을 통한 컴퓨터 및 인터넷, 네트워크 기술의 발전은 일상생활에서부터 사회 전 분야에 걸쳐 종전과는 획기적으로 다른 모습을 가져오고 있다. 기술 변화와 관련하여 최근 자주 논의되고 있는 디지털 전환Digital Transformation이라는 개념은 전산화Digitization나 디지털화Digitalization와는 구분된다. 전산화는 아날로그 정보를 컴퓨터가 저장, 처리, 전송할 수 있도록 디지털 형태의 정보로 전환하는 것을 의미하고, 디지털화는 생산 및 업무 프로세스가 컴퓨터화, 자동화되거나 로봇 등 디지털 요소가 추가되는 것을 의미한다. 디지털 전환은 단순히 디지털 기술의 도입만을 의미하는 것이 아니라 기술 도입에 따라 생산공정 및 노동이 일정하게 변화하고, 단일 사업체에서의 변화를 넘어서 가치-공급사슬의 연결성이 강화되면서 공급업체, 소비자, 경쟁업체 간 경계를 넘어선 상호작용이 이루어짐을 의미한다(임운택·이균호, 2022). 이를 통해 생산이 시장 수요에 적극적으로 반응하고 나아가 새로운 시장 수요를 창출하기도 한다.

디지털 기술이 작업공정에 미치는 영향에 대한 최근의 논쟁에서 테일러리즘의 회귀 혹은 (결코 떠나지 않은) 테일러리즘적 작업 프로세스가 빈번하게 언급되고 있다. 첫째, 테일러리즘의 회귀는 테일러리즘적 방식을 재현하는 인상을 주는 콜센터 연구에서 잘 알려져 있다. 노동과정을 관리하기 위해 작업자를 위한 스크립트의 도입을 예로 들어 테일러와 베인(Taylor and Bain, 1999)은 전화 교환원의 작업 상황을 설명할 때 '머릿속의 조립 라인assembly line in the head'이라는 표현을 사용하였다(Taylor and Bain, 1999; Taylor et al., 2002).[4] 테일러와 베인의 개념은 최근 전화 교환원에 관한 우드콕(Woodcock, 2017)의 연구에서 채택되어 더 큰 범위의 관리 통제를 촉진하는 '컴퓨터화된 테일러리즘computerized Taylorism'(Woodcock, 2017: pp. 49ff.)으로 정의되었다. 그는 단지 전화에 컴퓨터 시스템을 연결하여 사용하는데도 상당한 수준의 관리 제어가 가능해졌다는 점을 강조한다.[5]

둘째, 콜센터와 같은 서비스 작업장뿐만 아니라 아마존Amazon의 이미지 분류 작업을 하는 메커니컬 터크Mechanical Turk(Irani, 2015; Prassl, 2018)와 같은 잘게 쪼개진 일microwork의 수행에서도 광범위한 모니터링과 노동에 대한 통제가 테일러의 '과학적 관리'를 통해 강화되었다.[6]

셋째, '디지털 테일러리즘'의 개념이 도입되고 있는 가장 중요한 영역 중 하나는 작업환경과 연결된 성과에 대한 계량화된 평가이다. 무어(Moore, 2018)는 작업장에서의 수량화 관행을 설명하고 '기술의 새로운 사용'을 "신자유주의적, 물질적 자본주의에 종속시키는, 노동자를 위험에 빠뜨리는 신-테일러주의의 새로운 형태"로 해석한다(Moore, 2018: 211).

디지털화된 현대 작업장 구성에서 테일러리즘적 노동의 연속성은 '디지털 테일러리즘'(Brown, Lauder and Ashton, 2011; Head, 2005; Nachtwey

---

4 "우리는 이것을 작업자가 '머리에 조립 라인'이 있고 항상 압박감을 느끼면서 한 작업이 완료되면 즉시 다른 작업이 따라온다는 것을 지속적으로 인식하는 상황으로 설명한다"(Talyor and Bain, 1999: 109).

5 "따라서 콜센터의 노동 프로세스는 테일러리즘적 원칙의 일종의 전산화된 개발로 이해될 수 있다"(Woodcock, 2017: 50).

6 "오늘날 테일러리즘은 테일러 자신도 꿈꿀 수 없었던 정도의 통제와 감독을 제공하는 기술과 알고리즘을 통해 주문형 경제의 모습으로 부활하여 본격화되었다. 기업가적 자율성 대신에 대다수의 주문형 근로자는 엄격한 플랫폼 감독과 통제하에 노동하고 있다"(Prassl, 2018: 52).

and Staab, 2015; Taksa, 2017), '디지털로 강화된 테일러주의'(Dyer-Witheford, 2015: 137), '컴퓨터화된 테일러주의'(Woodcock, 2017) 또는 '신 테일러주의'(Moore, 2018) 등 다양한 이름으로 불리우고 있다. 물론 이러한 경향에 대한 반박도 없지 않다(O'Neill, 2017; Lemov, 2018 참조). 따라서 디지털 테일러리즘 가설은 작업장 분석을 통해 좀 더 구체화될 필요가 있으며 우리는 제한된 범위에서 그러한 현상을 분석하고자 한다.

3) 디지털 전환의 상이한 전략과 작업 조직에 미치는 효과

새로운 수익 모델이 창출되고, 탄소중립경제에 디지털 기술이 전 방위적으로 도입되면서 생산 현장 모습도 크게 변화하고 있다. 기술을 통해 생산방식이 혁명적으로 변화한 대표적인 사례는 20세기에 접어들면서 보편화된 대공장 중심의 포드주의-테일러주의적 생산방식이다. 이를 통해 과거와는 비교할 수 없을 정도로 생산의 효율성이 높아지고, 제품의 단가는 인하되면서 대량생산과 대량소비의 시대가 올 수 있었다. 하지만 1970년대 오일쇼크로 인한 경제위기와 신흥국의 등장 속에서 여러 한계가 드러나면서 새로운 생산방식의 도입이 논의되었다. 하지만 디지털 전환의 시기에 테일러리즘적 생산방식이 또 다른 방식으로 재현되고 있다.

디지털 전환에 따라 기업적 차원에서는 데이터를 활용한 공정 과정의 효율화가 빠른 속도로 확산되고 있다. 첨단 센서 기술이 각 생산 단위에 부착되면서 미시적 생산 상황이 실시간으로 데이터로 수집되어 중앙집중형 시스템에서 분석 작업이 이루어진다. 이를 통해 낭비 요인이 포착되고 시정하면서 생산의 효율성이 높아져 적기 생산 및 납품이 원활해진다(다음 쪽 그림 3 참조).

그림 3. 데이터 처리 과정 및 의사결정 특성별 모델

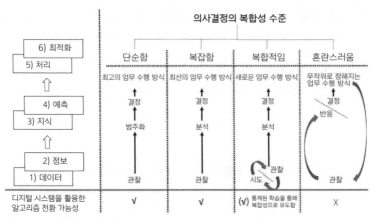

자료: Snowen and Boone(2007)

생산 제품의 특성상 데이터 처리의 단계 모델에서 생산공정의 의사결정이 복잡하더라도 업무 수행 방식이 표준화된다면 알고리즘 전환이 가능하다. 다만 의사결정이 복합적일 경우 일정한 기간을 거친 이후 복합성 수준이 낮춰지게 되면 알고리즘으로 전환이 가능해진다. 하지만 업무 수행 방식의 유연성이 강화된다면 알고리즘으로 전환되기 까다롭다.

디지털 전환 속에서 빠른 속도의 브로드밴드, 빅데이터, 클라우드 컴퓨팅, 3D 프린팅, 사물인터넷과 같이 디지털 인프라가 구축되고, 관련 프로그램이 개발·도입된다. 이러한 기술은 대기업뿐만 아니라 중소기업에도 확산되고 있는데 국가별로 상이한 특성이 나타난다(OECD, 2019 참조). 한국과 주요국의 디지털 기술 활용 현황을 비교해 보면(표 4 참조), 우선 IoT와 AI 기술의 경우, 다른 나라에 비해 한국 기업에서는 활용도가 낮은 것으로 나타났다. 이는 생산공정의 합리화 과정에서 해당 기술 도입에 따른 편익 대비 비용 부담이 아직까지 크거나, 편익이 기

표 4. 국가별, 기업 규모별* 디지털 기술 활용 비율

(단위 : %)

		캐나다 (2019년)	프랑스	독일	한국 (2020년)	일본	스웨덴	영국
IoT (2021년 기준)	소기업	24.80	20.05	33.69	14.51	18.24 (2019년)	38.06	-
	중기업	32.90	31.57	42.71	24.11	9.90 (2020년)	49.89	-
	대기업	44.20	42.12	48.68	37.85	18.90 (2020년)	60.87	-
AI (2021년 기준)	소기업	2.20	5.03	8.9	1.87	2.81 (2019년)	7.63	3.70 (2020년)
	중기업	5.0 (2019년)	13.07	14.8	5.43	5.69 (2019년)	18.09	4.86 (2020년)
	대기업	17.00 (2019년)	30.95	30.92	20.13	19.46 (2019년)	40.29	11.48 (2020년)
ERP (2021년 기준)	소기업	5.1 (2019년)	40.31	31.24	59.0	-	29.58	19.08 (2019년)
	중기업	20.60 (2019년)	72.21	62.27	81.70	-	56.73	43.50 (2019년)
	대기업	51.1 (2019년)	83.78	80.85	95.02	-	80.85	64.80 (2019년)
클라우드 컴퓨팅 (2021년 기준)	소기업	23.0 (2019년)	25.89	38.42	22.94	17.98 (2019년)	72.51	50.16 (2020년)
	중기업	31.90 (2019년)	45	51.77	35.20	63.80 (2020년)	89.37	65.67 (2020년)
	대기업	45.10 (2019년)	71.13	70.83	46.51	81.30 (2020년)	93.91	72.16 (2020년)
CRM (2021년 기준)	소기업	16.20 (2019년)	28.87	40.46	16.42	-	33.45	26.16 (2019년)
	중기업	30.30 (2019년)	48.55	60.51	23.30	-	59.22	49.37 (2019년)
	대기업	51.0 (2019년)	65.85	68.96	51.24	-	74.54	62.74 (2019년)
공급 사슬 관리 (2017년 기준)	소기업	-	10.87	25.85	7.0	-	10.49	9.22
	중기업	-	25.41	41.62	8.35	-	22.08	23.55
	대기업	-	39.17	63.6	26.84	-	40.75	39.34
RFID (2017년 기준)	소기업	1.70 (2019년)	7.78	10.77	50.60	-	8.7	4.56
	중기업	5.30 (2019년)	25.92	32.88	44.57	3.10 (2020년)	25.66	20.15
	대기업	17.10 (2019년)	37.76	51.73	71.91	12.10 (2020년)	43.11	38.21
빅데이터 (2019년 기준)	소기업	1.1	19.68	16.25	10.90	4.27	16.79	25.05
	중기업	4.5	30.89	22.23	21.40	7.42	28.57	32.42
	대기업	19.3	42.78	35.81	47.70	19.08	45.39	49.86

* 기업 규모별 분류는 다음과 같음. 소기업: 10~49인, 중소기업: 50~299인, 대기업: 250인 이상.

자료: OECD.Stat 홈페이지(검색일자: 2022. 9. 3) "ICT Access and Usage by Businesses"

존 생산방식보다 크지 않아 도입이 지연되고 있다고 볼 수 있다.

ERP 기술의 경우 한국의 기업들은 중소기업과 대기업 모두 다른 나라에 비해 도입 비율이 높게 나타났다. 이는 공정 과정에 대한 사용자의 통제력을 높이는 방향으로 공정 혁신이 진행되지만 생산 조직의 자율성은 낮아지는 것을 의미한다. 한국 특유의 폐쇄적이고 계열화된 전속 거래관계, 원·하청 관계, 모듈 생산방식의 확산이 이러한 생산 관리 시스템의 전방위적인 도입을 가져왔다고 볼 수 있다.

클라우드 컴퓨팅 기술은 외국에 비해 한국 기업의 이용률이 낮은 것으로 나타났다. 이는 생산 부문 간, 기업 간 연결성이 높지 않기 때문이다. 외국의 경우 계약이나 관련 정보의 공유가 원활하게 이루어지는 반면 한국의 경우 폐쇄적이고 계열화된 거래관계에서 제한적으로 정보가 공유되기 때문이다.

CRM(고객관계관리)과 공급사슬 관리의 경우에도 다른 나라에 비해 한국 기업들의 활용도가 낮게 나타났다. 외국의 기업은 디지털 기술을 통한 가치-공급사슬의 통합과 연결성의 강화에 많은 노력을 기울이지만, 한국 기업은 기존 거래 관행에 의존하기 때문에 연결성을 높이는 기술의 활용도가 높지 않은 것이라고 볼 수 있다.

RFID 기술의 경우 한국 기업은 다른 나라에 비해 월등히 활용 비율이 높은 것으로 나타났다. 이는 주로 생산 현장이나 특히 재고 관리 업무를 수행하는 노동자들이 사용하는 기술로 이들의 업무가 단순화, 표준화되었음을 의미한다.

빅데이터 기술의 경우 한국 업체의 활용도가 다른 나라보다 조금 앞서는 것으로 나타났는데 이는 시장의 수요에 민감하게 반응하는 시장 지향적 경영 전략을 가지고 있음을 의미한다.

디지털 전환에 따른 공정 과정과 노동의 변화를 파악해 보기 위해 한국노동연구원의 〈사업체패널조사〉(2015~2019년 6~8차 조사) 데이터를 분석하였다. 전체 표본 중에 전체 제조업체와 자동차 및 트레일러 제조업체를 추출하여 기술통계 분석 및 교차 분석을 실시하였다.

우선 산업별 직종 구조의 변화를 분석하였다(표 5 참조). 전체 제조업체와 자동차 및 트레일러 제조업체 모두 전문가 직종이 늘어나는 한편 생산직은 줄어들고, 단순직이 늘어나는 직종 간 양극화 현상이 나타났다. 특히 자동차 및 트레일러 제조업체의 경우 전문가 직종뿐만 아니라 관리자, 사무직종도 그 비율이 늘어나는 반면 제조업체에 비해 생산직이 줄어드는 비율이 높고 단순직 비율도 크게 늘어났다. 이는 업무의 단순화, 표준화에 따라 RFID의 사용이 늘어나는 것과 관련된다. 그리고 숙련 편향적 기술발전 속에서 중간 수준의 숙련이 요구되는 일자리 비

표 5. 산업별 직종별 분포 변화 추이(평균치)

	제조업 전체			자동차 제조업		
	2015	2017	2019	2015	2017	2019
관리자[1]	11.4%	12.5%	11.9%	11.5%	12.2%	13.1%
전문가[2]	5.3%	5.5%	6.8%	3.1%	3.0%	3.8%
사무직	18.8%	17.0%	17.6%	15.9%	16.2%	16.3%
서비스직	0.7%	0.8%	0.7%	0.5%	0.3%	0.2%
판매직	2.3%	3.0%	3.3%	0.3%	0.5%	0.7%
생산직[3]	58.1%	53.4%	50.9%	67.9%	61.4%	53.9%
단순직[4]	3.4%	7.9%	8.8%	1.2%	6.4%	11.9%

1) 관리자는 제6차 한국표준직업분류 중 기업 고위직, 행정 및 경영 지원 관리직, 전기 및 생산 관련 관리직(제품 생산 관련 관리자: 금속 가구 제조 관리자, 생산 관리자(일반), 고무 제품 제조 관리자 등) 등을 의미함.
2) 전문가는 제6차 한국표준직업분류 중 과학·공학·정보통신·경영 금융 전문가 및 관련직, 법률 및 행정 전문직 등을 의미함.
3) 생산직은 제6차 한국표준직업분류 중 기능원 및 관련 기능 종사자, 장치, 기계 조작 및 조립 종사자를 의미함.
4) 단순직은 제6차 한국표준직업분류 중 단순 노무 종사자(제조 관련 단순 노무직)를 의미하며 운반원, 포장원, 분류원, 조립원, 적재원 등이 있음.
자료: 한국노동연구원(2022), <사업체패널조사> 6~8차년도(2015-2019년) 데이터

중이 줄어드는 형태로 고용 구조의 양극화가 일어날 것이라는 논의와 일맥상통하는 결과이다(Krzywdzinski, 2017: 250).

공정 혁신 실태를 보면 자동차 및 트레일러 제조업체는 전체 제조업체에 비해 공정 과정의 표준화와 단순·반복화가 빠른 속도로 진행된 것으로 나타났다. 자동차 및 트레일러 제조업의 자동화는 전체 제조업보다는 높은 수준이지만 2019년으로 오면서 소폭 낮아졌는데, 표준화와 단순 반복화 비중보다 낮다. 기업 규모별로 보면 250인 미만 규모의 사업장까지는 각각의 비중이 늘어나는 추이를 보이지만, 250인 이상 사업장의 단순 반복화 및 자동화 비중은 그보다 줄어드는 것으로 나타난다(표 6 참조). 자동화를 위한 설비 도입에 막대한 비용이 소요되므로 작업의 단순 반복화 및 표준화에 비해 그 비율이 낮은 것으로 볼 수 있다. 또한 국내 자동차 산업이 2015년 이후 불황을 맞게 됨으로써 설비 투자가 더디게 진행되면서 자동화 비중이 급격히 증가하지 않은 것으로 볼 수 있다. 하지만 한국의 자동화 비율은 세계에서 가장 높은 것

표 6. 국내 산업별 규모별 공정 특성별 분포 추이

(단위 : %)

		표준화			단순·반복화			자동화		
		2015년	2017년	2019년	2015년	2017년	2019년	2015년	2017년	2019년
제조업 전체 (n=1,453, 1,231, 1,196)	계	92.4***	86.8***	87.9*	85.0*	83.5	85.4	83.0***	73.5***	67.6*
	50인 미만	89.7***	83.3***	85.2	83.4*	81.8	85.2	74.4***	68.8***	61.1***
	50~99인	89.6***	85.4***	85.8*	81.8*	82	84.3	83.0***	68.5***	62.2***
	100~249인	94.2***	86.6***	88.7	87.1*	84.7	85.3	85.1***	76.0***	72.9***
	250인 이상	97.8***	92.8***	93.2*	88.8*	86.2	86.8	93.8***	82.8***	77.7***
	x^2	23.473	13.470	11.087	8.174	3.126	0.700	52.055	21.856	27.276
자동차 및 트레일러 제조업 (n= 135, 124, 120)	계	87.4*	87.9	94.2	79.3*	89.5	95.8	74.8	71.8*	71.7
	50인 미만	83.8*	75.9	89.2	75.7*	82.8	94.6	64.9	51.7*	59.5
	50~99인	76.5*	89.2	96.5	64.7*	91.9	96.6	67.7	81.1*	72.4
	100~249인	90*	94.1	94.7	100*	100	100	80.0	64.7*	84.2
	250인 이상	97.7	92.7	97.1	84.1*	87.8	94.3	86.4	80.5*	77.1
	x^2	8.516	5.510	2.545	10.528	3.753	1.216	6.271	9.292	4.713

*p < 0.05, **p < 0.01, ***p < 0.001

자료: 한국노동연구원(2022), 〈사업체패널조사〉 6~8차년도(2015~2019년) 데이터

표 7. 자동차 및 트레일러 제조업체의 공정 혁신 및 작업의 자율성, 노동 관리 간의 상관관계

	1	2	3	4	5	6	7	8	9
1. 표준화	1								
2. 단순·반복화	0.607***	1							
3. 자동화	0.361***	0.299***	1						
4. ERP	-0.085	-0.078	-0.073	1					
5. MES(POP)	0.112	0.228*	0.123	0.263**	1				
6. ICT 정보 통합	0.107	0.147	0.139	0.442***	0.563***	1			
7. 스마트화	-0.071	0.092	0.102	0.294*	0.309**	0.555***	1		
8. 작업 계획 결정 자율성	0.052	-0.061	0.100	-0.095	0.150	-0.022	-0.030	1	
9. 작업 일정 결정 자율성	0.064	-0.062	0.026	-0.014	0.186*	-0.004	-0.082	0.788***	1
10. 작업 방식 결정 자율성	0.068	-0.111	0.064	-0.049	0.100	-0.037	-0.083	0.704***	0.753***
11. 비정규직 비율	-0.113	-0.024	-0.011	-0.055	-0.038	0.004	0.017	-0.008	0.067
12. 노조 존재	-0.018	-0.029	0.054	0.071	0.059	0.079	0.018	0.087	0.075
13. 성과배분제 실시	0.106	0.138	-0.082	0.065	-0.077	-0.076	-0.017	-0.055	-0.008
14. 다품종 생산	-0.048	0.031	-0.048	0.287**	0.201	0.210	0.099	-0.091	-0.080

	10	11	12	13	14
10. 작업 방식 결정 자율성	1				
11. 비정규직 비율	0.074	1			
12. 노조 존재	0.205*	0.155	1		
13. 성과배분제 실시	0.042	0.091	-0.057	1	
14. 다품종 생산	-0.056	-0.145	0.119	-0.164	1

자료: 한국노동연구원(2022), 〈사업체패널조사〉 8차년도(2019년) 데이터

으로 나타났다.[7] 위 자료에서 2019년 기준 자동차 및 트레일러 제조업체 표본을 추출하여 디지털 전환 속 공정 과정 혁신과 작업의 자율성, 노동 관리, 노조 간의 상관관계를 분석하였다(표 7 참조). 분석 결과 중 공정 과정의 표준화는 단순 반복화와 높은 상관관계를 가지지만 자동화와 의 상관관계는 약한 수준이다. 표준화 및 단순 반복화에 비해 자동화는 설비 투자를 필요로 하기 때문에 전면적 도입이 쉽지 않은 것을 의미하

---

7 세계로봇연맹(2021)에 따르면 2020년 기준 노동자 1만 명당 로봇 도입 대수는 한국이 932대로 세계에서 가장 많고 그 다음으로 싱가포르 605대, 일본 390대, 독일 371대, 스웨 덴 289대 등의 순이고, 세계 평균은 126대이다(The Robotreport, 2021. 12. 15).

고, 또 다른 한편으로 업체들이 저숙련의 생산직 노동자를 선호한다는 것을 의미한다.

ERP의 도입과 다품종 생산 간의 약한 상관관계가 있는 것으로 나타나 수직적 원하청 관계 속에서 ERP가 다품종 생산에 활용 정도는 매우 제한적이라고 볼 수 있다. 생산공정 과정의 MES(POP)의 도입은 공정의 단순 반복화와 ERP 도입과 작은 상관관계를 가진다. 이는 공정 관리 시스템의 도입에 따라 업무 중 일부만 단순 반복화되는 것을 의미한다.

ICT를 통한 정보 통합 과정에서 ERP 및 MES(POP)의 도입은 핵심적 요소인 것으로 나타났다. 공정 과정의 스마트화는 ICT를 통한 정보 통합 수준과 높은 상관관계를 가진다. 이는 사용자가 공정 프로세스의 혁신에 더 많은 관심을 가지면서 노동 배제적 표준화가 상당 부분 진행되었음을 의미한다.

작업 일정 결정의 자율성에서도 MES(POP)의 도입은 약한 상관관계를 가지는데 표준화된 생산관리 시스템의 도입으로 생산의 효율성이 높아졌지만, 자동화에 의존하면서 생산 현장의 자율성이 오히려 줄어들고, 수요처의 요구에 따라 작업 일정 결정의 유연성은 제한적으로 발생한다.

노조의 존재는 작업 방식 결정의 자율성과 약한 상관관계가 있는 것으로 나타나 공정 과정의 작업에 대해 노조의 개입 여지가 크지 않음을 알 수 있다.

통계자료 분석을 통해 작업 조직의 상황과 조건과 무관하게 사용자 주도의 공정 표준화와 단순 반복화가 높은 수준으로 진행되고 있음을 알 수 있다. 이를 디지털 테일러리즘의 한 단면으로 볼 수 있을 것이다.

디지털 기술의 도입에도 불구하고 작업 조직 및 관행 등에서 디지털 테일러리즘의 모든 특성이 나타나는 것도 아니다. 연공급제 전통으로 인해 공정 과정 혁신이 성과배분제 실시(업무 성과와 임금 수준의 연계) 도입에 별 영향을 미치지 못하고 있는 것으로 나타났다.

　　전반적으로 디지털 전환과 관련하여 노조는 공정 혁신 및 기술 도입에 별다른 영향력을 미치지 못하는 것으로 나타났다. 이는 노조의 낮은 교섭력, 조직력 때문이지만 또한 공정 혁신 및 기술 도입에 대해 관심이 낮은 것일 수도 있다.

　　독일과 같은 서구의 기업은 수요중심적 생산방식을 채택하여 고객지향적 제품 생산을 하는 반면, 한국 기업들은 기존의 원·하청 관계 및 전속 거래에 의존하여 고객관리와 관련된 디지털 기술의 활용도가 낮은 것으로 나타났다. 특히 특정한 업체에 대한 의존성이 높으면서 적기 생산 및 납품이 중요해짐에 따라 리드타임을 단축시키고, 공급단가를 낮추는 것이 가장 중요한 요소로 꼽힌다. 주요 국가의 기업들에 비해 IoT, AI, 클라우드 컴퓨팅과 같이 각 단위 간의 연결성과 관리의 예측력을 높이는 최첨단 디지털 기술의 활용도는 다소 낮은 반면, 단순·반복적이고 표준화된 업무의 비중이 높아지며 이에 필요한 RFID나 ERP와 같은 생산 관리 시스템의 도입 비율은 높은 것으로 나타났다. 전반적으로 중숙련 일자리는 줄어드는 반면 저숙련과 고숙련의 일자리는 늘어나는 것으로 나타났다. 이러한 흐름과 관련해서 구체적으로 자동차 부품 생산 현장에서 어떤 변화가 나타나고 있는지 이어서 논의하고자 한다.

3. 대구 지역 자동차 부품업체의 공정 혁신과
노동의 테일러리즘화[8]

1) 조사 업체의 특성

자동차의 전동화, 지능화라는 변화와 함께 디지털 전환은 자동차 부품업체에 큰 부담으로 작용한다. 자동차 부품업체 대다수는 중소기업으로 가용할 수 있는 자본과 인력의 한계로 인해 대내외의 환경 변화에 능동적으로 대응하기 어렵기 때문이다. 그럼에도 부품업체들은 시장에서의 생존을 위해 나름대로 가용할 수 있는 자원과 환경을 최대한 활용하여 혁신적 경영 전략을 추진한다.

본 연구는 2021년에 대구 및 인근 지역(경북 성주, 경산)에 소재한 자동차 부품업체 일곱 곳에 대해 인터뷰 조사 내용을 분석하여 디지털 전환과 연계된 기업의 혁신 전략을 파악하고, 이것이 생산 현장의 작업 조직과 노동에 미친 영향과 의미를 도출하고자 한다(표 8 참조). 조사 분석 결과 우리는 대내외 환경 변화(디지털 전환과 시장 경쟁)에 대응하는 기업의 혁신 전략으로 크게 공정, 제품, 판매 혁신을 유형화하였다. 공정 혁신은 공정 과정의 효율화를 통해 공정 과정 내 낭비 요인을 줄이고 제품 불량 및 장비 고장을 예방하여 비용 절감을 통해 제품의 가격 경쟁력을 높이는 전략이다. 제품 혁신은 기존에 생산하던 제품의 기능과 종류를 다양화하고, 품질 개선 혹은 신제품을 개발하여 수익성을 높이고자 하는 전략이다. 판매 혁신은 제품 혁신 역량은 없지만, 기존 제품의 적기 생산 및 납품, 리드타임 축소를 통해 기존의 거래관계를 공

---

8 임운택·이균호(2022)의 4장 내용을 재구성하여 작성하였음.

표 8. 인터뷰 조사 응답 업체의 특성

순번	업체명	생산 제품의 특성	혁신 전략	혁신 전략의 내용	
1	A사	내연기관 부품	판매 혁신	<판매 혁신>	
2	B사	범용 부품	판매 혁신	- 거래관계의 안정화: 특정 제품의 납품 비중을 높임	
5	E사	내연기관 부품	판매 혁신	- 공급선의 다각화 - 적기 생산 및 납품, 리드타임의 단축 - ERP, 빅데이터를 통한 원청 및 협력업체와의 정보 공유, 의사소통 - 데이터 관리자의 권한 강화, 생산직 통제, 관리	
4	D사	범용 부품	제품 혁신	<공정 혁신>	<제품 혁신>
3	C사	범용 부품	공정 혁신, 제품 혁신	- ERP-MES의 도입: · 정확하고 효율적인 생산	- 기존 생산 제품의 개선, 변화 - 전기차 부품의 연구개발

6	F사	내연기관 부품	공정 혁신,
			제품 혁신
				· 납기일 준수, 복잡한 가치-공급사슬
				  관리
				- 자동화 및 로봇 도입
					- 자율주행 기술 개발
					- 연구개발 활동에 고숙련
					  생산직이 일부 과정에 참여함

7	G사	범용 부품	공정 혁신,
			제품 혁신
				- 신기술 도입으로 작업 조직 변화
				- 기술 도입에 따라 노동강도가 약해져
				  기술 변화를 받아들이지만 다기능화
				  (업무 로테이션)에 대해서는 부정적임
				- 생산의 외주화, 사내 하청 인력 활용
				- 정규직 미채용
				- 조·반장, 직장 인력의 숙련 향상
					- 반-조장급 노동자의
					  다기능화(업무 순환):
					  업무 통제 강화

고하게 만들고 새로운 판매처를 발굴하여 수익을 확보하는 전략이다.

디지털 기술의 도입과 적용은 기업의 공정 과정, 제품, 가용 자원, 인력 등 여러 조건과 환경에 따라 다르게 나타난다. 디지털 기술이 노동력을 대체할 수도 있지만, 노동력과 상호 보완적인 관계를 맺을 수도 있다. 그러한 점에서 디지털 전환은 기술과 숙련의 상호작용 속에서 완성된다.

2) 부품업체의 디지털 전환과 노동 통제 전략

첫 번째 혁신 전략인 공정 혁신 전략은 ERP-MES 시스템의 도입을 통해 공정 과정 전반의 혁을 추구하는 전략이다. 생산 관리 시스템을 통해 생산의 효율성을 강화하고, 공정 과정의 낭비 요인(제품 불량 및 설비 고장 예방)을 제거한다. 업체들은 생산 프로세스의 전산화를 위해 ERP-MES 시스템을 2000년대 초반부터 일찌감치 도입한 것으로 나타났다. 이 시스템은 생산관리의 효율화뿐만 아니라 맞춤형 주문 생산을 효율적으로 수행하는 데에도 도움이 된다.

> ERP가 도입되어 재고 조사, 생산 지시가 원활해지면서 관리 자체가 투명해졌죠. ERP만 들여다보면 속일 수 있는 게 전혀 없습니다. … ERP를 통해 언제 몇 월 며칠, 몇 시에 누가 작업했다는 것을 알 수 있습니다. 자재 이력 관리라든지 로트 추적 관리도 도입되어 있습니다(D사 생산팀 직장).

조사 대상 업체는 주로 1·2차 벤더 업체로 최종 가공, 조립 업무를 수행하며, 이를 위해 자동화 및 로봇을 도입하였는데, 기술 운용 인터페이스는 대체로 간소화되어 작업 수행 시 높은 숙련이 요구되지 않는다.

> 자동화가 되면서 숙련도라고 하는 거는 의미가 별로 없습니다. 조작만 할 줄 알면 되는 것이죠. 그것만 알고 하면서 내가 그 라인의 일부가 되어 버리는 것이지요. 사람이 주도적으로 생산하는 것이 아닙니다(F사 생산부문장).

자동화 및 로봇 도입으로 인한 인력 대체를 우려하는 시각이 있지만, 이러한 기술 도입이 노동자에게 무조건 부정적인 영향을 미치는 것은 아니다. 제한된 분야이긴 하나 자동화 및 로봇 설비가 무거운 자재를 옮기거나 위험한 공정을 대체하고 있어 노동자는 이를 업무 난이도와 강도를 완화하는 것으로 이해하고, 이로 인해 작업장에서 자동화와 로봇화는 커다란 저항 없이 수용되고 있었다.

공정 혁신의 일환으로 빅데이터 기반 AI가 적용되기도 하는데, 이때 기업의 기술력 및 자본력뿐만 아니라 기술 도입에 따른 수익성 여부(기술 공정의 고도화 vs. 저임금 노동)가 기술 도입의 중요한 근거를 제공한다. 표 4(133쪽)에서 보듯, 한국 기업들의 AI 도입 비율이 다른 국가에 비해 낮은 이유는 이러한 편익 비용 고려가 크게 작용하는 것으로 판단된다. 고가의 장비 도입에 따른 공정 효율화와 그에 기반한 사람과 Co-Bots의 공존보다는 자동화와 단순 작업의 표준화의 공존이 더 선호되고 있다.

디지털 전환에 따라 가치-공급사슬의 초연결성이 구현되면서 IoT, 클라우드 컴퓨팅과 같은 고도의 디지털 기술을 통해 여러 업체와의 연결성이 높아지는 반면 한국 기업들은 기업 내부 혹은 거래 업체(협력업체)로 기업 간 정보 교환 및 의사소통의 범위가 제한되어 관련 기술의 활용 비율이 낮다.

공정 혁신의 일환으로 표준화, 단순·반복화가 진행되어 생산 공정 과정 및 업무가 분할된다. 생산직의 대다수는 생산 제품의 정보를 기록, 전송하거나 창고에서 재고를 관리하는 업무를 수행하며, RFID 기기를 사용하듯이 단순, 표준화된 업무를 수행하고 디지털 기술을 활용하는 경우가 많아진다. 장기간의 근속을 통해 얻을 수 있는 다양한 업무 경험과 높은 숙련, 기능이 필요하지 않는 업무의 증가는 비정규직 인력의 활용 가능성 증가로 이어질 수 있다.

ERP 시스템을 통해 관리자는 공정 과정을 한눈에 들여다 볼 수 있게 되었다. 실시간으로 일일생산목표 달성률을 점검할 수 있고, 고장이 어디에서 발생했고 제품 불량이 발생할 경우 불량이 발생한 생산 단위를 추적할 수 있게 되는 등, 컴퓨터를 통한 노동의 관리와 제어, 과학적 관리가 강화된다. 이때 생산 현장의 노동자들의 업무는 다른 노동자들의 업무와 밀접하게 연결되고 업무 수행의 자유로움이 낮아지면서 (Ripamonti and Galuppo, 2016) 스스로 자신의 업무를 규율해야 하는 압력에 직면하게 된다.

생산 관리 시스템과 빅데이터 분석 업무를 맡는 생산관리직 및 연구개발직 노동자의 역할의 중요성은 높아지고 있다. 반면 기존 정규직 생산직 노동자의 업무의 경우 단순화(탈숙련화)된다. 이러한 생산직 노동자에 대한 관리와 통제의 강화와 고용-숙련의 양극화는 디지털 테일러리즘의 한 특징이라고 볼 수 있을 것이다.

두 번째 혁신 전략으로 제품 혁신 전략이 있다. 친환경차, 자율주행차, 커넥티드카 등 미래형 자동차가 개발, 상용화되면서 관련 부품에 대한 수요도 늘어났다. 이에 기업들은 미래형 자동차에 들어가는 새로운 부품을 개발하거나, 기존에 생산하던 내연기관 또는 범용 부품의 기능 등을 다양화하고, 품질을 향상시키면서 수익성을 강화하고자 한다.

내연기관차에서 전기차로 가기 때문에 저희 연구소에서 배터리 부문을 맡고 있습니다. 연구개발 직원들이 그런 아이템 하나 잘 개발해 주어야 토크 컨버터가 죽어도 새로운 개발된 아이템으로 먹고살 수 있으니까요(F사 생산부문장).

자동차 구동 파트의 e엑셀이 현재 전기차의 심장 역할을 합니다. 배터리의 힘을 받아서 모터 하고 기어가 작동하는 구조로 되어 있는 그 시스템인데, 지금 현재 내연기관의 엔진 하고 같은 거죠. 이것을 연구하고 있습니다(G사 생산실장).

제품 혁신 전략에서 연구개발직과 함께 제품 품질 강화를 위해 빅데이터, AI 기술의 활용도가 높아지면서 품질 데이터를 다루는 생산관리직의 역할이 강조된다(공정 혁신에서도 이들의 역할이 중요해진다). 생산직 중에서는 반·조장급의 숙련 노동자가 연구개발 과정에 일부 참여하기도 한다. 실제 생산공정 과정에서 새로운 제품을 생산할 때 발생할 수 있는 문제를 예방하기 위해 이들의 암묵지가 필요하기 때문이다. 다품종 생산을 위해 숙련 노동자를 대상으로 다기능화(업무 로테이션)가 진행되면서 향상훈련(외부 훈련)이 제공되기도 한다.

> 다기능화는 고참 사원들을 대상으로 주로 많이 이뤄지는데, 고참들은 전부 다 돌아가면서 하도록 했습니다. 순환 보직을 해서 전부 다 습득을 할 수 있도록 합니다 (D사 생산팀 직장).

이때 다품종 생산은 기존 제품의 기능이나 외형을 조금씩 바꿔서 생산하는 것을 의미한다. 따라서 다기능화도 비슷한 내용의 여러 업무를 수행하는 것을 의미한다. 이는 숙련 생산 노동자조차 관리와 통제의 대상이 되었다는 것을 의미한다.

반면 일반 생산직 노동자는 입사 초기 단시간의 OJT 이외에는 향상훈련이 제공되는 경우가 많지 않고, 생산라인 간 이동도 제한적이다. 이에 반·조장급 숙련 생산 노동자와 일반 생산 노동자 간의 업무상 자율성과 숙련의 격차가 발생한다. 숙련 노동자들은 설비의 관리, 조작, 보전, 수리 등의 업무를 수행하는 반면 일반 생산직의 업무는 통폐합되거나 단순·반복화된다. 이에 생산직은 정규직으로 인원을 충원하기보다는 생산공정을 외주화하거나, 비정규직 인력을 활용하는 경향이 나타난다. 이러한 흐름은 디지털 테일러리즘의 한 특성이라 볼 수 있다.

사내 도급이 있습니다. 그게 생산 인력의 한 15~20% 정도 될 것 같습니다. 저희가 그쪽 인원들은 저희 인원으로 카운팅을 안 해서 정확한 인원이 몇 명인지는 잘 모르겠습니다. 식당에 보이는 인원을 보면 한 10~20% 정도 되지 않을까 싶습니다(E사 공정 담당 이사).

세 번째 혁신 전략으로 판매 혁신 전략이 있다. 친환경차 시장의 확대와 자동차용 반도체 수급 문제 등으로 인한 내연기관 자동차 시장의 정체 속에서 부품업체들은 수익성 하락의 위기에 직면해 있다. 대다수의 국내 자동차 부품업체는 내연기관 부품을 생산하는 데 폐쇄적이고 위계화된 원·하청 관계(전속 거래관계)에 놓여 있는 경우가 많다. 이러한 원·하청 관계에서 원청은 일방적인 단가 인하를 꾸준히 요구한다.

비공식적으로 CR이 있는 곳도 H차뿐이고요. 다른 나라 업체는 CR이 없습니다. H차는 자신이 모든 것을 쥐고, 결정을 하고 싶어 합니다(E사 공정 담당 이사).

고객사가 딱 정해져 있잖습니까. 그런 상황에서는 현대자동차, 기아자동차가 실질적으로 임률(임금 산정의 기준)을 올려 준 다음에야 회사가 돈을 벌 수 있는 구조가 만들어지니까 늘 힘들다 얘기할 수밖에 없는, 그런 구조적인 문제도 있는 것 같습니다(B사 노조 지회장).

이러한 상황에서 부품업체가 선택할 수 있는 선택지는 크게 두 가지가 있다. 원청과의 안정적인 거래관계를 유지하는 것이다. 시장 수요의 변화에 따라 급작스럽게 짧은 시간 내에 많은 양의 부품 납품을 요구받을 수 있기 때문에 부품업체는 거래 업체에 원활하게 제품을 공급하기 위해 적기 생산 및 납품을 위한 공정 과정의 최적화와 리드타임의 축소에 많은 노력을 기울인다.

복잡하게 구성된 모듈 부품에 대한 주문을 받고, 주문량을 처리하기 위해 필요한 자재 및 구성 부품을 신속하게 공급받고 최종 완제품을 적기에 생산하여 납품하는 것은 매우 중요하다. 이를 위해 원청 및 협력업체와의 원활한 정보 공유와 의사소통이 중요한데 여기에 주로 ERP 시스템과 함께 빅데이터 기술이 활용된다. 이 기술을 통해 납품에 필요한 생산 소요 시간의 예측이 가능해지면서 적기 생산 및 납품을 가능하게 되고, 과잉생산으로 인한 재고 발생이 감소되어 비용이 감소되는 효과가 나타날 수 있다. 다만 폐쇄적이고 계열화된 거래 구조 속에서 원청 및 관련 협력업체와의 제한된 범위의 정보 공유와 의사소통이 이루어진다는 점에서 다른 주요국 기업들에 비해 국내 기업의 고객관계 관리CRM나 공급사슬 관리SCM 기술의 활용도는 떨어진다고 볼 수 있다.

판매 혁신 전략 차원에서 부품업체가 선택할 수 있는 두 번째 선택지는 공급선을 다각화하는 것이다. 특정한 원청에 의존성을 높이기보다 거래 업체를 다양하게 두어 특정 업체와의 거래량이 감소하더라도 전체 매출에 크게 악영향을 미치지 않도록 하는 방안이다. 공급선 다각화 전략을 원활하게 추진하기 위해서는 국내 기업에서는 사용이 비교적 저조한 CRM 및 SCM 기술의 적극적 활용이 필요할 것이다.

저희는 거래 업체가 한 군데, H차만 100% 하는 것도 아닙니다. 저희의 전체 생산량 중 30%를 ㅎ사에 납품합니다. 납품 업체가 국내 업체 100%인 것도 아니고 수출도 합니다. 이렇게 나눠져 있으니까 타 업체보다는 아무래도 위기가 올 때는 조금 더 늦게 오고 회복될 때는 빨리 되었습니다(A사 대표이사).

디지털화된 생산 관리 시스템의 도입에 따라 데이터를 다루는 생산관리직과 연구개발직의 역할과 권한은 높아지는 반면 생산 현장에서는 리드타임이 큰 폭으로 감소되고 시간당 생산량 목표 달성 등 성과 압력이 높아짐에 따라 생산 노동 조직은 위계화된다. 이러한 흐름 속에서 노동에 대한 통제와 압박이 강화되면서 생산직 노동자들의 자율성은 더욱 감소할 우려가 크다.

4. 결론

코로나19 펜데믹이 엔데믹으로 접어든 이후 갑작스럽게 나타난 현재의 경제위기는 이전과 다른 특성을 가지기에 2008년 금융위기 이후 일련의 위기의 맥락 속에서 보아야 한다. 이를 극복하기 위해 제시된 디지털 전환과 그린 뉴딜 프로젝트는 오늘날 디지털 자본주의의 흐름 속에서 새로운 생산방식을 가능케 하는 조건과 목표로 설정되었다.

경제의 디지털화는 합리적 소비 모델을 제시하여 수요를 창출하려는 자본주의 전략의 일환으로 빅테크 기업이 주도하고 있다. 제조업 영역에서는 디지털 기술을 통해 다품종 맞춤형 주문생산이 현실화되었다. 이를 통해 독일, 미국, 일본, 중국 등의 국가들이 수요주도적 합리화 전략을 제시하기 시작하였다. 한국에서도 2020년 디지털, 그린 쌍둥이 전환을 내세운 한국판 뉴딜 종합계획이 발표되었다. 이는 기존 금융시장에 초점을 맞춘 경제 패러다임을 산업정책으로 그 중심을 옮겨 수요를 진작하고 일자리를 창출하고자 하는 전략이다. 하지만 한국판 뉴딜의 기치로 추진된 산업 전환과 일자리 제공이라는 슬로건이 무색하게 산업 전환에 비해 일자리 관련 예산은 많지 않다. 그리고 고용창출 및 유지, 숙련 개발에 투자한 정부 예산의 증가는 크지 않았다. 자본과 노동의 불균형한 투자와 지원 전략으로 인해 스마트공장 사업이 추진되었던 최근의 시기로 가까워질수록 노동생산성은 오히려 감소하는 흐름이 나타나기도 했다.

본 연구는 여러 산업 가운데서도 자동차 부품 산업에 초점을 맞추어 분석하였다. 최근의 친환경차 및 지능형차의 개발과 보급이라는 새로운 흐름은 내연기관차 부품을 생산하는 대다수의 부품업체에게 위기이지만, 디지털 전환이라는 기술적 요인을 통해 산업 전환의 기회로 삼을 수 있게 되었다.

한편 디지털 기술은 실태조사에서 확인되듯 생산 현장에서 과거의 테일러리즘을 부분적으로 재현시키고 있는 것으로 나타났다. 컴퓨터 시스템을 통해 업무에 대한 상당한 수준의 관리 제어가 이루어지고, 세분화된 업무조차도 광범위한 모니터링과 통제가 가능해졌으며, 성과에 대한 계량화된 평가가 이루어진다는 점에서 그러한 특성이 나타난다.

디지털 기술의 도입에 따른 효과는 동일하게 나타나는 것이 아니라 정치 경제적 맥락, 기업에서 생산되는 제품 및 생산공정, 거래관계, 경영 전략 등에 따라 상이하게 나타났다. 한국 자동차 산업의 경우 현대차를 중심으로 한 수직 계열화된 폐쇄적인 원·하청, 전속 거래 관행에 따라 적기 생산 및 납품, 리드타임 단축에 필요한 기술의 활용도는 높은 반면(ERP-MES, 빅데이터, RFID 등) 고가, 고품질의 제품을 생산하거나, 생산 단위 간, 기업 간 정보 공유를 위한 디지털 기술(IoT, AI, 클라우드 컴퓨팅, CRM, SCM 등)에 대한 활용도는 낮은 것으로 나타났다.

대구 지역 자동차 부품업체에 대한 조사에서, 이 업체들이 크게 공정 혁신, 제품 혁신, 판매 혁신 전략을 통해 경쟁력을 강화하고자 한 것으로 나타났다. 이는 공정 혁신을 통해 공정 과정의 효율화를 추구하고, 제품 혁신으로 제품을 다각화하거나 새로운 제품을 개발하고, 판매 혁신으로 위계화된 거래관계를 유지하기 위해 리드타임을 단축하고, 적기 생산 및 납품, 원가 절감이 가능하도록 하거나 판매선 다각화를 시도하는 노력으로 나타났다. 공정 혁신을 통해서는 생산직 노동자의 업무가 대체되거나 표준화·단순 반복화되는 것으로 나타났다. 제품 혁신에서는 반·조장급의 숙련 노동자를 대상으로 업무의 다기능화(업무 로테이션)가 이루어지고 이를 위한 훈련이 제공되는 한편 연구개발직, 생산관리직의 역할과 권한은 강화되는 한편 생산직 노동자에 대한 관리는 강화되는 것으로 나타났다. 판매 혁신을 통해서는 원가 절감과 적기 생산 및 납품을 달성하기 위해 생산직 간의 위계화와 이들에 대한 고도의 통제가 강화되었다.

작업장의 특성에 따라서 디지털화의 잠재력이 다르게 나타나는 것을 알 수 있었다(그림 4 참조). 소품종 생산을 하는 단순 작업장(유형 A)과 지속적인 대량생산이 이루어지는 사업장(유형 C)의 경우 생산 계획과 통제에 대한 디지털화의 잠재력은 낮다. 조사 대상 업체들은 대다수는 유형 C에 해당하여 기술 활용이 제한적인 것으로 나타났다. 폐쇄적이고 수직 계열화된 원·하청 관계 및 전속 거래관계 속에서 중저가 제품을 적기에 생산, 납품하고 경쟁업체보다 낮은 단가를 제시해야 하기 때문에 공정 합리화, 효율화에 초점을 맞춘 공정 혁신이 이루어진다(ERP-MES, 빅데이터 기술 등). 이로 인해 노동의 재숙련화가 필요한 고도의 디지털 기술(AI, IoT, 클라우드 컴퓨팅 등)의 도입 비율은 낮은 반면, 표준화 및 단순·반복화의 비중은 높아지면서 생산직 노동의 다수는 탈숙

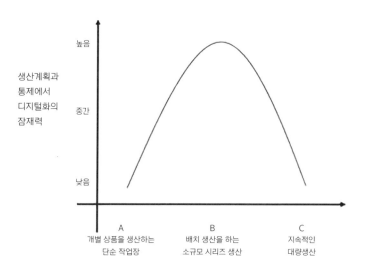

그림 4. 디지털화의 잠재력에 따른 작업장의 특성

생산계획과
통제에서
디지털화의
잠재력

높음

중간

낮음

A
개별 상품을 생산하는
단순 작업장

B
배치 생산을 하는
소규모 시리즈 생산

C
지속적인
대량생산

련화된다. 반면 제품 다각화와 신제품의 연구개발을 추진하는 업체에
서는 부분적으로 배치 생산방식의 소규모 시리즈 생산(유형 B)이 이루
어지는데, 이때 보다 고도의 디지털 기술이 활용한 고부가가치 창출이
추구된다.

결국 디지털 기술 활용 방식과 그 효과는 업체의 제품 및 공정 혁
신의 특성, 이에 따른 경영 전략과 노동조합과 노동자들의 대응이 좌우
할 것이다. 디지털 전환에 따른 노동의 변화는 기술 그 자체의 특성이
이를 촉진하기보다는 기술을 어떻게 활용할 것인가라는 사용자의 인
식이 크게 작용한다. 자동차 부품 산업에서 노동 배제적 디지털 전환이
이루어지고 있는 것은 사용자의 일방적인 조치일 수도 있지만, 한편으
로 노동조합의 암묵적 동의가 있었기에 가능한 것이다. 지금까지 국내
노동조합은 기존에 조직화된 노동자들의 일자리를 지키는 데에만 관

심을 기울였을 뿐 비정규직 인력의 활용에 대해서는 묵인하고 디지털 전환에는 방치하는 경향을 가졌다. 이러한 관행이 지속될 경우 제조 기업은 향후 10년 내에 노조 없는 비정규직 일자리 천국이 될 가능성이 높다(임운택, 2021). 자본주의 전환 시대에 이러한 변화는 특정 사업장의 고용 위기와 노동 통제의 문제가 아니라 사회 전반의 경제적-생태적 지속가능성과 고용 창출/유지라는 자본주의 전환의 새로운 국면을 예고하는 것이다. 따라서 노동조합에게는 자동화로 악마화된 기술의 낙인 효과를 극복하고 디지털 기술과 노동이 공존하면서 생태적으로 지속가능한 사회를 만들기 위해 디지털 전환 과정으로의 적극적인 개입이 요청된다.

참고 문헌

관계부처 합동. 2020. 〈'한국판 뉴딜' 종합계획: 선도국가로 도약하는 대한민국으로 대전환〉. (2020. 7. 14)

관계부처 합동. 2021. 〈한국판 뉴딜 2.0: 미래를 만드는 나라 대한민국」. (2021. 7. 14)

국회예산정책처. 2010a. 《2009 회계연도 결산 부처별 분석 I [기획재정·농림수산식품·지식경제·국토해양]》.

국회예산정책처. 2010b. 《2009 회계연도 결산 부처별 분석II [교육과학기술·문화체육관광방송통신·보건복지·환경노동·여성가족]》.

국회예산정책처. 2022a. 《2021 회계연도 결산 위원회별 분석: [교육위원회·문화체육관광위원회]》.

국회예산정책처. 2022b. 《2021 회계연도 결산 위원회별 분석: [산업통상자원중소벤처기업위원회]》.

기획예산처. 2007. 《2007년 나라살림》. (2007. 1. 4).

기획재정부. 2011. 《2011년 나라살림 예산개요》.

기획재정부. 2013. 《2013년 나라살림 예산개요》.

김철식. 2011.《대기업 성장과 노동의 불안정화: 한국 자동차 산업의 가치사슬, 생산방식, 고용관계 분석》. 백산서당.

삼성전자. 2022. 〈삼성전자 지속가능경영 보고서 2022: A Journey towards a Sustainable Future〉.

열린재정 재정정보공개시스템 홈페이지(https://www.openfiscaldata.go.kr).

슈트렉, 볼프강. 2015.《시간 벌기: 민주적 자본주의의 유예된 위기》. 김희상 옮김. 돌베개.

에쓰-오일 지속가능경영팀. 2022. 〈2021 S-OIL 지속가능성 보고서〉. S-OIL.

임운택. 2019. 〈디지털화 과정에서 노동과 기술의 문제: 독일 산업 4.0 사례를 중심으로〉.《산업노동연구》, 25권 2호, 123-153쪽.

임운택. 2021. 〈포스트 코로나 현상과 노동의 위기〉.《마르크스주의연구》, 18권 2호, 80-114쪽.

임운택. 2022. 〈디지털 자본주의의 특성: 시장과 노동통제의 급진화〉.《경제와사회》, 133호, 12-38쪽.

임운택·이균호. 2022. 〈디지털 전환에 따른 제조업의 현황과 대응 전략: 대구 지역 자동차 부품 산업을 중심으로〉.《산업노동연구》, 28권 3호, 145-190쪽.

조형제. 2016.《현대자동차의 기민한 생산방식: 한국적 생산방식의 탐구》. 한울아카데미.

조형제·김철식. 2013. 〈모듈화를 통한 부품업체 관계의 전환: 현대자동차의 사례〉.《한국사회학》, 47권 1호, 149-184쪽.

현대제철 혁신전략본부 지속가능경영팀. 2022. 〈Beyond Steel〉. Hyundai Steel, Integrated Report 2022. 현대제철.

Brown, P., Lauder, H., and Ashton, D. 2011. *Digital Taylorism. The Global Auction: The Broken Promises of Education, Jobs and Incomes.* Oxford University Press.

Dyer-Witheford, Nick. 2015. *Cyber-Proletariat: Global Labour in the Digital Vortex.* Pluto Press.

Galvin, P., Goracinova, E., and Wolfe, D. 2015. Recent Trends in Manufacturing Innovation Policy for the Automotive Sector: a Survey of the United States, Mexico, European Union, Germany and Spain. In P. Nieuwenhuis and P. Wells (Eds.). *The Global Automotive Industry.* (pp. 53-66). Wiley.

Hyundai. 2022. 〈Road to Sustainability〉. 2022 현대자동차 지속가능 보고서. 현대자동차.

Head, S. 2005. *The New Ruthless Economy: Work and Power in the Digital Age.* Oxford University Press.

Irani, L. 2015. Difference and Dependence Among Digital Workers: The Case of Amazon Mechanical Turk. *South Atlantic Quarterly* 114(1): 225–234.

Krzywdzinski, M. 2017. Automation, Skill Requirements and Labour-Use Strategies: High-Wage and Low-Wage Approaches to High-Tech Manufacturing in the Automotive Industry. *New Technology, Work and Employment* 32(3): 247-267.

Lemov, R. 2018. Hawthorne's Renewal: Quantified Total Self. In P. Moore, M. Upchurch, and X. Whittaker(Eds.). *Humans and Machines at Work: Monitoring, Surveillance and Automation in Contemporary Capitalism.* (pp. 181–202). Springer International Publishing.

Moore, Phoebe, Martin Upchurch and Xanthe Whittaker(Eds.). 2018. *Humans and Machines at Work. Monitoring, Surveillance and Automation in Contemporary Capitalism.* Springer International Publishing.

Nachtwey, O. and Philipp S. 2015. Die Avantgarde des digitalen Kapitalismus. *Mittelweg* 36(24): 59–84.

O'Neill, Christopher. 2016. Taylorism, the European Science of Work and the Quantified Self at Work Science. *Technology, & Human Values* 42(4): 600–621.

OECD. 2019. *OECD Skills Outlook 2019: Thriving in a Digital World.* Paris.

Prassl, J. 2018. *Humans as a Service: The Promise and Perils of Work in the Gig Economy.* Oxford University Press.

Ripamonti, S. and Galuppo, L. 2016. "Work Transformation Following the Implementation of an ERP System: an Activity-Theoretical Perspective." *Journal of Workplace Learning* 28(4): 206-223.

Snowen, D. and Boone, M. 2007. A Leader's Framework for Decision Making. *Harvard Business Review* 85(11): 68-76.

Taksa, L. 2017. *Scientific Management.* in Wilkinson, Armstrong, and Lounsbury (eds.). *The Oxford Handbook of Management.* (pp. 19-38) Oxford University Press.

Taylor, P. and Bain, P. 1999. An Assembly Line in the Head': Work and Employee Relations in the Call Centre. *Industrial Relations Journal* 30(2): 101–117.

Tiftik, E. and Mahmood. K. 2020. *Global Debt Monitor: Sharp Spike in Debt Ratios.* Institute of International Finance.

The Robotreport. 2021. 12. 15. "10 Most Automated Countries Worldwide." (http://www.therobotreport.com/10-most-automated-countries-wordlwide-in-2020) (검색일자: 2022. 10. 1.)

Woodcock, J. 2017. *Working the Phones: Control and Resistance in Call Centres.* Pluto Press.

6 한국 수출 제조 대기업 성장 전략의 전환

강민형, 이시림

1. 서론

1960년대 중반부터 1980년대 후반까지 진행되었던 한국의 고도 경제성장은 발전사회학의 주요 연구 주제 중 하나였다. 정치경제학자들과 사회학자들은 한국의 급속한 경제발전을 가능하게 했던 요인으로 후발 산업화 과정에서 산업정책, 금융정책 등을 통한 국가의 개입을 강조하였다(Amsden, 1989; Woo, 1991; Evans, 1995). 하지만 이러한 국가 중심적 시각은 1980년대 말 발전국가의 쇠퇴 이후에도 한국 경제가 지속적인 성장과 산업 고도화를 달성할 수 있었던 이유가 무엇인지 설명하지 못하는 한계를 지닌다. 한국은 1990년대 이후 산업 고도화를 바탕으로 수출 시장에서 커다란 성공을 거두었고, 1인당 국내총생산GDP의 비약적인 증가를 경험하였다(다음 쪽 그림 1 참조). 이는 20세기 후반 한국과 유사한 후발 산업화를 경험하였지만 1차 상품의 수출 의존도가 다시 증가한 라틴아메리카 국가들의 경제발전과는 궤를 달리한다. 특히 한국 경제가 1990년대 말 동아시아 외환위기와 2000년대 말 글로벌 금융위기 등 두 번의 위기에도 불구하고 산업 혁신에 성공하여 중진국 함정 middle-income trap에서 벗어날 수 있었음을 감안한다면(Lee, 2013), 발전국

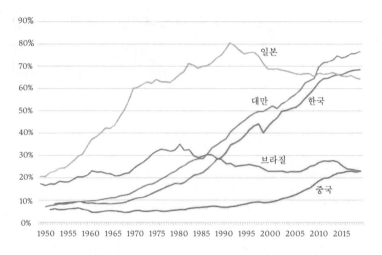

그림 1. 한국과 주요국 소득 수준 비교(1인당 GDP): 1950~2019년

* 주: 2017년 미국 달러 고정 가격, 구매력 평가 기준[미국=100]
* 자료: Penn World Table, Version 10. (https://www.ggdc.net/pwt)

가의 퇴각 이후 한국의 지속적인 경제성장 궤적은 상당히 흥미롭다.

이와 같은 한국 자본주의의 성공을 설명하기 위해서는 1990년대 초반 이후 지난 30여 년 동안 제조업 부문 수출 대기업의 성장 전략에 주목할 필요가 있다. 한국의 재벌 소유 제조 대기업들은 1980년대 중반까지 낮은 인건비를 바탕으로 가격 경쟁력을 확보함으로써 세계시장에서 신흥 수출업체로 부상하였다. 그런데 이들 수출 대기업 중 일부는 1990년대 초반 이래로 유연 생산, 자동화, 기술 혁신을 통해 고부가가치 제품을 생산하는 새로운 성장 전략을 추구하기 시작하였다. 특히 2000년대 이후 현대자동차, 현대중공업, 삼성전자, 엘지전자 등 한국의 재벌 소유 제조 대기업들은 이러한 혁신을 통해 자동차, 조선, 전자 산업의 글로벌 선도기업으로 자리매김하였다. 이러한 맥락에서 한국의 정치 경제에 관한 최근 연구들은 외환위기 이후 한국 기업들이 수출 시장에서 눈부신 성공을 거두었던 중요한 이유로 재벌 대기업의 급격한 성장과 시장 지배력 강화 그리고 이들 기업이 주도하는 생산의 세계화를 강조하기도 하였다(D'Costa, 2015; Park, 2016; You, 2021).

이 연구는 발전국가의 쇠퇴 이후 한국의 지속적인 경제발전의 이유를 1980년대 말부터 시작된 한국 제조 대기업의 성장 전략의 변화에서 찾는다. 한국의 대기업들은 대체로 1980년대 중반까지 저임금 생산직 노동자들의 장시간 노동과 이들에 대한 권위주의 국가의 억압적 노동 통제 덕분에 수출 시장에서 가격경쟁력을 유지할 수 있었다. 하지만 1980년대 후반 이후 강력한 노동운동의 부상에 따른 임금 인상과 세계 시장에서의 경쟁 압력 심화는 한국 제조 대기업이 새로운 성장 전략을 모색하는 중요한 계기가 되었다. 이로 인해 1990년대 이후 한국의 제조 대기업들은 생산기술과 작업 조직에서 유연 생산 체제로 전환을 꾀하였고 저부가가치 제품에서 고부가가치 제품 생산으로 제품 혁신을 추구하였다. 특히 이 과정에서 1987년 노동자 대투쟁을 계기로 부상한 한국의 강력한 전투적 민주노조 운동은 비록 노동조합이 의도하지는 않았지만 이윤 압박을 통해 제조 대기업의 산업 혁신을 강제하는 데 있어 중요한 역할을 하였다. 이 글은 한국의 대표적인 제조 대기업인 현대자동차와 현대중공업에 관한 사례 연구를 통해 한국의 대기업들이 자본 간 경쟁 격화와 노동운동의 부상에 따른 수익성 위기에 직면하여 1990년대 초반 이래로 ① 엔지니어 주도의 노동 배제적 자동화, ② 유연 생산과 노동력 이중화 체제의 확립, ③ 생산 네트워크의 중층적 위계화와 해외 생산의 확대를 추진하였음을 주장한다.

이 글의 구성은 다음과 같다. 우선 2절에서는 발전국가 및 포스트 발전국가 시기 한국의 제조 대기업의 성장을 설명하는 이론적 자원을 소개하고, 3절에서는 1980년대 후반 이후 한국에서 전투적 노동운동의 부상이 제조업 부문 대기업의 산업 혁신과 성장 전략 변화와 어떠한 연관성을 갖는지 논의할 것이다. 4절에서는 구조조정 이후 한국의 제조 대기업이 글로벌 선도기업으로 변모하는 과정에서 생산방식과 생산 네트워크의 변화를 추적한다. 마지막으로 5절에서는 본 연구의 함의에 대해 논의한다.

2. 이론적 배경

1960년대 이후 지난 반세기 동안 한국 자본주의 정치 경제의 변동을 이론적으로 설명하기 위해서는 발전국가 시기의 고도 경제성장과 포스트 발전국가 시기 산업 혁신을 통합적으로 설명할 수 있는 개념틀이 필요하다. 글로벌 가치사슬global value chains, GVC 이론은 후발 산업국의 경제성장과 산업 고도화에서 세계시장의 중요성, 즉 글로벌 경제에서 생산된 제품을 최종적으로 소비하는 미국 내수시장과 유통자본의 역할을 강조하였다. 예컨대 미국의 대형 유통업체들은 1970년대 이후 신흥공업국들로부터 의류, 신발, 가전제품 등을 수입하는 새로운 글로벌 공급망을 확립하였다. 이 과정에서 글로벌 가치사슬에 편입된 한국과 대만의 제조업체들은 미국 시장 소비자들의 수요 변화에 민감하게 대응하여 제품 경쟁력과 시장 점유율을 높이는 수요-반응적demand-responsive 기업 모델을 새롭게 구축하였다(Hamilton and Gereffi, 2009). 동아시아 제조업체들은 개발독재 시기 값싼 노동력을 바탕으로 가격 경쟁력을 유지하였을 뿐만 아니라 냉전 체제에서 동아시아 국가들에 제공된 미국 시장에 대한 접근 기회를 활용하여 후발 산업화를 촉진할 수 있었다. 발전국가 시기 미국 시장에서 동아시아 수출기업들의 성공 경험은 세계화 시대 삼성전자, 엘지전자, TSMC, 폭스콘 같은 한국, 대만의 제조 대기업이 시장 수요와 기술 변화에 적극적으로 대처하는 유연 생산 체제를 구축하고 글로벌 제조업체로 탈바꿈할 수 있었던 배경이 되었다(Hamilton and Kao, 2017). 특히 한국과 대만 기업들은 중국의 비약적인 경제성장에 힘입어 고부가가치 중간재 부품들의 대對중 수출을 늘리고 중국 현지 생산을 통해 인건비를 낮춤으로써 중국 중심의 생산 네트워크에서 높은 수익성을 유지할 수 있었다(Hung, 2016: 76~83). 이후 품질 개선과 제품 혁신을 통한 경쟁력 강화를 통해 독자 브랜드를 갖춘 한국의 자동차, 전자 산업 선도기업들은 1990년대를 거치며 글로벌 자본주의의 "최종 소비자"(Hung, 2022: 6)로서 미국 내수시장에서 점유율을 높여 나갔다.

이러한 한국 제조 대기업들의 산업 혁신과 가치사슬 고도화는 글로벌 생산 네트워크와 연결되고 통합되는 과정에서 발생한 한국의 국가-기업 간 관계의 변화와 연관성을 지닌다. 한국의 제조 대기업은 1990년대 이후 산업 고도화를 위한 자본, 기술, 인적 자원 등을 갖추고 있어 발전국가 시기와 달리 대규모 자본 투자나 연구개발을 위해 국가의 산업정책에 의존할 필요는 없었다(Yeung, 2014: 84~88). 예컨대 한국의 자동차, 전자 산업 대기업의 경우, 글로벌 선도기업과의 협력뿐 아니라 자체적인 글로벌 생산 네트워크 확보와 독자적 브랜딩을 통한 산업 혁신을 적극적으로 추진하였다(Yeung, 2016: 68~74). 즉, 발전국가 시기 재벌 자본과 강력한 국가 사이의 "연계된 자율성"(Evans, 1995)이 한국의 급속한 경제성장의 비결로 거론되었다면, 한국 제조 대기업의 글로벌 생산 네트워크 구축과 이를 통한 글로벌 선도기업과의 "전략적 결합"(Yeung, 2014; 2016)은 포스트 발전국가 시기 한국 제조 대기업들의 전례 없는 성장의 가능하게 한 중요한 요인으로 볼 수 있다.

하지만 글로벌 가치사슬 이론은 한국의 경제성장에 따른 계급관계의 변화가 국가-자본 관계 혹은 발전의 역사적 과정에 어떠한 영향을 미치는지 설명하는 데 상대적으로 부족하다는 한계가 있다. 그동안 글로벌 가치사슬 연구들은 기업 엘리트와 국가 관료의 의도한 결과에 초점을 두다 보니 아래로부터의 저항이 어떻게 경제발전의 양상을 변화시켰는지 그리고 노동계급이 추동한 계급 갈등이 발전에 미친 의도하지 않은 영향이 무엇인지에 대해서는 설명하지 않았다(Selwyn, 2016: 1771~1772). 하지만 한국의 사례에서 알 수 있듯이, 국가와 자본으로부터 자율적인 노동계급 운동은 임금 인상, 노동조건 개선, 산업 시민권 및 복지 확대 등을 요구하고 관철함으로써 착취율을 낮추고 노동자들의 삶을 향상하며 소득재분배를 강화하는 데 실질적으로 기여할 수 있다. 따라서 사회세력으로서 한국의 노동운동이 1987년 노동자 대투쟁 이후 한국 대기업의 새로운 축적체제 혹은 성장 전략의 형성과 확립에 어떠한 역할을 하였는지 설명하는 작업은 한국 자본주의 정치 경제의 궤적을 규명하는 데 도움이 된다.

이러한 맥락에서 본 연구에서는 한국 제조 대기업 성장 전략의 전환을 초래한 국내적 요인으로서 전투적 노동운동과 작업장 노사관계에 주목한다. 한국의 제조 대기업은 1980년대 후반 거대한 노동 소요의 진앙지이자 국가와 자본으로부터 독립적인 민주노조 운동의 중요한 근거지였다. 이 글에서는 한편으로 전투적 노동운동이 일으킨 자본의 수익성 위기가 1980년대 후반 이후 한국의 대기업 성장 전략에 어떠한 변화를 낳았는지 주로 자동차, 조선, 전자 산업 선도기업을 사례를 통해 분석하고자 한다. 다른 한편으로 전투적 노동운동의 영향력을 쇠퇴시키는 자본의 분할 통치 전략으로서 노동력 이중화 체제가 한국 제조 대기업의 새로운 생산 체제 및 성장 전략과 어떻게 맞물려 있는지 규명할 것이다.

3. 거대한 노동 소요 이후 한국의 산업 고도화

1990년대 한국 수출 제조 대기업에서의 산업 고도화와 생산방식 혁신은 1980년대 말 전투적 노동조합 운동의 부상에 대응하는 과정에서 시작되었다. 저임금과 장시간 노동, 전제적 노동 통제를 특징으로 하는 한국의 작업장 노사관계는 1980년대 후반 노동자들의 집단 저항에 직면하면서 변화하기 시작하였다. 특히 제조업 노동자들은 파업을 통해 생산을 중단시키는 강력한 작업장 교섭력을 바탕으로 임금 인상, 노동조건 개선, 노동 3권 보장 등을 요구하였고, 노동자들의 강력한 저항을 마주한 사용자들은 이러한 요구를 수용할 수밖에 없었다(임영일, 1998; 구해근, 2002). 따라서 노동자 대투쟁 이후 한국의 자본-노동 관계의 변화는 임금 상승 및 이윤 압박에 따른 기업의 수익성 저하로 이어졌다. 다음 쪽 그림 2에서 알 수 있듯이, 이러한 경향은 재벌 소유의 제조 대기업에서 뚜렷하게 나타났다.

1987년 대투쟁 이후 전투적 민주노조 운동의 성장은 의도하지 않게 한국의 수출 제조 대기업들이 생산방식을 혁신하고 기업이 새로운 이윤 전략을 도입하도록 촉진하는 역할을 하였다. 한국의 제조 대기업

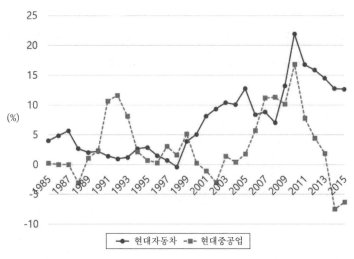

그림 2. 현대자동차와 현대중공업의 수익성(경영자본 순 이익률), 1985~2015년

들은 다수의 저임금 노동자들을 활용하여 가격 경쟁력을 유지하는 전략을 노동자 대투쟁 이후에는 더 이상 지속할 수 없었다. 이러한 상황에서 자동차, 조선 등 한국의 주요 수출산업의 선도기업들은 생산기술의 발전과 작업 조직의 혁신을 통해 수익성을 회복하고자 하였다. 예컨대 현대자동차에서는 1980년대 후반부터 차체, 프레스, 도장 부문에 로봇을 투입하였고 공장 자동화를 위한 생산 제어장치의 도입과 정보제어 시스템의 구축을 적극적으로 진행하였다(조형제, 2005: 21~23). 이는 세계시장에서의 수요 변동에 능동적으로 대응하기 위한 유연 생산 체제를 확립하고자 한 조치였지만, 동시에 1987년 이후 노동자 파업으로 인한 생산 중단이 빈번하게 발생함에 따라 생산직 노동자에 대한 의존을 낮추려는 전략에 기인하는 것으로도 볼 수 있다(Lee and Jo, 2007). 나아가 1997년에는 "모답스"라 불리는 새로운 생산표준시간 산정 방식을 도입하여 작업 조직을 합리화하고 생산직 인원을 감소시키고자 하였

다(조형제, 2005: 174~175). 요컨대 노동 대체적, 숙련 절약적 자동화는 노동조합의 영향력을 낮추는 방안으로 1990년대 현대자동차에서 자리 잡았다.

현대중공업 역시 현대자동차와 마찬가지로 노동자 대투쟁 이후 생산의 자동화와 노동의 유연화를 적극적으로 추진하였다. 1990년대 현대중공업은 설계 자동화 및 용접·절단 작업의 자동화율을 높이고 흐름 생산 체계를 구축함과 동시에 작업 조직에 대한 공정 관리를 합리화하여 공정별 작업 시간 및 선박 제작 기간을 단축하였다(강석재, 2003: 52~66). 특히 신경영 전략이라 불리는 경영 합리화 운동을 통해 반, 팀 단위 생산 관리와 현장 밀착형 노무관리를 강화하였다(박준식, 1996: 180~183). 무엇보다도 생산직 노동자의 직무 통합과 다기능화를 통해 노동자의 기능적 유연성을 확보하고, 정규직 노동자들의 신규 채용을 최소화하는 한편 상대적으로 임금 수준이 낮고 해고가 용이한 비정규직 노동자들을 채용하였다(현대그룹 노사관계 진단 연구단, 1994: 140~144, 217~218). 이는 1987년 이후 급격한 임금 인상에 따른 이윤 압박에 대한 기업의 대응으로 볼 수 있다. 이러한 현대중공업에서의 생산기술과 작업 조직의 변화는 현장 노동자들의 개선 활동 및 품질관리 업무에 기반을 둔 일본 조선산업의 상향식 혁신과 달리 생산 관리 전담 부서에 소속된 엔지니어들의 주도로 이루어졌다(이경묵·박승엽, 2013: 162~163). 요컨대, 한국의 제조 대기업은 1990년대 정규직 생산직 노동자들의 임금 인상 요구를 받아들이면서도 이들 노동자의 숙련 향상보다는 생산의 효율화와 자동화를 목표로 하는 엔지니어 주도의 노동 배제적 생산기술 혁신을 추진하였다.

1990년대 한국 제조 대기업에서 일어난 기술 역량 강화와 고부가

가치 제품으로의 도약은 기업의 생산 능력 및 생산량 확대로도 이어졌다. 예컨대 현대자동차는 1980년대 후반 연간 60만 대 규모의 차량을 생산하였지만 낮은 품질 때문에 수출 시장, 특히 북미 시장에서 어려움을 겪었다. 이 문제를 해결하기 위해 현대자동차의 경영진은 1980년대 중반 이후 독자 엔진 개발 등을 위해 연구개발에 많은 자금과 인력을 투입하였다(Kim, 1998: 515~517). 특히 기존에 건설된 울산 2공장에 유연 차체 라인을 도입하고 신설 공장인 울산 3공장의 생산 자동화율을 높임으로써 생산의 유연성을 증대시켜, 1990년대 초반 연간 100만 대 생산 체제를 구축하였다(현대자동차, 1997: 425~430). 현대중공업은 1980년대 말 이후 세계 조선 시장의 호황에 따른 매출액 상승 및 수익성 개선을 경험하였고, 이를 바탕으로 다른 재벌 소유 조선 대기업과의 경쟁을 벌이면서 대형 도크 건설을 비롯한 대규모 설비 증설을 추진하였다(이경묵·박승엽, 2013: 102~113). 이 과정에서 현대중공업 경영진은 설계 능력 향상, 생산기술의 자체 개발을 적극적으로 꾀하였고 LNG선과 같은 고부가가치 선박 건조로의 산업 고도화를 달성할 수 있었다(박종식, 2014: 95~101). 비록 현대중공업을 비롯한 한국의 조선 대기업은 외환위기 직후 일시적인 위기에 직면하였지만, 이들 기업의 생산량 확대 정책은 2000년대 대형 컨테이너선과 LNG선을 중심으로 한 한국 조선업의 수주 증가와 호황을 가능하게 만든 주요한 조건이 되었다(그림 3 참조).

무엇보다도 1990년대 현대자동차와 현대중공업의 성장은 생산직 노동자를 정규직과 비정규직으로 분할하고, 비정규직 노동자의 비중을 늘리는 노동력 이중화에 기반을 두고 있었다. 현대자동차와 현대중공업 모두 1990년대 초반부터 사내 하청 노동자의 규모와 비중을 증가시켰다. 이미 외환위기 직전인 1997년에 현대자동차의 전체 생산직 중

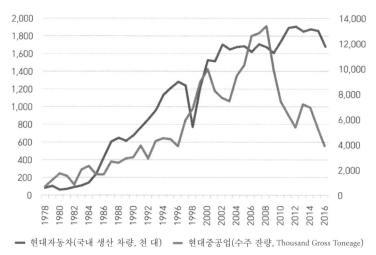

현대자동차(국내 생산 차량, 천 대) — 현대중공업(수주 잔량, Thousand Gross Toneage)

그림 3. 현대자동차와 현대중공업의 국내 생산량, 1978~2016년

16.9%, 현대중공업의 경우 19.5%가 사내 하청 비정규직 노동자인 것으로 나타났다(Kang, 2021: 63-64). 이들 불안정 노동자들은 대기업에 직접 고용된 노동자가 아니고 대공장 내 사내 하청업체에 소속된 생산직 노동자이기 때문에 노조 가입 자격이 부여되지 않았다. 따라서 노동자 대투쟁 이후 매년 단체교섭을 통해 임금 인상을 달성한 정규직 노동자들보다 비정규직 노동자들은 상대적으로 낮은 임금을 받았지만, 이들 하청 비정규직 노동자들은 생산 현장에서 더 위험하고 힘든 일에 정규직을 대신하여 투입되곤 하였다. 1990년대 한국의 제조 대기업들은 노조로 조직된 정규직 노동자 대신 비정규직 노동자들을 활용하여 생산량 증가를 감당하였다.

그렇다면 왜 이들 제조 대기업들은 1990년대 중반 노동 배제적 자동화와 노동력 이중화를 수익성 위기에 대한 대응 방안으로 선택하였는가? 이는 한국의 모든 제조 대기업이 자동화와 생산방식 혁신을 대안적인 수익성 전략으로 선택한 것은 아니라는 사실과 비교하면 더 분명해진다. 예를 들어 중국, 멕시코, 동남아시아 제조업체와의 경쟁에 직면하고 있었던 한국의 섬유, 의류, 신발, 백색가전 제조업체들은 앞에서 살펴본 제조 대기업들과 달리 공장의 해외 또는 무노조 지역으로의 이전, 나아가 노조에 대한 배제와 탄압을 통해 노조의 임금 인상 압력에 대응하였다. 이들 제조 기업들은 대체로 부가가치가 낮은 제품의 생산을 담당하고 있었고, 1990년대 중·후반 수익률 감소에 따른 공장 폐쇄를 경험하기도 하였다. 반면 재벌 소유의 제조 대기업들이 담당하던 자동차, 조선, 철강, 석유화학 등 중화학공업은 대규모 생산설비의 해외 이전이 사실상 불가능했다. 이에 재벌 간 경쟁에 직면하여 개별 기업들은 제품 혁신, 작업 조직 유연화, 생산설비 증대를 지속적으로 추진함으로써 국내외 경쟁업체와 비교할 때 수출 경쟁력을 유지하고자 노력하였다. 이는 고부가가치 산업, 업종 혹은 기업에서 기존의 정규직 노동조합의 단체교섭권은 인정하되 노조에 조직되지 않은 비정규직 노동자를 늘려 생산량 증대에 대응하는 이른바 "유연적 대량생산 체제"(김철식, 2011)의 형성으로 이어졌다.

1998년 신자유주의 구조조정은 한국 제조 대기업 생산 현장에서 노동력 이중화 체제가 성장 전략의 핵심으로 자리 잡는 데 결정적인 계기가 되었다. 특히 현대자동차의 경우, 1998년 약 1만여 명에 가까운 정규직 노동자들이 희망퇴직 등을 통해 공장을 떠났고, 이들의 일자리는 2000년부터 사내 하청 비정규직 노동자들로 채워졌다. 이러한 고용 조정의 경험 때문에, 현대자동차를 비롯한 제조 대기업의 정규직 노동자들은 비정규직 노동자들을 경제위기 시 자신들을 대신하여 해고되는 고용의 안전판으로 인식한다. 한국의 제조 대기업 사용자들은 정규직 노동자들보다 상대적으로 낮은 임금을 받으면서도 해고가 쉬운 비정규직 노동자들을 대규모로 채용함으로써, 수량적 유연성을 확보하여 기업의 수익성을 회복하고 생산직 노동자들을 노조원과 비노조원, 정규직과 비정규직으로 분할하는 전략을 본격적으로 채택하였다.

4. 신자유주의 구조조정 이후 새로운 성장 전략의 공고화

앞에서 살펴본 바와 같이, 1990년대 한국의 제조 대기업에서 전개된 산업 고도화는 △ 엔지니어 주도의 노동 대체적 자동화 △ 고부가가치 제품으로의 생산 고도화 △ 생산의 외주화와 불안정노동의 확대를 초래하였고, 신자유주의 구조조정 이후 대기업의 지배적인 성장 전략으로 공고화되었다.

한국의 자동차·조선 산업 대기업들은 2000년대 노동 배제적 자동화와 생산기술 혁신을 지속적으로 전개하였다. 예컨대 현대자동차는 2000년대 초·중반 모듈화(개별 부품이 아닌 중간 조립을 마친 복합 부품을 완성차 조립 라인에 투입하는 생산방식의 확대)와 플랫폼 통합(복수의 차종에 대해 표준화된 자동차 기본 구조의 적용)을 통해 자동차 생산의 표준화를 달성하였다. 자동차 산업에서 모듈화와 중층적 부품 공급체계의 형성은 부품 공급업체의 공정 혁신을 통한 원가 절감을 강제함으로써 생산비용을 낮추는 효과를 거두었다. 특히 이 과정에서 현대자동차는 과거에는 완성차 공장에서 이루어졌던 생산공정을 부품 공급업체로 외주화하고 완성차 공장 내 조립 공정을 단순화하였는데, 이를 통해 경영진은 생산직 노동자에 대한 의존을 낮추고 생산의 자동화율을 높

	2000년	2004년	2008년	2012년	2016년	2018년	2020년
전체 직원 [A]	48,874	53,335	55,976	58,271	64,758	69,755	72,020
연구직 [B]	2,909	4,322	6,065	8,240		10,889	11,716
연구직 비중 [(B/A)*100]	6.0%	8.1%	10.8%	14.1%		15.6%	16.3%
매출액 [C]	18,230	27,472	32,189	43,162	41,713	43,160	50,661
연구비 [D]	11	400	395	677	1,019	1,091	1,337
연구비 비중 [(D/C)*100]	0.1%	1.5%	1.2%	1.6%	2.4%	2.5%	2.6%

표 1. 현대자동차의 연구비 및 연구직 규모: 2000~2020년(단위: 명, 십억 원)

자료: 조형제(2016), 현대자동차(2021)

이고자 하였다(김철식, 2011: 73~89). 실제로 1990년대 중반 이래로 현대자동차의 전체 정규직 직원 중에서 생산직 노동자의 규모는 변화가 없는 반면, 연구개발 분야에 종사하는 엔지니어의 규모와 비중은 2000년대 이후 증가하는 경향을 보인다(조형제, 2016: 57~60). 표 1에서 알 수 있듯이 현대자동차의 연구비는 2000년대 중·후반 연간 4천억 규모에서 2020년 1조 3천억 규모로 3배 이상 성장하였고, 연구직 직원의 규모는 지난 20년 동안 약 9천 명 가까이 늘어났다. 이처럼 한국의 수출 대기업에서 산업 혁신을 주도하는 대졸 엔지니어의 역할은 지난 30여 년 동안 지속적으로 강화되었다. 이는 지식경제로의 이행과 산업구조의 고도화 과정에서 고학력-고숙련 노동자에 대한 보상의 강화와 전통적인 노사관계-사회복지 제도의 약화를 경험하였던 독일의 사례와 유사하다(Diessner, Durazzi, and Hope, 2022).

한국의 조선 대기업 역시 생산기술의 혁신을 바탕으로 2000년대 세계 최대 조선업체로 성장할 수 있었다. 예컨대 현대중공업에서는 2000년대 초반 생산공정자동화추진위원회를 설치하고, 용접 로봇의 배치를 늘리는 등 공장 자동화를 실현하고자 하였다(현대중공업, 2001). 또한 공정 개선을 위해 설계 및 기술 개발 인력을 대대적으로 확충하였고 육상건조공법, 스카폴딩 총조공법, 침수공법 등 도크 및 선박 건조에서의 다양한 공정 혁신을 통해 공사 기간을 단축하였다(현대중공업노동조합 노동문화정책연구소, 2014: 31, 40). 또한 그림 4에서 확인할 수 있듯이, 연구개발비에 대한 투자 금액과 비중을 늘렸다. 이를 바탕으로 현대중공업은 2000년대 생산 및 설계 기술에서 일본을 성공적으로 추격하였고 대형 컨테이너와 LNG선 등의 고부가가치 선박에서 수출 경쟁력을 유지할 수 있었다(현대중공업, 2006). 특히 현대중공업을 비롯한 한국의 조선 대기업은 2000년대 중반까지 일본에 비해 상대적으로 낮은 임금 수준을 유지하고 있었는데, 이는 조선산업 정규직과 비정규직 생산직 노동자 간의 임금 격차 확대 때문에 가능하였다. 기업 간 분업 구조 재편과 기업 내 노동력 이중화를 활용하여 비

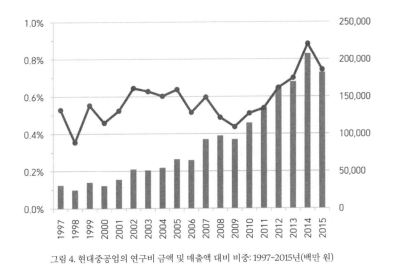

그림 4. 현대중공업의 연구비 금액 및 매출액 대비 비중: 1997~2015년(백만 원)

용 절감과 노동의 수량적 유연성 확보를 동시에 달성하고자 하였던 자동차 산업과 달리, 상대적으로 생산의 외주화가 용이하지 않은 조선 대기업에서 정규직-비정규직 노동자 간 임금 불평등은 수출 경쟁력 확보에 일정한 기여한 것으로 보인다.

이러한 제조 대기업 성장 전략의 공고화에서 정규직 노동조합의 역할 변화에 주목할 필요가 있다. 1980년대 후반부터 1990년대 중반까지 전투적 민주노조 운동이 임금 인상을 위한 집단 저항을 통해 이윤 압박을 낳았고, 이를 통해 제조 대기업의 가치사슬 고도화를 촉진하는 역할을 하였다면, 2000년대 이후 이들 대기업의 정규직 노동조합은 정규직-비정규직 임금 격차와 이중 임금 체계를 묵인하고 생산 자동화, 모듈화, 역외 생산 등 생산방식의 변화에 대해 소극적으로 반대하는 입장을 개진하였다. 전투적 경제주의 성향의 현대자동차 정규직 노조와 노사협조주의 성향의 현대중공업 정규직 노조는 기업별 노동조합 운동의 정치적 노선 차이에도 불구하고, 사용자 측이 정규직 노동자의 임금 인상을 용인하고 고용 안정을 보장하는 한 비정규직 노동자를 활용한 유연적 대량생산방식에 대체로 동의하는 태도를 보였다.

유연 생산과 노동력 이중화 체제에 입각한 새로운 성장 전략의 공고화는 2000년대 한국 제조 대기업의 초국적기업으로의 전환과도 밀접하게 연관되어 있었다. 예컨대 삼성전자, 엘지전자와 같은 한국의 전자 산업 선도기업들은 제품 설계, 마케팅, 연구 개발 등 고부가가치 활동에 집중하고 제품 생산은 중국, 베트남 등 상대적으로 임금이 낮은 지역으로 해외 아웃소싱을 추진하였다. 이로 인해 이들 전자 산업 선도기업이 국내에서 고용하는 엔지니어, 사무직의 규모와 비중은 비약적으로 증가하였고, 기존에 채용된 정규직 생산직 노동자들은 해외 공장에서의 보전, 자동화, 리모델링 업무 지원으로 역할이 재조정되었다 (Lee and Jung, 2015). 한국의 전자 산업 대기업 역시 현대자동차, 현대중공업과 마찬가지로 사내 하도급업체 및 사외 부품 공급업체를 활용하여 인력 도급과 물량 도급 계약을 체결하고 생산의 외주화와 비용 절감을 적극적으로 추진하였다. 요컨대, 해외에서의 글로벌 공급망 구축과 국내에서의 중층적 도급 구조의 확립을 통해 한국의 전자 산업 대기업은 수익성과 수출 경쟁력을 유지할 수 있었다.

현대자동차는 역외 생산을 통한 비용 절감보다는 새로운 시장과 수요를 확보하기 위해 생산의 세계화 전략을 2000년대 초반부터 추진하였다. 특히 현대자동차는 부품 공급업체와 동반 해외 진출을 통해 미국, 중국, 인도, 동유럽 등지에 완성차 조립 라인과 현지 부품 조달 체제를 구축하였다. 이는 세계 최대 자동차 소비 시장인 미국과 승용차에 대한 수요가 가파르게 상승한 중국, 인도 등 신흥국 시장에서 현대차의 시장 점유율 상승을 목표로 한 전략이었다. 그 결과, 2010년대 중반 현대차 전체 생산 중 해외 생산이 60%, 국내 생산이 40%를 차지하게 되었다(다음 쪽 그림 5 참조). 이 과정에서 엔니지어의 생산·기술 관리에 의존하는 현대자동차의 노동 배제적 자동화 전략은 현지 고숙련 노동자의 채용 혹은 생산직 노동자에 대한 교육 훈련의 필요성을 최소화함으로써 해외 공장으로 현대자동차 생산방식의 이전을 용이하게 하였다 (You and Jo, 2011). 때문에 생산의 세계화 전략은 한국의 자동차 수출을 감소시키지 않았고 오히려 국내 생산 규모를 유지한 가운데 해외 생산 규모가 비약적으로 증가하는 결과를 낳았다. 삼성전자와 엘지전자가 세계 가전 시장에서 선도기업으로 발돋움한 것과 마찬가지로 2010년 대 현대자동차그룹은 세계 5위 규모의 자동차 생산업체로 성장하였다.

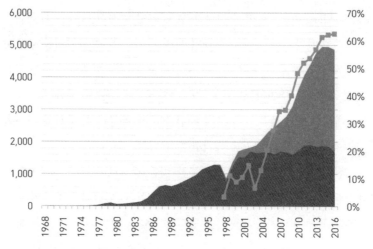

그림 5. 현대자동차 생산 규모와 해외 생산 비중: 1968~2016년(1천 대).

이상의 분석 결과를 통해 알 수 있듯이 1990년대 후반 경제위기 이후 한국의 제조 대기업들은 독자적인 브랜드와 생산기술, 제품 설계 능력 등을 갖춘 세계적 제조업체로 성장하였다. 특히 자동차, 전자 산업 대기업의 경우, 해외직접투자를 통해 역외 생산의 비중을 증가시켜 글로벌 가치사슬의 재편을 주도하는 초국적기업으로 탈바꿈하였다. 이 과정에서 대기업 생산직 노동조합은 정규직 노동자들의 임금 인상과 고용 안정을 보장받기 위해 비정규직 노동자의 활용과 해외 생산 확대를 용인하는 식으로 사용자와 타협하였다. 즉, 1980년대 후반에서 1990년대 중반까지 제조 대기업 정규직 노동자 운동이 공세적인 임금 인상 요구를 통해 선도기업의 가치사슬 고도화를 압박하였다면, 2000년대 이후 제조 대기업 정규직 노동조합은 사측과의 협상을 통해 생산의 세계화와 유연 생산방식의 확산 속에서 일자리를 지키려는 수세적인 태도로 전환하였다.

5. 결론

이 연구는 한국 자본주의 정치 경제의 변동을 이해하기 위해서 1980년대 후반부터 시작된 재벌 소유의 한국 제조 대기업의 성장 전략 변화를 분석하였다. 한국의 수출 주도 경제에 관한 최근 연구들은 신자유주의 시기 세계시장, 특히 미국의 거대 소비 시장에서 한국 및 동아시아 기업들의 눈부신 성공은 기업과 국가의 연계된 자율성이 아닌 동아시아 기업의 글로벌 생산 네트워크로의 편입과 글로벌 선도기업과의 전략적 결합을 통한 산업 고도화와 생산방식 혁신 덕분에 가능하였음을 강조한다. 이러한 글로벌 정치 경제 연구의 연장선상에서 본 연구는 한국 제조 대기업의 성장 전략 변화를 초래한 또 다른 요인으로 노동-자본 간의 갈등을 강조하였다. 비엘리트 행위자로서 한국의 노동조합이 경제발전과 정치경제 궤적에 미친 영향을 파악하기 위해 자동차, 조선, 전자 산업 제조 대기업을 사례로 하여, 기업의 성장 전략과 노동운동의 변화가 어떠한 연관성을 갖는지 추적하였다.

연구 결과, 기업의 가치사슬 고도화 노력과 전투적 노동조합 운동의 모순적 역할이 발전국가의 쇠퇴 이후 한국의 지속적인 경제성장을 가능하게 했음을 확인할 수 있었다. 1990년대 이후 한국의 제조 대기업은 유연 생산 체제로의 전환과 고부가가치 제품 생산으로의 산업 고도화를 추진하였다. 특히 이 과정에서 한국의 전투적인 민주노조 운동은 제조 대기업에 대한 이윤 압박을 통해서 조직노동이 의도하지는 않았지만, 제조 대기업의 산업 고도화를 촉진하였다. 한국의 제조 대기업은 강력한 노동운동의 도전에 직면하여 엔지니어 주도의 노동 배제적 자동화와 작업 조직 및 생산기술 혁신을 추진해 왔다. 이러한 생산방식의 변화는 생산직 노동자들을 노동시장 내부자(정규직)와 외부자(비정규직)로 나누는 노동력 이중화 체제의 부상과 조응하여 가속화되었다. 또한 이들 대기업은 이러한 산업 고도화에 기반을 두고 2000년대 생산 네트워크의 중층화와 해외 투자 및 역외 생산의 확대 전략을 추진하였는데, 이는 한국 제조 대기업의 성장 전략으로 자리 잡게 되었다.

본 연구의 결과는 2010년대 중반 이후 자본주의 대전환 시기 한국 제조 대기업의 성장 전략의 변화 가능성을 이해하고 이에 대응하는 노동운동의 한계가 무엇인지 규명할 수 있는 몇몇 단서를 제공한다. 2020년대 초반 미국과 중국 간 패권 경쟁 심화와 생산의 리쇼어링, 탈세계화 경향은 한국 대기업의 수출 시장에서의 입지를 축소할 것으로 보인다. 이는 지난 30여 년 동안 한국의 지속적 경제성장을 뒷받침했던 중국의 급속한 경제발전이 더 이상 가능하지 않다는 것에 기인한다. 특히 미국의 인플레이션 감축법 통과에서 알 수 있듯이, 자본주의 주요국에서 산업정책의 귀환은 한국 제조 대기업의 성장 전략에서 국가의 역할이 그 어느 때보다 중요함을 환기한다. 그러나 2010년대 후반 이래로 한국의 제조 대기업들이 새로운 수익성 전략으로 추진하고 있는 디지털-그린 전환에서 정부의 산업정책은 몇몇 보조금 정책을 제외하면 아직 형성 중이다.[1]

---

1 최근 연구에 따르면, 현대자동차에서 전기차 생산의 확대 과정에서 기존의 중층적 부품 공급 시스템과 완성차업체의 부품업체에 대한 지배력이 오히려 강화되는 경향이 나타나기도 하였다(박근태·임상훈, 2021; 조성재, 2022). 마찬가지로 친환경 선박의 생산으로 대표되는 제품 혁신과 스마트 지능형 조선소 구축과 같은 생산방식의 디지털화를 추진하는 한국 조선 산업의 경우, 2010년대 이후 사내 하청/비정규직 노동자에 대한 저임금 정책과 임금 불평등 심화로 인해 호황에도 불구하고 기능적 숙련 인력을 확보하는 데 어려움을 겪고 있다. 이는 2000년대 이후 형성된 한국 제조 대기업의 성장 전략이 여전히 지배적임을 시사한다.

무엇보다도 한국의 제조 대기업 노동운동은 디지털-그린 전환 과정에서 생산기술 혁신과 노동의 탈숙련화에 적극적으로 개입하기보다는 기업별 혹은 산별 교섭을 통해 (주로 정규직 노동자들의) 고용과 일자리를 최대한 지키려는 전략을 취하고 있다. 2020년대 초반 한국의 제조 대기업에서 생산직 정규직 노동자들의 고용이 급격히 감소하지는 않았지만, 정규직 노조의 주축인 1980년대 및 1990년대 초반 입사자들의 대규모 퇴직이 완료되는 2020년대 중반 이후 생산직 신규 채용을 둘러싼 작업장 수준의 첨예한 노-사 갈등으로 이어질 가능성은 여전히 존재한다.

이처럼 디지털-그린 전환으로 집약되는 자본주의 대전환은 한국의 제조 대기업 성장 전략의 새로운 변화를 추동하고 있지만 이에 대응하는 국가와 조직 노동의 역할은 현재까지는 다소 제한적인 것으로 보인다. 따라서 후속 연구를 통해 한국 제조 대기업의 디지털-그린 전환이 기업의 성장 전략을 어떻게 변화시켰는지 경험적으로 분석하는 작업이 필요하다.

참고 문헌

강석재. 2003. 〈조선산업 대기업의 작업장 체제와 노사관계의 변화〉. 연세대학교 박사학위 논문.
구해근. 2002. 《한국 노동계급의 형성》. 창작과비평사.
김철식. 2011. 《대기업 성장과 노동의 불안정화: 한국 자동차 산업의 가치사슬, 생산 방식, 고용관계 분석》. 백산서당.
박근태·임상훈. 2021. 〈급진적 제품 혁신에 대한 노사의 전략적 대응과 생산 시스템의 변화〉. 《산업노동연구》, 27(3), 5-44쪽.

박종식. 2014. 〈내부 노동시장의 구조 변화와 재해 위험의 전가〉. 연세대학교 박사학위 논문.

박준식. 1996.《생산의 정치와 작업장 민주주의》. 한울아카데미.

이경묵·박승엽. 2013.《한국 조선 산업의 성공 요인》, 서울대학교 출판문화원.

임영일. 1998.《한국의 노동운동과 계급정치(1987-1995)》. 경남대학교출판부.

조성재. 2022. 〈전기차 시대의 도래와 자동차 산업 노동의 변화〉.《경제와사회》, 134, 12-43쪽.

조형제. 2005.《한국적 생산방식은 가능한가: Hyundaism의 가능성 모색》. 한울아카데미.

_____. 2016.《현대자동차의 기민한 생산방식: 한국적 생산방식의 탐구》. 한울아카데미.

현대그룹 노사관계 진단 연구단. 1994.《현대그룹 노사관계 진단 연구 보고서》.

현대자동차. 1997.《도전 30년 비전 21세기: 현대자동차 30년사》.

현대자동차. 2021.《현대자동차 지속가능성 보고서》.

현대중공업. 2001. 〈전사 생산공정 자동화 추진〉.《현중뉴스》. 1425호. 2001년 2월 9일.

현대중공업. 2006.《2006년도 경영현황 설명회》.

현대중공업노동조합 노동문화정책연구소. 2014.《현대중공업의 고용 구조와 임금 구조: 현실 분석과 노조의 대안》.

Amsden, A. 1989. *Asia's Next Giant: South Korea and Late industrialization.* Oxford University Press.

D'Costa, A. P. (Ed.). (2015). *After-development Dynamics: South Korea's Contemporary Engagement with Asia.* Oxford University Press, USA.

Diessner, S., Durazzi, N., & D. Hope. 2022. "Skill-biased liberalization: Germany's transition to the knowledge economy." *Politics & Society*, 50(1), 117-155.

Evans, P. B. 1995. *Embedded Autonomy: States and Industrial Transformation.* Princeton University Press.

Hamilton, G. & Gereffi, G. 2009. "Global commodity chains, market makers, and the rise of demand-responsive economies." In Jennifer Bair (ed.), *Frontiers of Commodity Chain Research* (pp. 136-161). Stanford University Press.

Hamilton, G. & Kao, C. 2017. *Making Money: How Taiwanese Industrialists Embraced the Global Economy.* Stanford University Press.

Hung, H. 2016. *China Boom: Why China Will Not Rule the World.* Stanford University Press.

_____. 2022. *Clash of Empires: From "Chimerica" to the "New Cold War"*. Cambridge University Press.

Jo, H. J., & You, J. S. 2011. "Transferring production systems: an institutionalist account of Hyundai Motor Company in the United States". *Journal of East Asian Studies*, 11(1), 41-74.

Kang, M. 2021. *Precarious Work, Labor Force Dualism, and Labor Movements in South Korea*. PhD Dissertation. Johns Hopkins University.

Kim, L. 1998. "Crisis construction and organizational learning: Capability building in catching-up at Hyundai Motor". *Organization Science,* 9(4), pp.506-521.

Lee, B. H., & Jo, H. J. (2007). The mutation of the Toyota production system: adapting the TPS at Hyundai Motor Company. *International Journal of Production Research*, 45(16), 3665-3679.

Lee, K. 2013. *Schumpeterian Analysis of Economic Catch-up: Knowledge, Path-creation, and the Middle-income Trap*. Cambridge University Press.

Lee, K., & Jung, M. (2015). "Overseas factories, domestic employment, and technological hollowing out: a case study of Samsung's mobile phone business". *Review of World Economics*, 151(3), 461-475.

Park, H. J. (2016). Korea's post-1997 restructuring: An analysis of Capital as Power. *Review of Radical Political Economics*, 48(2), 287-309.

Selwyn, B. (2016). Global value chains and human development: A class-relational framework. *Third World Quarterly*, 37(10), 1768-1786.

Woo, J. E. 1991. *Race to the Swift: State and Finance in Korean Industrialization*. Columbia University Press.

Yeung, H. W.-C. 2014. "Governing the market in a globalizing era: Developmental states, global production networks and inter-firm dynamics in East Asia". *Review of International Political Economy,* 21(1), 70-101.

_____. 2016. *Strategic Coupling: East Asian Industrial Transformation in the New Global Economy*. Cornell University Press.

You, J. S. (2021). The changing dynamics of state–business relations and the politics of reform and capture in South Korea. *Review of International Political Economy*, 28(1), 81-102.

3부

사회 생태 전환과 사회적 투쟁

7 '집게발' 위기의 함정:
노사 간 계급 갈등에서 사회-생태 전환으로[1]

클라우스 되레

"우리는 심연의 가장자리에 매달려 있습니다." 스코틀랜드 글래스고에서 열린 제26차 유엔 기후변화협약 당사국 총회COP26에서 안토니우 구테흐스 유엔 사무총장은 세계 지도자들에게 기후 문제에 관한 광범한 담론과 실천에 대한 후속 조처를 모색하라면서 이와 같이 단호하게 말했다. 최근의 기후변화 관련 자료가 매우 심각하기에, 유엔 사무총장 입장에서 기후위기를 걱정할 이유가 수없이 많음은 너무나도 당연하다. 비록 코로나19 팬데믹 기간 모든 세상이 일시 정지 상태였던 것으로 보였지만, 2021년을 기점으로 탄소 배출 규모는 다시 심각하게 증가했고, 2022년에는 마침내 기록을 갱신하였다. 2020년에 기후를 악화시키는 배출물이 6%가량 감소했던 것은 사실이다. 그럼에도 이는 인류가 촉발한 기후 온난화에 별다른 영향을 끼칠 수 없다시피 한 수준이며, 오히려 기후 변화 과정은 가속화되고 있다. 지구온난화에 관한 1.5℃ 상승 시나리오는 물론이거니와 2℃ 상승 목표치조차 준수될 가망이 희박하다(WMO, 2021a). 이 사실과 관련해서 글래스고

---

1 영문 원고 작성에 도움을 준 얀-페테르 헤르만Jan-Peter Herrmann에게 감사를 표한다.

기후 회담이 바꿔 놓은 것은 사실상 없다. 합의된 모든 조처가 실제 준수됐다고 하더라도 여전히 세기말에는 2.6℃ 상승 시나리오 혹은 그보다 더 심각한 시나리오가 전개될 것이 분명해 보인다. 비교적 최근에는 인류에 의한 기후 변화가 낳은 끔찍한 결과가 보다 분명히 드러나기 시작했다. 지난 반세기 동안 날씨나 기후에 의해 발생된 재난의 횟수가 5배 가량 증가했다(WMO, 2021b). 산불이나 홍수, 토지와 수자원을 둘러싼 전쟁뿐 아니라 환경 재난을 피해 진행된 이주 행렬과 멸종은 모두 지구에 비가역적 변화가 곧 도래할 것이라는 징후에 해당한다.

　이러한 재앙적인 전망은 사회-생태적 전환의 전망에 대한, 달리 말하자면 지구적인 지속가능성 혁명을 구현하기 위한 사회관계의 재구성과 관련된 질문을 제기한다. 이러한 요구는 기후변화에 관한 정부 간 협의체IPCC에서도 제기한 것이다. 혹시 인류가 이미 기후 문제를 해결할 기회를 놓친 것일까 아니면 아직 성공적인 사회-생태적 전환을 위한 희망이 남아 있을까? 이 질문에 대해 답하기 위한 이 글의 논의는 생태적 지속가능성과 사회적 지속가능성은 밀접하게 연관되어 있어 각각을 구분하여 논의할 수 없다는 가설에 근거하고 있다. 그런데 생태 전환과 사회 전환은 갈등을 수반한다. 따라서 사회 생태 전환은 이와 연관된 사회적 행위자들이 사회적 지속가능성과 생태적 지속가능성 간의 긴장관계를 해소할 때 가능하다. 이와 같은 입장을 논증하고자 첫째로 '경제·생태적 집게발 위기pincer-grip crisis'라는 개념을 도입하고자 한다. 이는 둘째 논점인 기후정의와 관련된 몇 가지 논의와 연결된다. 셋째로 사회 생태 전환을 둘러싸고 벌어진 독일의 세 가지 사례를 짚어 보고자 한다. 넷째로 결론에서는 '집게발 위기'에 대한 여러 가지 해결 방안들에 대한 논의를 진행하고자 한다.

1. 집게발 위기와 사회 전환

우선 경제·생태적 집게발 위기 개념을 짚어 가면서 논의를 시작해 보자. 일반적인 정의에 따르면, 위기란 잠정적으로 극복 가능한 상태를 일컫는 데 쓰이는 말이다. 근대 사회들은 (상례가 되어 버린) 위기 상태 속에서 진전해 왔다. 사회의 하위 부문이나 기능적 기제와 관련해서 위기상태에 몰려 있는 곳은 언제나 존재했으며, 이는 일시적인 혼선 과정으로 여겨졌다. 그러나 우리 시대의 위기들은 그 규모 면에서 폭발적으로 성장해 왔다. 그래서 "위기와 같은 경험으로 수용되고 관리됐던 미래에 대한 불확실성"은 "다가오는 새로운 사회를 구성하는 양식"으로 여겨지게 될 지경에 이르렀다(Baecker, 2018: 94). 마치 시장경제에 기초한 자본주의 사회들의 확장 동력이 일정한 임계점을 넘어서서 지구적 시장통합을 향한 경향이 파괴적인 적대적 동력과 조우한 것처럼 보이는 상황이다. 자본주의 핵심부의 국가들은 물론이거니와 경제 규모가 큰 신흥국들 또한 내가 경제·생태적 집게발 위기라고 명명한, 질적으로 새로운 역사적 단계에 접어들었다.

집게발 위기라는 용어가 함의하는 바는, 경제적인 정체를 극복하고 자본주의적 내부 분쟁을 안정시키기 위한 가장 중요한 방식인 국내총생산GDP 기준 경제성장의 창출이 생태적 파괴로 이어질 뿐 아니라 사회 쇠퇴로까지 연쇄되는 경향이 갈수록 커진다는 것이다. 현상 유지가 지속된다면 경제성장과 맞물려 상당한 규모의 탄소가 배출되고, 자원 집약적 생산양식과 생활양식이 영위되며, 화석 연료에 기초한 에너지의 활용 또한 지속적으로 증가할 것이다. 경제·생태적 집게발은 사회와 자연 사이의 상호관계에서 단순히 다시금 찾아온 위기라고만 말하기에는 한층 더 파열적인 현상이 발생하고 있음을 뜻한다. 이러한 파열적 현상은 사회를 구성하는 다양한 장場과 하부 체계를 모조리 포괄한다. '다층적 위기'라는 용어가 이러한 현상을 아주 잘 표현하고 있다고 할 수 있다(Itoh, 2021: 58~60). 그러나 만일 모든 것들이 이런 저런 방식으로 파열되고 있다고 한다면, '위기'라는 용어 자체가 본질적으로 부적절한 것이 되어 버릴 것이다. 내가 집게발 위기라는 어휘를 선택한 까닭은 위기의 원인 사이에 위계화가 존재할 것이라는 전제를 잘 표현하는 용어를 사용해야 한다는 입장에서이다. 이 용어로 지칭하고자 하는 대상은 역사적으로 특수한 오늘날의 메타적 위기이며, 이 위기는 십중팔구 '인류세Anthropocene'라는 새로운 시대로의 전환을 수반하는 과정이다(Crutzen, 2019).

인류세[2]라는 용어는 인류가 인간을 제외한 자연을 재생산하는 데서 가장 중요한 요소가 되었다는 사실을 함축하고 있다. 이 단어가 전달하는 메시지는 이중적이다. 나쁜 소식은, 인류가 그 자신의 실존 토대를 파괴할 수 있다는 뜻이다. 이 경우 인류세는 매우 짧은 기간으로 끝날 것이다. 이 용어에 함축된 보다 낙관적인 메시지는 인류 스스로가 인간 아닌non-human 자연과 지속 가능한 관계를 맺기로 선택하고, 그 자신이 자연 속의 천연자원과 인간 아닌 생명체들을 도구적으로 사용해온 관계를 청산할 수 있음을 말하고 있다. 인간이 생물다양성을 보존하고, 지구의 과도한 온난화를 중단시키고, 한정된 천연자원의 사용을 제한하고 기아와 대규모 빈곤을 극복하면서도 그 에너지 필요를 재생

---

2 지구과학적 의미에서 이 용어는 매우 논쟁적이며 어쩌면 "전혀 … 받아들일 이유가 없는" 용어에 해당할지도 모른다(Ellis, 2018: xv). 그럼에도 불구하고 이 글에서는 집게발 위기의 특수성을 부각시키기 위해 인류세라는 용어를 차용한다.

가능 자원에서 충당할 수 있을 것이라는 말이다. 그와 더불어 현재의 삼림 황폐와 그에 따른 사막화 현상을 막아 내는 역할을 해낼 수 있을 것이다. 그럼으로써 장기 지속적인 인류세를 띄울 수 있을 것이다. 그러나 이 모든 것이 인류가 만들어 낸 사회 내부로부터 나오는, 그 사회가 주체가 되는 실천적 움직임들과 열의를 통해서만 이뤄 낼 수 있는 가능성이다.

그러나 인류는 단지 국민, 계급, 젠더, 연령, 권력 자원에 따라 이질적인 집합체로서만 존재할 따름이다. 더욱이 오늘날의 사회-자연 관계 사이의 파열은 자본주의 경제에 기원하는 바가 크다. 이것이 제이슨 무어Jason Moore와 같은 사회과학자들이 '자본세capitalocene'라는 용어가 현 시대를 규정하는 데 더욱 적합하다고 주장하는 이유이기도 하다. 무어에 따르면 자본주의는 전 지구적 생태계로서 이해되어야 한다. 축적의 자연적 한계는 갈수록 뚜렷해지고 있으며, 그것도 노동의 사회화가 부족해서가 아니라 고도화되었기 때문이다. 우리가 목도하고 있는 것은 "자본 축적을 지난 다섯 세기 동안 지탱해 왔던 전략과 관계들이 붕괴하는 장면"이다(Moore, 2015: 1). 그 결과로 일어나고 있는 것은 자본주의의 "중대한 위기"보다도 훨씬 획기적인 새로운 시대를 규정할 정도의 중요한 사건이다. 이는 어쩌면 18세기의 대불황과 1929~1932년의 세계 대공황, 1973~1974년의 세계 경제위기와 비교해 볼 만한 것이다. 위와 같은 축적의 "중대한 위기"들이 초래한 결과는 자본주의 사회들과 그 하부 체계들이 "허물을 벗어 던지기" 시작했다는 것이다. 이들은 사회적 관계의 총체를 오로지 자본주의의 핵심 구조를 보존하고 지속시키기 위해서 변형시켰다. 이는 다름 아닌 지속적으로 시장을 확장하려는 충동을 유지하기 위해 비자본주의적 타자에 대한 지속적인 수탈Landnahme

을 위함이었다(Dörre, 2019).

집게발 위기라는 용어는 이와는 다른 유형의 위기를 지칭한다. 행성의 자원은 한정되어 있기에 아직 혹은 완전히 상품화되지 않았던 타자를 지속적으로 취득하고 개발하려는 충동은 결국에는 궁극적인 한계에 부딪히게 된다. 지구온난화 또는 자원, 에너지 소비 증가와 같은 점진적 과정은 결국에는 지구와 그 생태계에 극적인 파급을 유발할 수 있으며 세계의 다수 지역을 인류가 거주 불가능하게끔 탈바꿈시킨다. 예를 들어 20세기 초반 이래로 해수면은 약 20센티미터 상승했다. 극지방의 빙하는 예상보다 훨씬 빠르게 녹아내리고 있다. 남극 서부의 빙상은 2014년에 이미 임계점을 넘어섰고 그 결과, 남극 전체 생태계가 불안정해지며 빙상의 해체가 가속화되는 결과를 낳았다. 이것이 내가 기후변화를 점진적 과정이라 규정한 이유이다. 즉, 기후변화는 처음에는 그 파급이 명료히 보이지 않지만, 사회-지리적으로 차등화된 사람들에게 영향을 준다.

이 점은 전 지구적 생태 위기의 특징적 동학의 예시라고 할 수 있다. 전문 과학자만이 그 전반적인 파급을 온전히 이해할 수 있다. 그러나 인과관계를 연구할 때는 항상 알려지지 않은 변수가 있기 마련이고, 기후변화와 같은 위협이 아주 점진적으로만 인지되기 시작해 온 이유도 바로 여기에 있다. 해악적인 전개가 역전되기 어려울 정도로 심화된 특정 '임계점'에 도달하기 전까지는 사태를 파악하기 힘들다. 중대한 생태적 위협은 불확정성과 의존할 지식의 문제 때문만이 아니라 사회적 요인에 의해서도 논쟁거리가 되고 있다. 인과적 요인이 되는 인자들로부터 더욱 강력한 반격이 시작되기까지, 오로지 일시적으로만 이들을 제약할 수 있다. 이러한 인과적 인자를 하나 꼽자면 세계사회의 형성이라는 변화를 촉진한 가장 강력한 변인이 바로 그것에 해당한다. 왜냐하면 생태적 위협들은 궁극적으로 외적으로 표상될 수밖에 없기 때문이다. 그 근본 요인들에 도전해야 유의미한 결과를 도출할 수 있을 것이다.

인류가 촉발한 기후변화의 요인은 일찍이 산업화된 국가들이 영위하고 있는 탄소 기반 생산형식와 생활양식이다. 오직 생태에 위협을 촉발하는 대가를 치르면서 이들이 전 지구적 차원에서 번성할 수 있었던 것이다(Brand & Wissen, 2017). 바로 이것이 '집게발 위기'에 대해 정치적으로 수립된 목적이 존재하는 이유이다. 세계의 주요 경제 대국들은 2050년까지 완전한 탈탄소화를 추진하려는 정책을 내세우고 있다. 이는 1차 산업혁명과 비견할 만할 정도로 심대한 의미를 지닌 방대한 변화라고 할 수 있다. 운수업, 건설업과 부동산업, 에너지와 농업 부문을 비롯하여 철강, 금속, 알루미늄, 화학업, 제약 산업 등 제조업에서의 탄소 배출 산업, 나아가 (종종 간과되는) 금융업계까지 수많은 주요 산업들이 이전보다 훨씬 강력한 변화 촉구 압력을 받고 있다. 독일과 EU에서 특히 운송 부문은 거의 탈탄소화에 동참하지 않았다. 그 결과 이 산업을 변화시켜야 한다는 압력이 갈수록 커지고 있다. EU 내에서 석탄발전소와 화석연료 기반 교통수단을 제거하라는 권고가 이제는 법적 구속력이 있는 목표로 자리 잡았다. 궁극적으로 인류가 발생시킨 기후변화와 기후 통제와 관련하여 그리고 관련된 중대 생태 위기들에 대해서도 오로지 두 가지 선택지만이 존재한다. 경제성장의 과정이 생태를 파괴하는 결과를 낳지 않도록 양자를 분리시키거나 자본축적이라는 목적을 위해 끝없이 미개발된 (사회 혹은 자연의) 영역을 (재)정복하고 수탈해야 하는 경제적 강박으로부터 사회가 벗어나는 것이다. 이는 끊임없이 이윤에 목숨 건 시장 팽창을 추구하고 지속적이고 빠른 경제성장을 추구하는 축적의 목적으로부터의 해방을 말한다.

2. 국가 간 문제로서 기후정의

전 세계적으로 널리 추진되고 있는 것은 위의 두 선택지 중 전자, 즉 경제성장과 생태 보존을 병행하려는 시도에 해당한다. 그러나 어떠한 정치적 과정을 거쳐서든 그러한 방향으로 나아갈 경우, 궁극적으로 사회적 지속가능성과 생태적 지속가능성이라는 두 목적 사이의 관계에 내재된 긴장에 직면하게 될 것이다. 예를 들어 기후정의의 문제를 살펴보자. 명백히 온실가스 배출 수준은 해당 국가가 국제적 사회지리 체계 내에서 차지하는 위계에 따라서 달라진다. 또한 국민국가 사회 내부에서도 계급 위치에 따라 온실가스 배출 규모에 차이가 존재한다. 가령 2015년에는 세계 성인 인구 중 상위 10%의 부유층이 무시무시하게도 해악적인 온실가스 배출 가운데 49%를 그들의 일상생활과 소비 양식을 통해 배출했다. 반면 하위 50%는 그저 전체 배출량의 10%를 차지하는 데 그쳤다(Gallagher & Kozul-Wright, 2019: 5). 이러한 불비례성으로 인해 두 가지 밀접히 연결된 사회지리적 문제가 발생한다. 역사적으로 개별 국민국가가 세계 온실가스 배출량에서 차지하는 비중에는 큰 차이가 존재했다. 2015년에 미국은 세계 온실가스 배출량의 26.3%를 차지했고, EU는 23.4%를 차지했다. 중국(11.8%)과 러시아(7.4%)는 그에 비하면 한참 적은 수준이었다. 그런데 현재의 배출량을 보자면 중국이 전 세계에서 가장 많은 온실가스를 배출하는 최상위권 국가에 해당한다. 게다가 인도 또한 종종 현재 기준 배출량 3위를 기록하기도 한다. 이 지역에서 미국보다는 적지만 EU 27개국보다는 많은 양을 배출하기 때문이다.[3] 그런데 1인당 배출량으로 계산하면 상당히 다른 양상을 볼 수 있다. 미국에서 1인당 온실가스 배출량은 중국의 2배 수준이다. 독일의 1인당 온실가스 배출량 역시 인도의 몇 배 정도는 된다. 더욱이나 1인당 배출량의 절대치에는 매우 큰 편차가 존재한다. 미국과 룩셈부르크, 카타르와 사우디에서 최상위 1% 부유층에 속하는 계층의 온실가스 배출량은 차드, 말라위, 온두라스, 르완다, 타지키스탄과 같은 빈국의 1인당 배출량의 2천 배에 달한다(World Resources Institute, 2021).

이러한 불평등 관계에서 비롯된 정의 문제와 관련해서 전 세계적으로 국민국가 혹은 국가 연합이 이를 해소하기 위해 노력하고 있고 한편으로 이를 둘러싸고 주체 사이의 쟁투가 벌어지기도 한다. 한편에서 기후에 해악적인 물질 배출을 빠르게 감축하려면 (특히 중국과 인도를 비롯한) '남반부'의 대국들이 급격하고 즉각적인 교정을 수행해야만 한다. 반면, 발전도상국들은 일찍이 산업화를 이룩한 선진국들이 기후변화를 막는 일에 선두에 서야 하며, 그들이 만들어 낸 비용을 부담해야 한다는 입장을 취할 수 있는데, 이는 정당한 주장이다. 이처럼 각 국가 간 이해관계의 차이가 존재하기 때문에 어떤 방식으로든 세계경제를 체계적으로 탈탄소화 시키려는 시도에는 심각한 제동이 걸리기 십상이다. 기후변화와 탄소 배출이 제국주의적 경쟁과 국가 간 분쟁·갈등과 연결된 쟁점이 되어 버린 것이다. 만약 EU 국가들의 국민경제가 2045년까지 탄소 배출 제로 목표치를 채우고자 해도 중국 경제는 2060년까지

---

3 2019년 중국은 전 세계 배출량의 27%를 차지했고, 미국이 11%를 차지했으며, 인도는 6.6%를 차지하여 세계 3위가 되었다. EU 27개국은 인도에 뒤쳐진 6.4%를 차지했다. 물론 현재의 데이터는 코로나19 팬데믹의 문제로 인해 일반적 상황을 반영하지는 못하고 있다. 이와 관련해서는 https://www.globalcarbonproject.org/carbonbudget/index.htm를 참조하라.

는 그렇게 하지 않으려고 한다. 이렇게 되면 EU의 입장에서는 경쟁 우위에 있기에 부당한 위치에 놓이게 된 상황이 연출되었다는 불만을 가질 것이다. 그에 반해 중국의 입장에서는 과거의 식민주의적 유산을 청산하기 위한 공정한 과정이라고 인지할 것이다. 이렇게 되면 기후 악화 과정에서 국민국가 간에 존재하는 불균등성은 단순히 남반부 대 북반부의 문제가 아니게 된다. EU 내부를 보더라도 가구 소득에 따라 탄소배출량은 매우 큰 격차를 보이기는 마찬가지이다. 유럽 4개국(독일, 이탈리아, 프랑스, 스페인) 소득 상위 10% 가구 2,880만 명의 탄소배출량이 EU 전체 소득 하위 16% 가구 전체 인구보다 온실가스를 더욱 많이 배출하고 있다(Gore & Alestig, 2020; Ivanova & Wood, 2020).

탄소배출량의 국가 간 불균등 분배 상황을 봤을 때, 지구적/국제적 차원에서 벌어지고 있는 기후 보호 조처를 살펴보고 나면, 여전히 아주 작은 진보만이 이뤄졌다는 것이 너무나도 뻔한 일로 남게 된다. 마찬가지로 기후에 해악적인 배출에서 독일이 차지하는 비중이 고작 2%밖에 안 된다는 것은 명백한 사실이지만 이 사실이 독일 또한 신속한 변화를 추구해야 한다는 사실에 면죄부를 주는 것은 아니다. 오히려 정반대로 선진 산업국들은 신속하고 지속 가능한 경제 사회적 전환이 이루어질 수 있는 방법을 선도적으로 보여줄 필요가 있을 것이다. 이들 국가가 지속 가능한 전환을 선도적으로 수행하고 가능한 가장 빠른 방식으로 이를 실현할 때에야 비로소 남반부 국가들이 향후의 발전과 성장 동력을 창출할 수 있을 것이다.

3. 사회 내부 문제로서 기후정의

　　이러한 방향에서 이뤄지는 모든 조치는 결국 수직적 불평등, 즉 갈수록 심화되는 계급 관련 불평등 문제에 직면하게 된다. 기후 보호와 관련해서 이러한 국가 내 불평등 문제는 국가 간 불평등 문제와 비교했을 때 상대적으로 그 중요성이 증가하였다.[4] 1990년에는 배출 가운데 대략 62%가 국가 간 불평등과 관련된 것이었다면, 2019년에는 거의 3분의 2가 국민국가 내부의 불평등과 연관된 것으로 드러났다. 과거에는 부유한 국가의 최하위 소득분위 그룹에서의 기후에 해악적인 온실가스 배출 규모가 빈국 부유층의 배출 규모보다 컸지만, 이제 그런 시대는 지났다. 오늘날에는 유럽과 북아메리카에서는 (소득과 자산 측면에서 볼 때) 하위권과 중위권에 위치한 계층이 아시아와 러시아 그리고 라틴 아메리카의 상위 10% 부유층보다 훨씬 적은 온실가스를 배출하고 있다. 유럽과 북미에서 하위 50% 계층의 배출량은 1990년 이래 4분의 1 이상 감소했다. 반면에 발전도상국에서는 비슷한 수준의 상승세가 관찰된다. 소득과 자산에서 중위권과 하위권의 경우 파리기후협약에서 추구한 수준에 버금갈 정도로 배출 수준을 낮췄다. 2019에는 상위 1% 부유층의 배출량이 40년 전에 비해 26%나 증가했고, 상위 0.1% 부유층의 배출량은 80% 상승했다. 상류층의 배출량 증가는 그들의 소비에서 비롯된 것이 아니라 이들이 수행한 투자에서 비롯된 것이다(Chancel, 2022).

　　뤼카 샹셀Lucas Chanel이 최근 종합한 자료를 살펴보면 이 글에서 말

---

[4]　1998년도에는 국민국가 내부의 불평등이 전 세계 배출량의 30%가량을 설명하는 변수였지만 2013년도에는 이 수치가 50%까지 상승하였다. Chancel & Piketty(2015)를 참고할 것.

하고 있는 바가 실증된다. EU 26개 국에서 전체 가구 중 5%만이 기후 정책 목표에 부합하는 수치를 보였다. 그러나 이 국가들 내부의 불평등을 무시할 수는 없는 상황이다. 해당 국가들에서 상위 10% 소득분위의 가구가 기후 해악적 배출의 27%를 차지하는 반면, 하위 50%는 그러한 배출 총량의 26%를 차지할 따름이었다. 최상위 1% 부유층의 연간 탄소 배출량은 1인당 (미터법 기준) 무려 55톤에 달한다. 이는 유럽의 평균 1인당 배출량의 7배나 되는 수치이다. 이 격차를 늘리는 것으로 각별히 주목할 점은 항공교통 이용이다. 항공 이용에서 비롯된 탄소배출량은 상위 1% 고소득층의 탄소배출량 중 5분의 2 이상을 차지한다. 한편 자가용 사용으로 21%가 발생했음을 볼 수 있었다. 해당 부분들은 최상위 소득 분위의 가구 연간 평균 순 소득 4만 유로 이상 집단에 해당되는 사항이며 다른 집단은 그렇지 않다. 기후 조절 목표치를 달성하기 위해서는 1인당 배출하는 유해성 가스 배출량을 매년 2,500톤가량 줄여야 한다. 그런데 가장 부유한 1%가 배출하는 양은 이미 그것보다 22배가 많다. 이것이 함의하는 바는 비록 모두가 생활 방식을 친환경적으로 바꿀 필요는 있겠으나 무엇보다 가장 시급한 것은 가장 부유한 가구들이 이렇게 변화할 실천을 수행하는 것이다(Ivanova & Wood, 2020).

분명히 인정할 만한 사실은 EU 전체 차원에서는 1990년에서 2015년 사이 탄소 배출이 2% 감축됐다는 것이다. 이 점은 경제성장을 이루는 동시에 탄소 배출 감축이 분명히 가능하다는 것을 보여준다. 적어도 지역적으로 일정 기간은 가능하다는 것이다. 그러나 전 지구 차원에서 탄소 배출 감량은 너무나도 느리게 진행되고 있어서 아무래도 지속 가능한 기후 보호에 한참 미달한 수준에 머무르고 있다. 더군다나 우려스러운 점은 탄소 배출 감량에 가장 큰 기여를 한 집단이 저소득 가구였다는 점이다. 1990년부터 2014년 사이에 가장 부유한 1% 가구의 탄소배출량은 오히려 5% 상승했고, 상위 10%의 탄소배출량도 3% 상승했다. 같은 기간 동안 하위 50% 가구는 배출량 34%, 중위소득 가구의 경우 13%가량을 감축했다(Gore & Alestig, 2020: 1, 3). 독일에서 상위 1%가 무려 전국적 탄소배출량의 26%를 차지하는 것에 반해, 하위 50%는 29% 만큼을 배출하고 있을 뿐이다. 가장 부유한 1%는 전혀 탄소 배출을 감축해내지 못했으며, 하위 50%가 3분의 1만치 줄인 셈이다. 심지어 중위소득 가구조차도 탄소 감축을 대충 12% 정도는 해냈다.

　　좀 더 자세히 말하면, 상위 계층에 속하는 부유한 가구들이 추동하는 사치재 생산과 소비 증가가 이와 같은 심각한 결과를 낳았다는 것이다. 국가적으로나 전 세계적으로나 가난한 사람들은 이러한 결과로 인해 가장 피해를 받는 집단이며 이들은 매우 취약한 사회집단이다. 통계 차원에서 보면 유럽에서는 하위계층의 비자발적 소비 감소가 발생해서 상위 10% 집단의 소비 증가를 상쇄한 것으로 드러났다. 달리 말하면 상류층의 낭비적 라이프 스타일이 지속 가능했던 것은 "지갑이 텅 빈" 사람들의 임금이 내려가고 생계비는 올라서 허리끈을 졸라맸기 때문이다. 따라서 기후변화와 생태 파괴에 맞서는 실천들은 가난과 사회적 박탈을 경험하고 있는 사람들의 편에 서서 투쟁하는 실천이기도 하다는 점을 알 수 있다. 물론 지속가능성과 생태 파괴의 사회적 해악에 맞서는 모든 실천 하나하나에 '사회정의'를 앞세워야 한다고 주장하는 것은 아니다. 하지만 기후변화를 막아 내고 자원 소모를 줄이는 것은 오직 (생태주의적 의제와 충돌하지 않는 방식으로 이뤄지는) 평등주의적인 분배 관계의 환경을 조성함으로써 실현 가능하다는 것이다. 요컨대 사회적 지속가능성을 보장하는 것을 통해 생태적 전환을 촉구할 수 있다.

프랑스 사회학자 피에르 부르디외가 말했듯, 미래를 위한 사회적 의식을 발전시키는 것은 최소한 일정한 소득과 고용안정 보장이 이루어질 때 가능한 것이다(Bourdieu, 1972: 92).

4. 전환을 둘러싼 갈등:
이해관계 기반 정치에서 보수 진영과 전환 진영

지속가능성의 사회적 차원을 도외시한다면, [탈탄소화를 위해] 생태적으로 필요한 조치는 이른바 탄소산업에 종사하는 노동자에게는 불리한 것으로, 자신의 고용 안정과 지위를 중시하는 탄소 산업 노동자를 '생태적 반혁명' 진영에 속하도록 만들 수 있다.

1) 자동차와 운송산업에서의 전환 갈등

탈탄소화를 위한 규제 조치는 광산업뿐 아니라 완성차업체와 자동차 부품업체에 압박을 가하고 있다. 2018년 12월 EU 회원국 대표, EU 이사회, EU 의회는 2030년까지 2021년 대비로 새로운 자동차들의 이산화탄소배출량을 평균 37.5% 감축하기로 결정하였다. 상업용 자동차와 승합차의 감축량은 31%로 정해졌다. 그리고 2025년까지의 감축 목표는 최소 15%로 결정되었다.[5] 그러한 기준안을 맞춘다 하더라도 지구

---

5 2022년 10월 이래 새로운 조건이 붙었다. 집행위원회와 유럽 의회가 신형 차종의 이산화 탄소배출량 기준에 대한 추가적인 임시 결의안에 합의했다. 이 합의안의 목적은 탄소 배출 제로 차종 생산을 위한 조처였다. 공식적인 채택안에 따르자면, 공동 입법자들의 합의 인 내용은 다음과 같다. "2030년 기준 / 2021년 대비 적용되는 기준을 다음과 같이 한다. 신종 차량에 대한 55% 이산화탄소 감소, 승합차의 경우 50%까지 허용, 2035년까지 차종 일반(승합차 포함)이 이산화탄소배출량을 제로로 할 것."

온난화를 최대 1.5도로 억제하기로 한, 달성 가능할 것으로 여겨졌던 IPCC의 권고안을 준수하기에는 충분치 않다. 이러한 목표를 달성하기 위해서는 자동차 제조업체의 사업 모델의 급진적인 전환이 필요한데, 이는 자동차 산업 노동자들의 고용 안정을 위협할 가능성이 있다. 독일의 경우, 이러한 전환에 직접 영향을 받는 노동자가 무려 81만 5천 명에 달하는 것으로 추산되는데, 이는 2011년 이후 약 10만 명이 증가한 규모이다. 그런데 독일 금속노조IG-Metall 소속 조합원 수가 대략 51만 명 정도 되기 때문에, 자동차 산업은 노동조합의 조직력이 아직까지 견고히 남아 있는 몇 안 되는 산업에 해당한다. EU 탄소 감축 계획의 잠정적 추산에 따르면, 완성차업체와 자동차 부품 산업에서 전기차 전환에 따라 최대 25만 개의 일자리가 사라질 것으로 보인다. 이미 주요 완성차업체에서 진행 중인 디젤차 단종으로 인해 약 1만 5천 개의 일자리가 사라질 위험에 있다. 물론 전환 과정에서 전기차 생산과 연구개발 직종에서 새로운 일자리가 등장하겠지만, 노동조합은 충분한 고민 없이 전기차 전환에 따른 고용 위기 문제를 무시하는 전략을 취할 수 있다.

이러한 이유로 주요 완성차업체의 직장평의회와 노조 지도부는 사용자의 편을 들어 보수적인 산업정책을 지지하게 된다. 이들은 전기차 생산으로의 점진적 이행을 원하고 기술 발전을 통해 기존의 석유 연료를 사용한 엔진에 비해 탄소 배출이 적은 디젤차 생산이 지속되길 희망한다. 따라서 이들은 모두 2030년까지 자동차 산업 전환이 실현되지 않기를 바란다. 이러한 입장에 서서 독일 금속노조 역시 저탄소 정책과 관련된 로비 행렬에 가담했다. 내부 입장문을 보면 독일 금속노조는 공개적으로 2030년 기준 탄소 감축 목표를 30%로 재지정하는 정책을 밀어주려고 하고 있다.[6] 본질적으로 전기차 생산으로의 급격한 전환 정책 조차 인간이 만들어 낸 기후변화 재앙과 자원 위기를 해소하는 데 부족한 점이 많다. 지금 필요한 것은 완전히 새로운 교통체계로 이행하는 것이다. 대중교통을 확장하여 지역 교통과 장거리 교통 모두 서서히 자가용 사용을 없애야 한다. 요컨대, 아주 오랫동안 지배적이었던 모빌리티와 교통에 대한 개념과 단절이 필요한 상황이다. 예컨대, 철도산업의 경우, 공공 소유로의 전환이 부재하고 적정한 공적자금 투입이 이루어지지 않는다면, [기후위기 시대] 실질적인 교통체계의 전환을 달성할 가능성은 매우 적은 편이다. 그 결과, 기업은 자동차 산업과 자동차 부품 산업의 전환에 대해 더 이상 말하지 않고 대안적 상품과 비즈니스 모델의 변화에 대해서 논하고 있다(Schröder & Urban, 2018).

현재 노동조합의 주요 집단과 완성차업체의 가장 중요한 직장평의회도 이러한 상황을 주지하고 있다. 노동조합 내부의 반대와 대중의 사회적 압력으로 인해 독일 금속노조는 오늘날 기후변화 대안과 탈탄소화 목표를 전적으로 수용하게 되었다. 그러나 노조 지도부와 달리 금속노조 조합원과 완성차와 부품 업체 노동자는 여전히 의구심을 품고 있다. 카셀-바우나탈Kassel-Baunatal의 폭스바겐 공장의 사례를 보면, 여전히 산업 전환에 참여하는 것이 모든 방면에서 노조의 조직력을 강화하는 방안이 될 수 있다는 점을 보여준다. 노동조합이 아직 도래하지 않은 지속가능성 혁명에서 지녀야 할 진보적 역할에 대해 인터뷰에서

---

6 "EU 이사회의 35% 감축안과 유럽 의회의 45% 감축안 ⋯ 이 EU 집행위원회에 제안됐다. 독일 금속노조는 이러한 정책에 상당한 문제가 있다고 판단한다. 물론 기후 정책을 감안할 때 더 많은 감축을 기획하는 편인 바람직할 것이다. 그러나 현재 상황을 보면 2030년까지 해당 목표를 제대로 달성할 수 있는지 확실한 입장을 제출하지 못하였다"(IG Metall, 2018: 3).

질문 받았을 때, 직장평의회 의장인 카르스텐 배츠홀트Carsten Bätzhold는
다음과 같이 대답하였다.

> 독일 금속노조가 이러한 결정을 내리기는 어렵지 않을 것이다. 그러나 먼저 내부
> 논의가 이뤄질 필요가 있다. 어떠한 비즈니스 모델을 노조가 지지하는가? 그리고
> 이것에 필요한 사회적 전제조건은 무엇인가? 우리 노동자들이 그러한 변화에 맞서
> 야 하는가 아니면 노조가 지닌 힘을 활용해서 그러한 전환 과정에 개입해서 변화
> 를 만드는 것이 더 합리적인가? 노조가 가진 힘이 서서히 줄어들고 있다는 사실은
> 분명하다. 그 어느 때보다 유노조 사업장이 빠르게 줄어들고 있다. 물론 모든 상황
> 이 악화되고 있다고 주장하는 것은 아니다. 노조는 새롭게 힘을 기를 수 있지만, 그
> 렇게 하려면 자충수를 두면 안 된다는 점을 명심해야 한다. 내 경험을 되새겨보면,
> 사람들은 우리가 솔직하게 털어 놓고 대안에 관한 토론을 펼치기를 바란다. 그리고
> 그러한 실천을 실제로 해 보면 우리를 지지하면서 위험을 감수하고자 할 것이다.[7]

전기차 전환으로 인해 대략 8천 개의 일자리가 사라질 것으로 예
상되는 사업장의 직장평의회 의장이 이러한 입장을 밝혔다는 점에서
매우 주목할 만하다. 동시에 배츠홀트는 매년 전 세계적으로 7천만 대
의 차량이 생산되는 자동차 산업의 비즈니스 모델에도 반대한다. 또한
그는 전기차 1대를 생산하기 위해 최종 소비자에게 제품을 인도하기 전
까지 이미 20톤의 탄소를 배출하고 있음을 지적하였다. 이는 비록 독일
금속노조의 소수 입장을 대변하지만, 완성차업체의 노동자들은 이러한

---

7 독일의 주간지 *Der Freitag*(edition 12/2021) 11면에 수록된 인터뷰로 기사의 제목은 'SUV
전기차는 문제를 해결하지 못한다(ElektroSUVs lösen kein Problem)'였다. 이 인터뷰는 요
른 보웨Jörn Boewe와 요하네스 슐텐Johannes Schulten이 진행하였다.

주장에 귀를 기울이고 있다. 그는 직장평의회 노동자 90% 이상의 지지로 직장평의회 의장에 재선되었다.

그러나 덧붙여야 할 것은 이러한 견해가 노조 조직률이 높은 사업장의 직장평의회 대표의 입장이라는 사실이며, 이들 기업의 노동자는 자신의 이익이 어느 정도 보장되는 선에서 사측과 합의에 이를 수 있다. 그런데 다수의 부품업체 노동자의 입장은 다르다. 예컨대 튀링겐주의 자동차 부품업체는 대부분 중소기업으로 이뤄져 있으며 이 부문에서 창출된 일자리는 5만 개에 이른다. 이들 부품업체는 전기차 전환 과정을 대비하고 준비할 전략적 역량을 지니고 있지 못하다. 최근 독일 자동차 부품 산업 사용자단체인 오토모티프Automotiv의 산업 분석은 우리 연구팀의 연구 결과를 입증한다. 독일 자동차 부품업체 중 약 40%가 코로나19 팬데믹으로 가장 큰 타격을 입었던 2020년과 비교할 때 매출과 일자리의 감소를 경험한 것으로 나타났다. 약 87%의 부품업체는 공급 부족과 원자재 비용 인상으로 타격을 받았다고 호소하였다. 물론 80%의 부품업체가 이제는 전기차 부품 생산에 돌입했지만, 이는 전체 매출액의 약 25% 정도밖에 차지하지 않는다. 다수의 부품업체가 기업의 미래에 대해 낙관적인 전망을 내놓고 있기는 하지만 전반적인 사업 환경의 개선과 안정화를 통해 생산 계획의 불확실성을 극복할 수 있다. 이와 같은 사례를 통해 알 수 있듯, 산업별로 특수한 구조적 문제는 이미 사회 생태 전환의 시작 단계에서부터 생산과 노사관계에 영향을 미치고 있다(Sittel et al., 2020).

2) 갈탄 채굴업과 에너지 산업에서의 전환 갈등

독일의 완성차와 자동차 부품 산업 사례를 통해 알 수 있듯이 사회 생태 전환 과정에서 노동자의 이해관계 정치는 보수적 혹은 반동적일 수 있지만 변혁적이거나 미래지향적일 수도 있다. 독일 갈탄 광산 지역의 발전은 우리에게 보수적인 이익 정치에 대한 직접적인 교훈을 제공한다. 광산업체 노동자들에게 채굴 산업 혹은 관련 에너지 산업은 여전히 안락한 생활과 미래를 보장해 주는 곳으로 여겨지고 있다. 독일 동부 라우지츠 지방의 갈탄 채굴 기업 LEAG는 노동자에게 높은 임금과 최상의 노동조건, 양질의 직업훈련을 제공한다. 또한 지역사회와 문화 프로젝트에 상당한 기부금을 제공하여 지역사회 통합에도 기여하여 이 기업은 노동자의 입장에서 좋은 삶 그 자체로 여겨진다. 그런 의미에서 채굴 노동자들은 이곳을 안정적이고 존중받는 괜찮은 일자리로 여기며 자녀와 가족과 함께 자택과 자가용을 보유하며 사는 개인적인 소망을 달성하고 지역사회 네트워크에 참여하는 것을 가능하게 하는 직장으로 생각한다. 그들은 이곳에서 자신들의 삶에 더할 나위 없이 만족하고 있었다. 인터뷰에 응한 노동자들은 더 이상 바랄 것이 없다는 식으로 대답했다. 동시에 이 노동자들은 자신들이 획득한 물질적·문화적 자산을 지속적으로 유지하겠다는 집념을 갖고 있었다.

갈탄 산업과 노천 채굴에 반대하는 인터뷰 응답자 중 일부는 불안정한 일자리로 버텨 나가는 사람들이었으며, 이들에게는 그럭저럭 적당히 생계를 유지하는 광부들이 ('모든 것이 충분하다')라는 충분성의 개념과는 근본적으로 모순되는, 생태적 발자국을 포함하는 굉장한 사회적 특권층으로 보였다. 갈탄 산업을 유지하려는 측과 반대하는 측 사이의 충돌하는 이해관계와 목표는 지역사회 내의 진영 대립을 형성하고 있었고, 다른 입장을 지닌 주민들은 더 이상 서로 교류하지도 소통하지도 않는 상황에 이르렀다. 물론 이들 모두는 리우지츠의 주민으로서 애

향심을 갖고 있었다. 이러한 갈등에서 어떤 태도를 보이고 있든지 간에 지역 주민 중 다수는 안정적인 직장을 찾아 지역을 떠나는 것은 생각조차 못하고 있었다. 비록 이들 모두가 지역사회의 발전 전망을 기대하고 있었지만, 무엇이 모두에게 더 바람직하고 번영하는 미래가 어떤 모습일지에 대해서는 완전히 의견이 갈리고 있었다(Dörre et al., 2022: 71~128). 이러한 상황으로 인해 극우 정치세력이 판을 칠 기반이 마련되었다. 이들 중에는 인간이 만든 기후변화를 부정하고 지속가능성 의제를 '단일세계 이데올로기'를 통해 국가 및 지역 정체성을 체계적으로 파괴하려는 글로벌 엘리트의 음모의 증거로 간주하는 극우 정치세력이 포함된다. 2019년 지방선거에서 강경 극우 정당인 '독일을 위한 대안Alternative für Deutschland, AfD'이 32.8% 득표를 얻는데 성공하여 현재로서는 가장 유력한 정당으로 올라서기에 이르렀다. 브란덴부르크주 전체에서 독일을 위한 대안은 노동자계급 내에서 평균 이상의 지지를 얻고 있다. 그들은 에너지 전환에 반대하는 유일한 정당이자 갈탄 산업의 밝은 미래를 보장할 유일한 정치세력이라고 자신들을 포장했다.

라우지츠 지역의 사례를 보면, 이익 중심 정치가 갈등의 주요한 두 영역인 생태적 차원과 사회적 차원에서 어떻게 자율성을 지니고 상호 적대적 관계를 형성할 수 있는지 알 수 있다. 그렇다 하더라도 이익 중심 정치가 변혁적인 전망을 지니고 있을 때, 전환을 둘러싼 갈등은 매우 다른 방식으로 전개될 수 있다. 저렴한 대중교통 의제를 둘러싼 갈등은 이와 반대되는 사례를 보여준다.

3) 대중교통과 지속 가능한 이동수단을 둘러싼 갈등

기후운동 진영은 한결같이 저렴한 대중교통을 지속 가능한 교통··

운수를 위한 필수 불가결한 정책으로 간주한다. 이 분야는 기후운동과 노동조합 사이의 새로운 동맹 관계를 맺는 계기가 되기도 했다.[8] 그러나 코로나19 팬데믹이 시작되자 독일을 포함한 모든 선진 산업국에서 자가용 이용률이 증가하였다. 철도나 도시/지역 대중교통을 이용하던 승객의 수는 전국적으로 70%에서 80% 정도 감소했다. 이로 인해 지속가능성을 위한 전환에 필수 불가결한 부문들에 심각한 구조적 위협이 닥쳤다. 그런데 그렇기 때문에 오히려 기후운동과 노조 사이의 새로운 동맹이 현실화되었다는 사실이 주목할 만하다. 대중교통 분야에서는 공공서비스노조Ver.di와 '미래를 위한 금요일Fridays for Future' 운동 사이의 동맹이 처음으로 변혁적인 이익 중심 정치를 성공적으로 실천한 사례로 보인다. 기후운동 활동가 그룹이 30여 개 도시에서 통합서비스노조를 지지하는 피켓 시위를 진행했고, 전략적으로 단체교섭을 '기후 행동의 전장'이라는 프레임으로 부각시켰다. 대중교통 노동자들의 노사 협상 테이블에서 벌어진 일은 아마도 조금 별난 예외 사례에 지나지 않는 일회성의 사건으로 끝나지 않을 것으로 보인다. 이는 미래를 위한 금요일과 통합서비스노조의 연대체가 단기간의 연대활동을 통해 내린 평가에서 알 수 있다.

우리는 지역 대중교통의 확충을 요구하고 있습니다. 더욱 값싸고 빠른 교통수단이 제공되어야 합니다. 물론 이러한 변화가 가능하려면 해당 업계의 종사자들이 괜찮은 노동조건에서 일하게 되어 직장 환경에 모두가 만족할 수 있어야만 할 것입니다. 우리가 이곳 베를린에서 파업을 벌일 때, 버스 운전 노동자들과 함께 피켓 라인에 서 있었던 것은 굉장히 인상적인 경험이었습니다. 그들은 궁극적으로 일상 업무

---

8 Dörre et al.(2022)에 실린 줄리아 카이저Julia Kaiser의 연구를 참고할 것.

에서 무슨 일이 일어나고 있는지 그리고 왜 기후 보호가 자신들에게도 중요한지에 대해 우리에게 솔직하고 공감 있게 이야기해 주었습니다. 기후보호 행동이 사회적으로 정의로워야 한다는 점은 아주 감동적이었습니다.

이상의 인용문은 미래를 위한 금요일의 대변인인 루이자 노이바우어가 기후 파업 행동에 참여한 경험을 회고하면서 남긴 말이다. 노조의 관점에서 봐도, 단체협상 기간 공공서비스노조와 '#우리는 함께 주행한다(#wirfahrenzusammen; 비어파렌추잠멘)' 운동의 기후 활동가가 조직한 공동행동은 상당히 고무적이고, 서로에 대한 신뢰를 형성하는 경험이 되었다. 이러한 사례는 사회 내에서 계급의 축과 다른 영역에 개입된 행위자들이 생태 사회적 갈등에 보다 주의를 기울이며 세력을 규합하고 그들 사이의 공동 이익을 추구하며 대의를 위해 협동할 때 무엇이 가능한지를 극명히 보여주는 사례이다. 기후운동과 노동조합의 동맹은 어떻게 사회-생태적 전환을 둘러싼 갈등들이 생산적으로 해소될 수 있는지를 보여준다. 두 동맹 세력 중 어느 쪽도 자신들 사이의 이해관계 속에 있는 긴장을 부각시키지 않았고 오히려 그들의 행동에서 공동의 목표를 찾아서 기후행동을 전진시키고 이것을 사회정의와 결부시켰다. 물론 이와 같은 신선한 동맹의 경험이 언제나 매끄럽고 자동적으로 되풀이되지는 않을 것이며, 앞으로 이런 방식을 공동의 정치적 쟁취를 위해 싸울 때마다 극복해야 할 수많은 난관이 존재할 것이다. 그러므로 지역사회의 대중교통을 둘러싼 투쟁은 전환 갈등의 다른 경험적 사례보다 중요한 의미를 갖는다. 이 사례는 사회 생태적 전환을 둘러싼 특별한 갈등의 동학을 보여주는 동시에 행위자들이 사회를 위한 대안적 경로를 모색하는 데도 새로운 학습 경험을 거치고 이를 반영할 역량을 지니고 있다는 점을 보여준다. 이는 사회 생태적 전환을 둘러싼 논쟁에서 분명히 부각해야 할 사항이다.

5. 집게발 위기에서의 탈출구

4절에서 논의한 사례는 과거 노사 간의 분배 투쟁이 이제 사회 생태적 전환을 둘러싼 갈등으로 변화하고 있음을 보여준다. 이 갈등에서 헤게모니를 잡으려는 세력은 계급 갈등과 사회 생태적 갈등의 두 축 모두를 고려해야 한다. 사회적 지속가능성과 생태적 지속가능성은 하나의 목표가 되어야 한다. 따라서 지속 가능한 기후 보호를 목표로 하는 이해관계 정치는 다음의 간단한 두 질문에 대답할 수 있어야 한다. 생태적 지속가능성을 추구하기 위해서 온실가스와 세계적 자원/에너지 소비 규모가 감축되어야 하나? 사회적으로 생산된 부의 분배는 미래 세대를 비롯한 모든 사람의 참여를 보장할 수 있는가? 우선 오늘날 그러한 범위의 변화를 추진함에 있어 크게 네 가지 전략적 대책이 제기되고 있다. 이 글에서는 각각의 전략을 시장, 기술, 국가, 민주주의로 구분하여 분석할 것이다.

시장 활용 대책은 과거에는 큰 제약 없이 사용하던 대상이 희소성을 지니도록 인위적으로 개입하는 전략을 말한다. 이를 위해서는 이산화탄소에 가격을 부과하는 방식이 활용된다. 시장을 활용하여 인류가 초래한 기후변화에 대응하기 위한 주요 방안으로 탄소배출권 거래제가 부각되었고 탄소세 또한 제안되고 있다(Fücks & Köhler, 2019). 시장 활용 대책의 문제점 중 하나는 이러한 수단들이 실효성에 의문이 제기된다는 점이다. 만약 이산화탄소 가격이 너무 싸다면 이 정책 기제는 규제적 효용이 없어질 것이고, 가격이 너무 높다면 사회정의의 문제를 낳게 된다. 배출권 거래 제도는 감독의 어려움 때문에 탄소배출량의 실질적인 감소를 달성하기보다는 오히려 규제받아야 할 당사자에게 보상을 제공할 소지가 큰 정책이다. 음의 배출량, 즉 자연에서 흡수되는 수치보다 충분히 낮은 배출량을 달성하기 위해서는 이러한 조치만으로는 역부족이다.

시장 기반 정책의 핵심 문제는 정책의 사회적 결과를 무시한다는 점이다. 비록 탄소세를 부과하면서 사회 하위계층에게 기후보조금이나 다른 사회적 보상체계를 마련한다고 해도 이들은 부유층에 비해 언제나 더 많은 부담을 질 수밖에 없다. 독일에서 국민소득이 계속 오르고 있지만, 그에 반해 하위 50%의 임금 소득이 전체 국민소득에서 차지하는 몫은 지속적으로 하락하고 있다. 난방과 전기, 교통과 주거, 식료품 등 생필품 가격이 계속 오르고 있기에 이를 제하고 남는 소득 몫이 꾸준히 줄어들고 있는 것이다. 평균 수준의 소득을 올리는 사람들도 실질적인 월수입은 생계비를 지불한 후에 1,578유로에 지나지 않는다.[9] 이런 현실은 맞벌이 가구에도 비슷하게 적용된다. 즉, 낮은 임금 인상과 더불어 벌어지는 생계비 급등은 이들 모두에게 큰 재정적 부담이 된다. 따라서 탄소세를 비롯한 시장 기반 정책을 서민들은 거의 수용하지 않을 것이며 사회적 저항이 벌어질 가능성도 매우 크다. 프랑스의 '노란

---

9 "21세기 들어 연평균 순임금 상승률은 명목 기준 2.0%에 지나지 않았다. 물가를 조정하면 실질임금 인상률은 연평균 0.5%에 지나지 않게 된다. 2000년에 피고용인 실질 평균 보수가 1,407유로였는데, 물가 보정을 추가한 2019년의 수치는 1,578유로에 머물렀고, 2021년에는 1,552유로로 감소했다. [그런데] 2010년 이래 [국민 1인당] 실질 순수입의 연평균 상승률은 1.1%였다."(DGB Verteilungsbericht, 2021: 35).

조끼' 운동과 극우 기후변화 부정론자의 득표 증가는 이를 예증한다. 적어도 시장 기제 하나만 가지고는 기후정의의 문제를 제대로 해소할 수 없음이 분명하다. 사회적 보상 기제를 포함해 이미 탄소세를 부과하고 있는 스위스에서는 배출권 거래 강화를 모색하는 정부, 의회 및 다수의 환경단체가 승인한 이산화탄소 배출 관련 법안 초안이 2021년 6월 국민투표에 의해서 부결되었다. 기후정의 문제를 과소평가하는 방안이었다는 점이 분명했기에, 과반수가 조금 넘는 유권자가 법안에 반대표를 던졌다(Ringger, 2021).

기술 활용 대책은 시장 기제를 활용함과 동시에 더욱 빠른 기술 진보를 촉진함으로써 대안을 내세우려고 한다. 이러한 방안을 지지하는 사람 중에는 첨단산업계의 대표주자인 일론 머스크와 빌 게이츠 같은 인물이 포함된다. 머스크와 게이츠 모두 디지털 만능주의의 대표주자로 이들은 기업가적 창조성과 기술혁신, 수요공급법칙을 존중하는 것이 모든 문제에 대한 만병통치약이라는 태도를 취한다. 여기에는 당연히 국가가 필요하지만, 이들은 기술 진보의 지원자로서의 역할만을 기대한다. 국가는 연구개발 자금을 지원해 주고 기후 친화적 혁신 과정을 시작하도록 지원해야 하며, 이에 상응하는 투자 수요를 마련해야 한다. 이러한 투자는 철강제품과 화학비료, 합성수지가 탄소중립적으로 제조되는 것을 목표로 하며, 탄소 배출 없는 수소 생산과 팜유에 대한 탄소중립적 대안을 마련하고, 탄소포집저장기술CSS과 차세대 핵융합 기술을 발전시키는 것도 이들의 주요 목표에 속한다(Gates, 2021). 핵에너지가 기술발전에 차질을 빚고 있다는 점을 더라도 기술 활용 대책은 수많은 구조적 한계에 직면해 있다. 기술만능주의에 따르면 미래의 대안은 모두가 전기차와 합성연료를 이용하고 식물 가공 육류 대체품을 섭

취하며, 건설에 필요한 각종 자재와 철강제품 모두가 제로 탄소 제품인 세상을 이룩하는 것이다. 그러나 그렇게 이룩된 세상은 실상 그다지 과거와 다르지 않을 것이다.[10] 기술만능주의 해법이 미래의 대안을 마련할 수 있으리라는 기대가 이뤄질 소지는 거의 없다. 이 방안에는 '결코 만족을 모르고, 항상 더 큰' 규모의 성장과 시장 확장 그리고 사유화된 이윤 추구의 체계적인 동력원을, 무엇보다도 그 핵심에 놓인 경제체계를 손봐야 한다는 문제의식이 전혀 없다.

마찬가지로 국가 활용 방책 역시 시장 기제에 여지를 남겨두면서 기술 진보에 큰 기대를 거는 접근법이다. 동시에 이 전략은 국가의 기업가적 역량이 부족함을 부정한다는 문제가 있다. 오히려 이러한 시각에 따르면, 자본주의의 강점은 혁신 능력에 있으며 '창조적 파괴'를 통해 성취할 수 있는 혁신 역량은 역량을 창출해내는 국가의 개입과 자원에 의존한다. 국가의 지원 없이 기술 혁신에서 중대한 도약과 연구는 불가능하였을 것이다. 이탈리아계 미국인 경제학자 마리아나 마추카토에 따르면 국가는 "경기순환 중 어느 국면에서나 … 나서야 하며 진정으로 진취적인 역할을 선도하며" 반면 민간기업의 역할은 그저 "대단할 것 없는" 수준에 머무른다(Mazzucato, 2013: 18).

마추카토는 혁신 과정에서 국가의 보이지 않는 손에 대한 현실적인 평가를 내리지만, 이러한 국가 중심 접근법에도 약점은 있다. 예를 들어 영리기업 친화적인 국가개입은 주요 시장 행위자가 다른 시장 참여자들을 희생하여 자신의 이익을 늘리기 위해 활용하는 지대 추구 전략에 맞서 싸우는 역할을 제대로 수행할 수 없다(Mazzucato, 2018: 206). 이

---

10 기술 기반 해법은 기후 중립성을 세 가지 투자 주기 내에서 성취하려는 입장을 갖고 있다(Prognos, ÖkoInstitut, WuppertalInstitut. 2021).

와 더불어 국가 조직과 고위 당국자들이 정치적 이해관계에 따라 설정된 제약들 속에서 관성적 행태를 보인다는 점을 고려해야 한다. 이들은 기발한 산업정책과 사회구조적 정책을 제시할 역량이 매우 빈약한 집단이다. 국가 주도로 탈탄소화 목표를 이루기 위한 경제구조 재편 전략은 안일한 관료 집단 특유의 빈약한 추진력을 생각하면 성공적인 결과를 거두기 어렵다.

대체로 이러한 전략 방안은 폭넓은 정책 구상을 제시하나 경제성장을 성장의 파멸적인 생태적 결과로부터 분리할 수 있다는 근본적인 원칙을 고수한다. 이는 특이한 모순을 낳는다. 즉, 모든 것이 신속하게 변화해야 하지만 자본주의 시장경제의 기본 규칙이라고 할 수 있는 끊임없는 자본 축적과 지속적인 경제성장은 그대로 유지되어야 한다. 금융자본주의가 '자연스러운 자본주의'가 되어 버렸듯이(Weizsäcker, 2020: 81-95), 집게발 위기를 촉발한 자본주의라는 체계적 메커니즘이 위기를 타개하기 위한 대안으로 제시되고 있다.

이와 같은 '자본주의 리얼리즘'(Fisher, 2009)[11]에 머무르는 것은 궁극적으로는 전혀 현실적이지 않으며, 바로 이 점에서 축적과 성장에 대한 자본주의 시스템의 강박으로부터 사회가 해방되어야 한다는 근본 원칙을 지지하는 다양한 정치세력들이 비판의 끈을 놓지 않고 있다. 이들의 전략이 비록 온전히 발전된 상황은 아니지만, 이 글에서는 이를 민주화 전략democratisation option이라고 지칭할 것이다. 이러한 접근법을 주장하는 세력은 공통적으로 기후 보호와 생태적 지속가능성을 위한 전환이 근본적으로 자본주의를 벗어난 유형의 새로운 사회로의 이행

---

11 마크 피셔는 인류의 종말을 상상하는 것이 자본주의의 종식보다 쉬워진 사고방식을 '자본주의 리얼리즘'이라 명명했다.

과 연관된다는 입장을 취한다. 더불어 이들 역시 사회적 지속가능성의 갈등적 축을 염두에 둔 대안을 추구한다. 비록 이를 고려하는 방식은 각자 매우 다르지만 말이다. 이들의 자본주의에 대한 주된 비판은 경제 위기에 대한 취약성과 별개로 그 작동 양식이 월마트 원리에 기초해 있다는 것이다. 즉, 에너지 효율성이 높여 자본을 절약할 수 있으면 그 절약분의 규모와 상관없이 언제나 사업 확장에 활용될 수 있다는 것이다. 그러나 이와 같이 문제를 관리하는 기법은 심각한 반작용을 낳는다. 즉, 효율성에 기반을 둔 전략을 통한 생태적 성취는 생산과 소비의 증가로 인해 그 성과가 오래지 않아 상쇄된다는 것이다. 이른바 '녹색성장'이라는 전략은 궁극적으로 '그 무엇보다도 지속 불가능한' 것이다(Jackson, 2009: 73).

반면 민주화 전략은 경제 영역이 민주적 시민사회의 통제와 계획 하에 놓이게 되는 것을 추구한다. 민주화 전략이 추진하는 구상과 접근법은 새로운 형태의 집단소유권(협동조합, 노동자 소유 기업)이나 '커먼즈'라 불리는 공적 영역에 더 큰 역할을 부여하는 것(Helfrich, 2014)에 더하여 민주적 계획의 의사결정 체계를 발전시키기 위한 구상(Divine, 2018)도 이뤄지고 있다. 또한 여러 정치적 혁신안도 구상하고 있다. 예컨대, 전환과 지속가능성 평의회와 같은 형태로 지속가능성 목표치의 달성 수준을 알리고 그를 통해 대중을 비판적으로 각성시키며 의사결정권자들이 지속적으로 압력을 받도록 하는 것이다(Dörre, 2021: 140~142, 165). 이와 같은 '민주화 전략'은 '민주적 탈성장 사회'(Schmelzer & Vetter, 2019), '공동선을 위한 경제'(Bandt, 2020: 17~21), '참여사회주의' 혹은 '생태사회주의'(Piketty, 2020; Arruzza, Bhattacharya & Fraser, 2019) 등의 다양한 용어로 불린다.

이러한 접근법은 세부 사항에서 구분되나 기존에 확립된 생산형식와 생활양식의 근본적 전환 없이는 지속가능성을 위한 전환이 불가능하다는 기본 전제에 동의하고 있다. 몇몇 접근법은 우리의 소비 행태에 주로 초점을 맞추고 있다. 다른 방안들은 생산양식의 변화를 우선시한다. 이는 지속 가능하게 제공되는 용역을 통해 내구재를 생산하는 것을 목표로 한다. 생태적이면서 양질의 재화가 실제로 생산되려면 소비의 양적 규모가 줄어드는 동시에 질적 차원에서 더 높은 가치의 재화에 대한 소비가 이루어져야 한다. 이것은 지속가능성 목표치를 가격 책정에 반영하는 것뿐 아니라 생산 계획과 경제적 인센티브 제도에 이를 반영함으로써 가능하다. 협동과 평등한 대우, 생태 파괴와 환경오염의 극복을 달성한다면 완전한 순환경제 구조와 지속 가능한 교통체계의 실현 또한 가능할 것이다. 이 시스템은 기술 진보를 통해 가능하게 된 노동과정의 재조직화에 토대를 두고 있으며, 이러한 노동의 변화는 토머스 모어가 《유토피아》에서 구상했던, 모든 이가 더 짧은 시간 동안 노동하는 유급 풀타임 일자리를 가질 수 있고 모두가 돈벌이 이외의 다른 활동을 추구할 더 많은 시간을 갖게 되는 사회를 가능하게 한다(More, 2012[1516]: 23~25).

'올가미 효과'와 인프라 구조, 사회주의

모든 민주화 전략은 '자본주의 리얼리즘'에서는 찾아볼 수 없는 특징을 지니고 있다. 즉, 일견 바꿀 수 없는 체제의 경계 너머를 모색할 용기와 유토피아의 창출과 긍정적 전망을 지닌 채 미래를 쟁취하고자 하는 대담함을 가지고 있다. 그러나 여전히 민주화 전략은 구조적 모순에 직면하고 있다. 이 전략은 현존 권력관계를 어떤 방식으로든 근본적으로 넘어서는 것을 필요로 한다. 애덤 투즈Adam Tooze의 지적처럼 코로나 19 팬데믹의 전망 속에서 이는 사뭇 쟁취하기 힘든 것처럼 보이곤 한다 (Tooze, 2021). 그리고 변화를 이루기 위한 시간적 여유가 촉박해지고 있으며, 민주화 전략 진영조차도 지배적인 위기관리 양식에 개입하지 않을 수 없는 상황이다. 실제로 재정, 금융, 구조, 산업 정책의 차원에서 유의미한 성취가 이뤄졌다. 이는 단지 국민국가나 EU 27개국 차원의 이야기가 아니다. EU 회원국은 2027년까지 경제 재건을 위해 18억 유로를 지출하기로 결의했다. 이 기금의 최소 30%가량은 녹색 투자에 배정되었다. 유럽의 그린 뉴딜의 재원을 조달하기 위해서 회원국들이 사상 처음으로 다 함께 차입을 하고 있다. 이는 경제정책에서는 패러다임 전환에 해당하는데, 일국적 복지국가를 방어하기 위해 이러한 초국적 대응은 오랜 기간 체계적으로 배제되었던 방안이기 때문이다. 생태적 지속가능성 목표 달성에서도 비슷한 상황이 펼쳐지고 있다. 유럽 의회는 재계가 로비를 통해 저항하고 있는 것도 뿌리치고 독일 정부와 자동차 산업의 반대를 무릅쓰고 기후 보호 목표치를 강화하고 있다.

비록 '부채 제동장치debt brake'라는 이름으로 균형재정에 대한 립서비스가 계속되고 있지만, 유럽 수준에서 경제정책의 패러다임 전환은 팬데믹 이후에도 지속될 것으로 보인다. 국가는 자원 확보자이자 인프라 구조 계획과 재원 조달의 주체로서, 해외 경쟁 기업에 맞선 재산권의 수호자로서, 에피데믹epidemic의 관리자로서 개입하고 있으며, 이상적으로는 사회 생태 혁신의 촉진자로서도 개입하고 있다. 그러나 국가가 개입하는지의 여부 그 자체보다는 어떻게 개입하는지가 시장 자본주의 경제체계가 적어도 자본주의의 오랜 중심부 지역에서 살아남을 수 있을지와 관련된 핵심 이슈이다. 새로운 국가개입의 근본적인 문제는 과잉자본을 적절한 영역으로 이전시켜 사회 생태적으로 지속 가능한 결과를 창출하는 것이다. 한편으로 주요 경제 산업 부문에 엄청난 자본 수요가 존재한다. 다른 한편으로 사회 생태적 지속가능성에 대한 뒤늦은 투자는 단시일 내 수익을 거두지 못할 것 같다. 그 결과, 이 영역은 민간기업에 매력적인 투자 분야도 아니게 되고 부유층에서 빈곤층으로 부를 재분배하지 않은 이상 사회적으로 정의로운 방식으로 그 재원을 조달할 수 없다.

오늘날 러시아-우크라이나 전쟁과 이로 인한 인플레이션은 경제학자 제임스 갤브레이스James Galbraith가 명명한 '올가미 효과choke chain effect'의 촉매 역할을 하고 있다. 에너지와 자원 가격, 식품 가격의 상승이 인플레이션을 심화시키고 있으며, 전문가의 지적대로 이러한 인플레이션이 당분간 지속될 것임을 감안할 때, 세금과 사회보장기여금, 주거, 난방 요금 등을 지불하고 남은 소득은 상당히 감소할 것이다. 하위 50% 소득자들이 직면한 경제적 번영의 상실로 인해 극우파 진영에 합류하는 것을 막으려면 민주적 논쟁에 개입할 의지가 절실히 필요하다. 민주주의의 생명력이나 다름없는 논쟁과 주장 속에서 사람들은 연결을 경험한다. 오늘날 사회적 응집성을 지켜야 한다는 만연한 호소가 갈등을 은폐하고 잘못된 사회적 조화를 강요하는 데 사용된다면 재앙이 될 것이다. 자유주의 사회학자 랄프 다렌도르프가 사회 변화의 동력으로 말했던 민주적 계급투쟁은 규제 없는 시장을 끊임없이 조성해내려는 자본의 유토피아와 상충한다. 그 결과, 복지국가 자본주의가 체계와 사회통합을 유지하기 위한 중요한 기제로서 수십여 년 동안 작동했다.

이 점을 고려하면 기후운동과 노동조합과 같이 투쟁 속에서 단련된 행위자가 민주적 시민사회로부터의 거대한 압력을 만들고 권위주의적 경향을 몰아낼 수 있음은 분명하다. 협동조합과 지방정부 소유권에 기초한 '인프라 구조 사회주의'[12]가 공공사회서비스의 확대와 더불어 대규모의 상속과 자산 그리고 고소득 계층에게 더 많은 부담을 지우는 보다 공정한 조세정책과 함께 추진될 때, 모두가 보다 행복하고 걱정 없는 삶을 영위할 수 있는 데까지 한 발짝 다가갈 수 있을 것이다. 이에 반해 자본주의 사회는 사회보장을 위한 기본적인 필요와 체제의 사회경제적, 정치적 작동 기제를 조화시키지 못했다. 이는 전 지구적으로 상호 연결된 세계에 실질적이고 상당한 생존 위협을 제기한다.

분명히 말해 두자면, 이러한 전략이 체제 전환을 이루는가와 별개의 문제로, 앞서 언급한 각각의 정치적 방안은 그 자체로 지속 가능한 사회를 이뤄 내기에 충분치 못하다. 오히려 다양한 변혁 정치를 적절히 결합하는 것에 그 성취 여부가 달려 있을 것이다. 그러한 전략을 시도하는 데 온힘을 쏟아 내는 실험을 이뤄 낼 절실한 필요가 존재한다. 지금으로서는 시간이 가장 큰 문제이기 때문이다. 나오미 클라인은 급진적 '현실정치realpolitik'의 기본 원칙을 잘 짚어 낸 바 있다. 한편으로 그는 "자본주의가 기후 모멘텀을 죽여 버린 것은 확실하나 인간 본성까지 말살하지는 못했다는 점 또한 분명하다"라고 언급하였다(Klien, 2019: 243). 다른 한편으로 클라인은 자본주의 체제와 양립 가능한 지속가능성의 불가능함을 추상적으로 논증하는 데 몰두하지 않았다. 대신 그는 지속적으로 자본주의와 지배 엘리트에 도전할 것을 열렬히 촉구하였다. 그리고 그 일환으로 다양한 정치 의제와 그린 뉴딜의 본질을 세심하게 고찰하고 파악하고자 했다.

---

12 이 용어에 대해서는 Foundational Economy Collective(2019)를 참고할 것.

독일과 유럽, 전 세계를 통틀어 사회적 지속가능성과 생태적 지속가능성을 화해시킬 수 있을 법한 개념이 부족한 것은 아니다. 여러 담대한 제안을 살펴봐도 많은 면에서 유사성을 발견할 수 있다. 지속 가능한 교통수단과 에너지 전환, 탄소 산업 노동자의 고용 안정과 공정한 조세정책을 통한 재분배, 돌봄 노동에 대한 재평가와 노동시간 단축, 빈곤선 이상의 삶을 위한 기초사회보장제도와 불안정 일자리에 맞선 투쟁과 군비 경쟁/전쟁을 막고 공정한 지구적 경제질서를 구축하는 새로운 다자주의의 확립 모두가 사회 생태적 지속가능성을 위한 기본적인 필요 사항을 구성한다. 이러한 접근법은 모두 이미 기저에서 이뤄지고 있었던 주요한 사회 전환을 더 지속 가능하며, 그렇기에 더 좋은 사회로의 이행을 위한 디딤돌로서 활용하고자 하는 것이다.

이러한 변혁 정치의 성패 여부는 좀 더 두고봐야 할 것이다. 지금으로서는 '집게발 위기'에 대한 권위주의적 대응이 실재 삶 속에서 훨씬 현실적으로 보인다. 여기에 대항할 가능성이 결실을 맺을 수 있을지는 사회 생태적 전환을 둘러싼 갈등이 민주적 틀 내에서 그리고 합리적인 국제 시민사회를 통해 해소될 수 있을지 여부에 달려 있다. 이 글에서는 미시적 수준에서 발견된 성공과 실패의 사례를 소개하였다. 라우지츠 지역 같은 갈탄 산업 지대의 경우 생태적 지속과 사회적 지속의 축 사이의 간극이 넓어지고 있음을 볼 수 있었다. 반면 지역사회 대중교통 노동자들의 단체교섭 사례에서 기후 보호를 위한 기후운동과 노동조합 운동이 힘을 합쳐 함께 행동하는 것이 가능하다는 점 또한 알 수 있었다(Kaiser, 2020). 이러한 새로운 동맹의 형성은 희망의 나무로 자라날 아직은 연약한 묘목이라 할 수 있다. 어쩌면 사회적/생태적 전환의 현재 상태는 이보다 더 나은 소식이 없는 것처럼 보인다. 경제와 생태

의 집계발 위기를 마주한 사회에서 이 위기는 앞으로 더욱 심화될 것이
다. 이러한 위기로부터 사회를 보호해내야만 미래를 위한 일말의 희망
을 찾아낼 수 있을 것이다. 바로 이것이 생태 사회적 전환의 핵심 추진
력이 시장이 아니라 지속 가능한 연대와 협동 속에 존재하는 이유이다.
이러한 대안을 보다 신속히 구현할수록 미래 사회를 더 좋은 곳으로 만
들 확률도 커질 것이다.

참고 문헌

Arruzza, C., T. Bhattacharya & N. Fraser. 2019. *Feminism for the 99%: A Manifesto*. Verso.

Baecker, D. 2018. *4.0 oder: Die Lücke, die der Rechner lässt*. Merve Verlag.

Bandt, O. 2020. Ökologisch-soziale Gemeinwirtschaft. Wege aus der Umweltkrise. In SPW 6/2020.

Bourdieu, P. 1972. *Algeria 1960*. Cambridge University Press.

Brand, U. & M. Wissen. 2017. *Imperiale Lebensweise: Zur Ausbeutung von Mensch und Natur im Globalen Kapitalismus*. oekom verlag.

Chancel, L. 2022. Global carbon inequality over 1990–2019, *Nature Sustainability* 5: 931-938.

Crutzen, P. J. 2019. *Das Anthropozän*, oekom verlag.

Devine, P. 2018. Planning for Freedom. In M. Brie & C. Thomasberger (Eds.), *Karl Polanyi's Vision of a Socialist Transformation* (pp. 209-220). Black Rose Books.

DGB Verteilungsbericht. 2021. Ungleichheit in Zeiten von Corona. DGB Bundesvorstand.

Dörre, K. 2018. Europe, Capitalist Landnahme and the Economic-Ecological Double Crisis: Prospects for a Non-Capitalist Post-Growth Society. In Rosa, H. &C. Henning (Eds.) *The Good Life Beyond Growth. New Perspectives*. Routledge.

Dörre, K. 2019. Risiko Kapitalismus. Landnahme, Zangenkrise, Nachhaltigkeitsrevolution. In Dörre, K., H. Rosa, K. Becker, S. Bose, & B. Seyd, (Eds.) *Große Transformation? Zur Zukunft moderner Gesellschaften. Sonderband des Berliner Journals für Soziologie*.Springer VS.

Dörre, K. 2021. *Die Utopie des Sozialismus. Kompass für eine Nachhaltigkeitsrevolution*. Matthes & Seitz.

Dörre, K. M. Holzschuh, J. Köster & J. Sittel. 2022. *Abschied von Kohle und Auto? Sozialökologische Transformationskonflikte um Energie und Mobilität*, Second Edition. Campus Verlag.

Ellis, E. C. 2018. *Anthropocene: A Very Short Introduction*. Oxford University Press.

Fisher, M. 2009. *Capitalist Realism. Is There No Alternative?* Zero Books.

Foundational Economy Collective. 2019. Die Ökonomie des Alltagslebens. Für eine neue Infrastrukturpolitik. Suhrkamp Verlag.

Fücks, R. & Köhler, T. 2019. Soziale Marktwirtschaft ökologisch erneuern. Konrad-Adenauer-Stiftung.

Gallagher, K. P. & R. Kozul-Wright. 2019. A New Multilateralism for Shared Prosperity Geneva Principles for a Global Green New Deal.http://www.bu.edu/gdp/files/2019/05/Updated-New-Graphics-New-Multilateralism-May-8-2019.pdf

Gates, B. 2021. *How To Avoid A Climate Disaster. The Solutions We Have and The Breakthroughs We Need*. Vintage Books.

Gore, T. & M. Alestig. 2020. Confronting Carbon Inequality in the European Union: Why the European Green Deal must tackle inequality while cutting emissions. Oxfam. https://www.oxfam.org/en/research/confronting-carbon-inequality-european-union;

Helfrich, S. 2014. Commons - Für eine Neue Politik jenseits von Markt und Staat. Heinrich-Böll-Stiftung.

https://www.prognos.com/de/projekt/klimaneutrales-deutschland-2045

IG Metall. 2018. Informations und Diskussionspapier Klimaschutz und PKW [Information and Discussion Paper on Climate Protection and Transport], Executive board meeting on 11 Dec 2018/VB 01.

Itoh, M. 2021. *Value and Crisis: Essays on Marxian Economics*. Monthly Review Press.

Ivanova, D. & R. Wood. 2020. The unequal distribution of household carbon footprints in Europe and its link to sustainability. *Global Sustainability* 3 (e.18): 1-12. https://doi.org/10.1017/sus.2020.12

Jackson, T. 2009. *Prosperity without Growth. Economics for a Finite Planet*. Earthscan Publications.

Kaiser, J. 2020. #Wir fahren zusammen. Die Allianz von Fridays for Future und ver.di im Bereich Nahverkehr als Exempel ökologischer Klassenpolitik. In Dörre, K. M. Holzschuh, J. Köster & J. Sittel. (Eds.,) *Abschied von Kohle und Auto? Sozial-ökologische Transformationskonflikte um Energie und Mobilität*. (pp. 267-284). Campus Verlag.

Klein, N. 2019. *On Fire: The (Burning) Case for a Green New Deal*. Simon & Schuster.

Mazzucato, M. 2013. *The Entrepreneurial State. Debunking Public vs. Private Sector Myths.* Anthem Press.

Mazzucato, M. 2018. The Value of Everything. Making and Taking in the Global Economy. PublicAffairs.

Moore, J. W. 2015. *Capitalism in the Web of Life.* Verso.

More, T. 2012[1516]. *Utopia.* Ulan Press.

Piketty, T. 2020. *Capital and Ideology.* Harvard University Press.

Prognos, ÖkoInstitut, WuppertalInstitut. 2021. Klimaneutrales Deutschland 2045. Wie Deutschland seine Klimaziele schon vor 2050 erreichen kann. Zusammenfassung im Auftrag von Stiftung Klimaneutralität, Agora Energiewende und Agora Verkehrswende. https://www.prognos.com/de/projekt/klimaneutrales-deutschland-2045.

Ringger, B. 2021. Nicht für Elon Musk. Fürs Volk. Klimapolitik nach dem Nein zum CO2-Gesetz, Denknetz Working Paper.

Schmelzer, M. & A. Vetter. 2019. *Degrowth/Postwachstum zur Einführung,* Junius.

Schröder, L. & H. Urban. 2018. *Jahrbuch Gute Arbeit Ausgabe 2018: Ökologie der Arbeit – Impulse für einen nachhaltigen Umbau.* Bund Verlag.

Sittel, J., K. Dörre, M. Ehrlich, T. Engel, & M.Holzschuh. 2020. Vor der Transformation. Der Mobilitätskonflikt in der Thüringer Auto- und Zulieferindustrie. In K. Dörre, M. Holzschuh, J. Köster & J. Sittel (Eds.) *Abschied von Kohle und Auto? Sozial-ökologische Transformationskonflikte um Energie und Mobilität.* (pp. 129–180). Campus Verlag.

Tooze, A. 2021. *Shutdown: How Covid Shook the World's Economy.* Viking.

Weizsäcker, E. U. 2020. Eine spannende Reise zur Nachhaltigkeit. Naturkapitalismus und die neue Aufklärung, in Görgen, B. & B. Wendt (Eds.) *Sozialökologische Utopien. Diesseits oder jenseits von Wachstum und Kapitalismus?* (pp. 81–95). oekom verlag.

WMO. 2021a. Greenhouse Gas Bulletin (GHG Bulletin). No.17: The State of Greenhouse Gases in the Atmosphere Based on Global Observations through 2020. Last accessed: October 26, 2021. https://library.wmo.int/doc_num.php?explnum_id=10838

WMO. 2021b. Atlas of Mortality and Economic Losses from Weather, Climate and Water Extremes (1970-2019). Last accessed: October 26, 2021. https://library.wmo.int/doc_num.php?explnum_id=10769

World Resources Institute. 2021. CAIT Climate Data Explorer 2021. www.cait.wri.org.

8 한국의 정의로운 전환을 둘러싼 계급투쟁[1]

김민정

1. 문제 제기

2021년 3월, 당시 대통령 문재인은 보령 1·2호기 화력발전소를 방문하여 '공정한 전환'을 언급했다.

> 누구도 일자리를 잃지 않고 새로운 시작에 함께할 수 있는 '공정한' 전환을 시작할 것입니다. … 충남은 단지 경제와 환경을 새롭게 할 뿐만 아니라 사람을 품는 포용적 성장을 지향합니다. 일자리를 잃은 노동자에게 양질의 일자리로 보답하는 '정의로운 전환'의 모범을 만들고 있습니다. 다시 한번 강조하지만 기존의 석탄발전 등을 대체하는 재생에너지 전환은 지역 경제에 타격을 주지 않고 아무도 일자리를 잃지 않도록 공정한 방법으로 이뤄져야 합니다. 정부는 충남의 진정한 동반자가 되겠습니다. 지역의 에너지 전환과 수소 경제를 돕고 지역 경제를 살리는 정의로운 전환에 함께하겠습니다(대한민국 정책 브리핑. www.korea.kr).

양질의 일자리를 보장하겠다는 그는 약속을 지켰을까? 석탄화력 발전소 방문 7개월 후인 10월 15일, 한국남동발전 삼천포발전본부에서

---

1   이 글은 《시민사회와 NGO》(2022, 20권 제2호.)에 게재된 글을 수정·보완했다.

비정규직으로 일하던 노동자가 자살했다. 정부와 기업은 2028년까지 삼천포화력발전소 6호기의 폐쇄를 결정했지만 노동자의 실질적인 고용 및 생계유지 대책을 준비하지 않았다. 고용이 보장되지 않은 상황에서 가족의 생계를 책임져야 했던 노동자는 일과 이직 준비를 위한 공부를 병행했지만, 불투명한 앞날에 대한 두려움은 그를 극단적 선택으로 내몰았다. 사전에 이러한 죽음을 막을 수 있었다. 노동조합과 일부 기후활동가들은 기후위기 대응의 일환으로 석탄화력발전소 폐쇄가 사회적으로 논의되기 전부터 '정의로운 전환just transition'[2]을 요구해 왔다. 정의로운 전환은 고용과 환경 간의 대립관계가 아닌 상생하는 방향에서 해결할 수 있다는 노동조합의 현실적 필요성에서 나온 정치적 고안물이다. 환경보호와 고용보장의 상생 해법을 이미 1970년대 미국 노동운동 내에서 제시했었다.

이 글에서는 기후위기 시대에 논의되고 있는 공정한 전환 및 정의로운 전환의 내용과 문재인 정부와 기업이 기후위기 대응을 어떻게 활용했는지를 살펴본다. 정의로운 전환에 대한 기존 연구는 국외 사례를 소개하여 국내의 영향 및 의미를 도출하거나(남재욱 외 2021; 정흥준·김주희·채준호, 2021 등) 국내 사례의 적용에 대한 지침을 제시하는 방향(정의로운전환연구단 2022 등)으로 진행되었다. 기존 연구와 달리 이 글은 2022년 한국에서 정의로운 전환을 둘러싼 이데올로기적 경합을 구체적으로 분석하는 것을 목표로 한다. 저탄소 사회로의 이행 논의는 석탄화력발전소 지역을 중심으로 진행되는 현실의 문제이다. 이 점에 착안

---

2 'transformation'은 전환轉換, 'transition'은 천이遷移 혹은 전이轉移로 번역하여 두 개념의 차이를 강조하기도 하지만 '전환'이라는 용어에는 급격한 변화를 의미하는 'transformation'과 점진적 이행을 의미하는 'transition'가 모두 포함된다(이상헌 2020, 90).

해서 문재인 정부의 공정한 전환의 핵심을 파악한 후 문재인 정부의 정책을 비판한 노동조합과 개혁 성향의 언론 등이 주장한 정의로운 전환의 특징 및 한계를 설명한다. 이를 통해 각 주체별로 제시하는 정의로운 전환의 다양한 내용을 정치적으로 분석한다. 마지막으로 정의로운 전환의 실현을 위해서는 무엇이 필요한지를 사회운동론의 차원에서 제안한다.

2. 문재인 정부의 정의로운 전환

문재인 정부는 '공정한 전환'이라는 표현을 공식 문서에서 사용한다. 문화체육관광부 국민소통실(2020.12.10)에서는 '공정한 노동 전환'이 산업구조가 변화하는 과정에서 일자리를 잃을 위험이 큰 노동자를 체계적으로 지원한다는 개념이라고 설명한다. 또한 '공정한 전환'은 공정한 노동 전환보다 상위의 개념으로, 산업 전환 과정에서 노동자뿐 아니라 피해를 입는 기업과 지역에 대한 지원도 포함한다.

2021년 9월 24일에 제정된 〈기후위기 대응을 위한 탄소중립·녹색성장기본법〉(이하 탄소중립기본법)에서는 정의로운 전환을 다음과 같이 정의한다.

제7장 정의로운 전환

제47조(기후위기 사회안전망의 마련) ① 정부는 기후위기에 취약한 계층 등의 현황과 일자리 감소, 지역경제의 영향 등 사회적·경제적 불평등이 심화되는 지역 및 산업의 현황을 파악하고 이에 대한 지원 대책과 재난 대비 역량을 강화할 수 있는

방안을 마련하여야 한다. ② 정부는 탄소중립사회로의 이행에 있어 사업 전환 및 구조적 실업에 따른 피해를 최소화하기 위하여 실업의 발생 등 고용 상태의 영향을 대통령령으로 정하는 바에 따라 정기적으로 조사하고 재교육, 재취업 및 전직轉職 등을 지원하거나 생활 지원을 하기 위한 방안을 마련하여야 한다.

정부에서 제시한 '공정한 전환'과 법이 제시한 '정의로운 전환'의 핵심은 산업 전환의 사후적 방안으로 예상이 되는 피해 기업과 지역 및 예상 실업자 등에 대한 피해를 최소화하는 것이다.

2022년 경제사회노동위원회(이하 경사노위)는《탄소중립에 따른 산업·노동 전환의 주요 정책 과제》를 발표했다. 산업 전환으로 노동 수요의 양적 및 질적 측면에서 변화가 예상되는 분야는 다음과 같다. 우선 발전 부문의 경우, 전력화에 따른 전력 수요 증가는 전력산업 및 관련 산업의 노동 수요를 증가시킬 요인으로 작용한다. 그러나 발전 방식의 변화에 따른 전환 부문 내에 노동 수요 전환은 서로 상쇄 작용을 한다. 발전 방식의 변화는 화석연료를 이용한 전력 생산을 줄이고 재생에너지를 통한 전력 생산을 늘리는 것을 의미한다. 따라서 석탄발전소 폐지에 따른 노동 수요는 감소하겠지만 태양광과 풍력 등 신재생에너지 발전의 고용 증가는 화력발전의 고용 감소를 상당 부분 상쇄할 것이다.

수송 부문의 탄소중립 정책에 따라 내연기관 차량이 전기차와 수소차로 전환하고 대중교통, 개인 모빌리티, 공유차량의 이용 확대 등으로 승용차 통행량이 감축할 것이다. 이러한 변화가 수송 부문 자체의 고용에 미치는 영향은 적지만 자동차 제조업 및 관련 산업의 고용에는 상당한 영향을 끼칠 것이다. 따라서 탄소중립 정책으로 인한 자동차 생산방식의 변경은 노동 수요를 줄이는 쪽과 증가시키는 쪽을 동시에 야기하지만, 전반적으로 노동 수요를 줄이게 될 것이다. 내연기관 관련 부품을 위한 노동 수요는 줄어들고 전기·전자 장치와 설비 생산을 위한 노동 수요는 늘어날 것이다. 엔진 부품, 동력전달장치, 전기장치 관련 종사자는 부정적 영향을 심각하게 입겠지만, 각종 전장電裝이나 배터리와 같은 미래차 관련 부품 종사자의 긍정적 효과는 불확실하다. 미래차 부품이나 자율주행 등에 상당한 노동 수요 증가 가능성은 있겠지만, 부정적 영향에 비해 긍정적 영향은 제한적일 가능성이 높다.

철강 산업의 경우, 2030년까지는 에너지 사용 방식과 제품의 생산 방식, 제품에 대한 수요에 큰 변화가 생기지 않지만 2050년까지 상당한 변화가 반드시 필요하다. 철강 산업에서는 2030년까지 일부 신·증설 설비를 전기로로 설치하고 2040년과 2050년 사이 기존 설비를 수소 환원 설비로 교체하는 것을 계획하고 있다. 따라서 2040년 이후에는 노동 수요에 상당한 불확실성과 변화가 예상된다. 특히 철강 산업은 많은 에너지를 사용하기 때문에 에너지 가격 상승에 영향을 받게 된다.

시멘트 산업의 경우 시간이 지날수록 점점 더 많은 비중의 연료 및 재료가 변경됨에 따라 일부 설비의 교체가 불가피하겠지만 생산방식의 변화에 따른 노동 수요의 큰 변화가 예상되지는 않는다. 에너지 가격의 상승은 고용에 부정적 영향을 끼칠 가능성이 높지만 제품에 대한 수요가 여전할 가능성이 높기 때문에 고용에 대한 영향은 제한적일 것으로 예상된다.

건물 부문의 경우 2050년까지 지속적으로 열효율 및 에너지 효율 개선을 위해 그린 리모델링 또는 고효율 기기로 교체 등 생산방식의 변화가 예상되며 이러한 변화는 대규모의 광범위한 사회적 투자를 의미하기 때문에 고용에는 긍정적인 영향이 있을 것으로 예상된다.

위 내용을 통해 알 수 있는 사실은, 산업이 전환될 때 노동에 미치는 영향에 대한 다소 낙관적인 예측에 기초해서 문재인 정부에서 국가의 전반적인 고용 영향보다는 부문별 고용 영향의 차이에 대응한 정책 방안을 제시했고, 그에 대한 지원 방안도 현장에서 체감하는 노동자의 고용 불안과는 다소 차이가 있다는 점이다. 또한 정부는 부문별 노동 수요에 대한 예측을 강조하지만 실직에 처한/할 노동자의 실질적인 고용보장과 생계유지를 최우선에 두고 적극적으로 고려하지는 않는다는 점을 경사노위의 보고서에서 발견할 수 있다.

문재인 정부에서 제시한 공정한 전환의 주요 기조는 2021년 7월 22일에 한국판 뉴딜 2.0의 후속 조치로 발표한 《산업구조 변화에 대응한 공정한 노동 전환 지원 방안》에 구체적으로 정리되어 있다.

사업 재편·전환 승인 기업에는 인사·노무 관리, 산업안전 등 노사 협력 컨설팅을 지원한다. 노사 간 협약을 통해 직무 전환·고용 유지 등의 조치를 하면 고용 환경 개선 등을 지원한다는 것이다. 이를 위해 내년에 '고용안정협약지원금'을 신설한다. 인력 조정이 불가피할 경우 전직이나 재취업을 준비할 수 있도록 지원을 강화한다. 이직 예정자가 근로시간 단축, 기업 자체 전직 지원 서비스 등을 통해 재직 중 미리 전직 준비를 하도록 지원한다. '전직·재취업 준비'를 근로시간 단축 사유로 인정하고 기업에 인건비 등을 지원할 계획이다. 기업이 자발적으로 이직 예정자에게 전직 지원 서비스를 제공하면 비용 일부를 지원한다. 중장년 재취업 지원 서비스가 의무화된 1,000인 이상 기업에 대해서는 전직 지원 프로그램 개발·보급 지원을 확대한다. 내연기관 자동차·석탄화력발전 분야 기업 이직자가 생계비 부담없이 훈련을 받도록 연 1%의 저금리 생계비 대부도 지원한다. 가구원 합산 연소득이 중위소득 100% 이하에 해당하면 월 200만 원, 1인당 2천만 원 한도로 지원받을 수 있다. 또 재취업 프로그램을 이수한 자를 채용한 기업에는 고용촉진장려금이 지원된다.

이러한 규정은 '공정한 전환'을 전환 과정의 절차 및 사후적 보상 문제로 국한하는 성격이 강하다. 정부의 지원책은 기업을 통한 고용 지원이고 노동자에게는 최소한의 저금리 생계비 지원뿐이다. 이에 대해 고용이 불안한 노동자들은 비정규직의 정규직화와 재교육 우선이 아닌 '선 고용 후 재교육'을 요구한다. 사회복지가 열악한 사회에서 '해고는 살인'인 것처럼 체감하는 노동자에 대한 트라우마 상담 및 치료도 필요하다. 또한 산업구조 차원에서 공공재생에너지발전과 민영화된 석탄화력 재공영화, 즉 발전 5사(한국남동발전, 한국중부발전, 한국서부발전, 한국남부발전, 한국동서발전)가 통합하여 재생에너지 개발에 참여하는 방향을 제시한다. 이는 위험의 외주화 근절, 비정규직의 정규직화, 산업재해 예방, 고용 보장, 임금 인상 등과 연결되어 있는 사안이다. 법 및 행정 차원에서는 '에너지전환지원법'과 강력한 '중대재해기업처벌법' 제정을 주장한다. 이는 석탄화력발전소 등을 재생에너지로 전환하는 것이고, 이 과정에 발생한 피해를 지원하는 법적 근거를 마련해서 지원책을 확실하게 보장받고자 하는 것이다.[3]

김종진(2021)은 정의로운 전환에 따른 노동시장 정책 방향과 과제

---

3 금속노조는 "세계적으로 통용되고 있는 '정의로운 전환'이 아닌 '공정한 노동 전환'으로 개념을 축소했다"면서, "노동자를 보호할 뿐 아니라 양질의 일자리 창출과 양극화 해소, 사회공공성 강화 등을 실현하는 종합적인 대책이 나와야 하는데, 정작 정부는 '노동 전환' 대책에만 집중하는 한계가 있다"고 비판한다. 이는 문재인 정부의 공정한 전환의 방안이 실직자에 대한 최소한의 지원책에 머물고 있다는 점을 확인해 주는 것이다. 그리고 "정부가 내놓은 대책 제목이 '지원 방안'이라는 것은 정부가 제3자의 위치로 비켜서 있겠다는 것"이라며 "정부는 지원하는 역할에 그쳐서는 안 되며 정의로운 전환을 책임질 주체인데도 우리 정부는 이를 명확히 인지하지 못하고 있다는 증거"라고 지적한다. 또한 금속노조는 일자리 보호를 강제할 정책은 보이지 않는다는 점, 좋은 일자리를 유지하는 게 아닌 구조조정을 전제로 하고 전직 지원에 맞춰져 있는 점, 원하청 전속 관계 속 2~3차 하청업체에게는 실효성이 부족하다는 점, 외국 투자 완성차업체의 미래차 전환에도 실효적이지 않다는 점을 비판한다(손광모 2021. 07. 22.).

를 다음과 같이 정리한다(표 1 참조).

　표 1은 기후위기 대응에 따른 산업 전환이 노동시장에 직접적인 영향을 미친다는 점을 보여준다. 무엇보다 산업 전환을 둘러싼 국가 및 기업과 노동조합 및 노동자 간의 세력 양상에 따라 정책의 내용과 방향이 주요하게 결정된다. 김종진(2021)은 각 주체 간 논의 방식을 협상 및 대화를 중심으로 구분한다. 하지만 이는 그동안 진행된 산업 구조조정, 대표적으로는 쌍용자동차 구조조정과 조선업 구조조정에서 나타난 직접행동, 즉 투쟁 및 공장 점거 등이 나타날 수밖에 없는 현실이 법과 제도에서 어떻게 반영되거나 영향을 끼치는가에 대한 고민은 적어 보인다. 산업 전환에서는 고용 유지, 직업훈련, 고용보험, 근로복지, 사회보장 등이 필연적으로 발생할 수밖에 없다. 이 상황에서 재정 지원의 규모와 범위 등에서 사측과 노동자 측이 대립하고 경제위기 상황에서 자본계급은 지원 및 양보보다는 노동계급에게 재정을 전가하거나 고통을 감내하라는 방식을 고수하기 때문에 양측의 대립이 불가피하다. 자본의 이해와 노동의 이해가 서로 타협할 수 없는 자본주의에서 직접행동은 그 양상의 규모와 질과 무관하게 피할 수 없다. 자본주의의 새로운 가치는 노동자가 생산하고, 이에 대한 분배는 노동자의 임금과 자본가의 이윤으로 구분되는 사회에서 노동계급과 자본계급의 이해관계는 충돌할 수밖에 없는 물질적 토대에 기초한다. 이 상황에서 국가는 자본과 노동의 세력관계에 따라서 정책의 방향을 결정하게 된다. 하지만 국가가 자본의 이해관계와 밀접하게 연결된 '구조적인 상호의존' 관계라는 점도 고려해야 한다.

　피해 지원책에서 핵심은 어느 계급이 피해 지원금을 지불하느냐이다. 문재인 정부는 〈탄소중립기본법〉에 따라 기후위기에 효과적으로

표 1. 정의로운 전환 관련 주요 노동시장 정책 방향과 과제

구분		법 제도	방식	주요 정책
영역	중앙정부	탄소중립기본법 하위 법률 개정	노사정 각 주체 사회적 논의	탄소중립과 기후위기 연동 산업 및 노동 전환 방향 전환 추진 정책 수립
	산업·지역	각 영역 협약 자치법규·조례	산별-지역별 교섭 협약	
	기업	단체협약	전환 대책 수립	
의제	적극적 시장	고용정책 직업능력 향상 고용보험 근로복지 노사관계 사회보장	관련 법률 정책 수립 각 위원회 노조 추천 위원 의견 제시	가. 전환 노동시간 단축 장시간 48시간 이하 감축 32/35시간 노동 모델(전환 시 통상 15% 인력 충원 필요 → 비정규·하청 전환 포함 가능 나. 전직 재취업 지원 저임금 노동자 해소(생활임금 일자리로의 다른 전환) 실업급여(9개월) + 전환 기금(9개월) 일터 전환 지원
	직업 능력 숙련 형성			전환 지원 역량 강화 1년 6개월 숙련 형성 교육훈련(노동전환센터+업종 ·지역 결합) 전환 이전 유급 학습휴가제(최소 3개월)
	산업안전보건			전환 과정에서 노동 안전 정비 전환 과정에서 직원 스트레스 해소 전환 과정과 이후 작업장 노동환경 개선
	사회적 보호 안전망			저임금 노동자 지원 고용, 산재, 건강 등 사회보험 지원 사회보장과 고용보장 체계의 보편적·포괄성 추진

출처: 김종진. 2021. "기후위기와 노동의 정의로운 전환: 지속 가능한 규칙과 노동시장 현황."
《KLSL ISSUE PAPER》 제158호.

대응하고 탄소중립사회로의 이행과 녹색성장을 촉진하는 데 필요한 재원을 확보하기 위한 기후대응기금을 마련했다.[4] 이 기금의 주요 출처는 세제, 부담금, 배출권 거래제 등이다. 이는 법인세와 부유세 등의 신설을 통한 기금 마련이 아니라는 점에서 대부분의 기금이 국민의 세금에서 나오는 것이며, 기후위기의 가해자인 기업과 부자들의 책임을 면제해 주는 방식이다. 윤석열 정부에서 제시한 〈국민께 드리는 약속〉 중에는 "탄소중립 실현으로 지속 가능한 미래를 만들겠습니다"라는 항목이 있다. 이 내용 중에는 "배출권 거래제 유상 할당 확대안을 검토하고 늘어난 수입은 기업의 감축 활동을 지원하는 선순환 체계 구축"이 있다. 이는 온실가스 배출에 책임이 있는 기업에게 유리한 상황을 형성하는 것으로 기후 불의의 대표적인 사례이다. 또한 기후대응기금의 일부

---

4 〈탄소중립기본법〉 제10장 기후대응기금의 설치 및 운용 제69조(기후대응기금의 설치). 기금은 다음과 같이 구성된다. 1. 정부의 출연금, 2. 정부 외의 자의 출연금 및 기부금, 3. 다른 회계 및 기금으로부터의 전입금, 4. 제71조에 따른 일반회계로부터의 전입금, 5. 제3항에 따른 금융기관·다른 기금과 그 밖의 재원으로부터의 차입금, 6. 〈공공자금관리기금법〉에 따른 공공자금관리기금으로부터의 예수금豫受金, 7. 〈온실가스 배출권의 할당 및 거래에 관한 법률〉 제12조 제3항에 따라 배출권을 유상으로 할당하는 경우 발생하는 수입, 8. 기금을 운영하여 생긴 수익금, 9. 그 밖에 대통령령으로 정하는 수입금, ③ 기금을 지출할 때 자금 부족이 발생하거나 발생할 것으로 예상되는 경우에는 기금의 부담으로 금융기관·다른 기금과 그 밖의 재원으로부터 차입을 할 수 있다. ④ 지방자치단체는 지역 특성에 따른 기후위기 대응 사업을 추진하기 위하여 조례로 정하는 바에 따라 지역기후대응기금을 설치할 수 있다. 기금은 다음과 같은 사안에 쓰인다. 1. 정부의 온실가스 감축 기반 조성·운영, 2. 탄소중립사회로의 이행과 녹색성장의 추진을 위한 산업·노동·지역경제 전환 및 기업의 온실가스 감축 활동 지원, 3. 기후위기 대응 과정에서 경제적·사회적 여건이 악화된 지역이나 피해를 받는 노동자·계층에 대한 일자리 전환·창출 지원, 4. 기후위기 대응을 위한 녹색기술 연구개발 및 인력양성, 5. 기후위기 대응을 위하여 필요한 융자·투자 또는 그 밖에 필요한 금융지원, 6. 기후위기 대응을 위한 교육·홍보, 7. 기후위기 대응을 위한 국제 협력, 8. 차입금의 원리금 상환, 9. 〈공공자금관리기금법〉에 따른 공공자금관리기금으로부터의 예수금에 대한 원리금 상환, 10. 기금의 조성·운용 및 관리를 위한 경비의 지출, 11. 그 밖에 기후위기 대응을 위하여 대통령령으로 정하는 용도.

만이 노동자 지원에 쓰인다는 점에서 노동자의 보호는 여러 항목 중 하나이다.

　2022년 정의로운 전환 기금 관련 정부 예산은 160억 정도이다. 이는 고용보험(노동전환지원금 53억 원)과 기후기금(산업전환고용안전협약 지원금 50억 원, 노동전환분석센터 11억 원, 노동전환지원센터 46억 원)으로 구분된다. 기후 관련 예산은 107억 원으로 지원분석 센터 예산 57억 원을 제외하면 50억 원이다. 그밖에 기존 사업을 활용한 정책 사업과 예산은 유급휴가 훈련 360억 원(1만 명), 산업구조 변화 대응 등 특화훈련 951억 원(2.5만 명), 노동전환특화공동훈련센터 200억 원(20개소) 등이 있다(김종진 2021). 1조 원도 되지 않은 전환 기금에서 실질적인 노동자의 일자리 보장과 생계유지 비용은 적다.

　2021년 산업통상자원부의《정의로운 에너지 전환을 위한 폐지 석탄발전소 활용 방안 연구》용역 보고서에 따르면, 폐지되는 석탄화력 발전소 30기 인원 모두가 직무 전환(일자리 전환)이 되지 않는다고 가정하면, 최대 7,935명의 일자리가 없어질 것으로 추정된다. 7,935명 중 정규직인 발전본부 소속 노동자는 2,625명, 비정규직인 협력업체 소속 노동자는 5,310명이다. 또한 LNG 발전의 특성상 석탄발전소만큼 인력이 필요하지 않기 때문에 일대일 전환을 가정했을 때, 전환 불가 인원은 4,911명이다. 이러한 석탄화력발전소 노동자의 예상 해고 상황과 더불어 자동차 산업 노동자 40만 명 중에서 엔진 부품, 동력전달장치, 전기장치 관련 노동자의 인원 감축을 고려한다면 노동자를 위한 예산은 부족하다.

　지방정부의 경우, 특히 석탄화력발전소가 있는 보령시의 경우에는 지역 내 위기 산업 노동자를 대상으로 이·전직 촉진 장려금을 지원

한다. 이·전직 촉진 장려금 지원사업은 충남 고용 위기 선제대응 패키지 지원사업의 하나로 석탄발전소 폐쇄 및 자동차 부품 산업의 고용 여건 악화로 인한 이·전직 노동자의 취업 의지 및 장기근속을 높이기 위한 노동자 생활안정 지원사업이다. 신청 대상은 석탄화력발전소(협력사 퇴직 노동자) 또는 자동차 관련 산업(금속, 제철, 부품, 기계, 소재, 전기 등) 퇴직 노동자로 2021년 4월 26일부터 9월 10일 이전까지 취업해 현재 근무 중인 노동자는 신청 접수 후 충청남도일자리진흥원에서 서류 검토를 통해 선정되면 이·전직 촉진 장려금을 1인당 150만 원 지원받을 수 있다. 노동자 개인이 처한 환경을 고려한다고 해도 최저생계비를 유지하기에 이 지원금은 부족한 액수이다. 무엇보다도 모든 예상 실직 노동자가 지원 대상자가 아닐 뿐 아니라 신청 대상자라도 서류 심사를 거치게 되는 등의 조건을 충족해야지만 지원을 받을 수 있다.

이상의 정부 방침을 통해 문재인 정부가 추진한 산업 재편의 특징은 다음과 같다. 기후위기에 대응하는 산업 전환의 목표는 이윤율 회복을 위해 국가 경제와 산업 전반의 생산성 및 경제력을 끌어올리는 것이다. 이는 이윤 경쟁력이 낮은 사업을 쉽게 축소 및 정리해서 수익이 나는 사업으로 전환할 수 있도록 하는 산업 구조조정의 적극 지원이며, 시장 친화적 구조조정의 과정에서 노동자와 인민의 희생은 필연적으로 발생할 수밖에 없다. 실직 위기에 처한 노동자의 자살이 그 단적인 예이다. 그렇기에 노동계급은 '정의로운'이 강조된 전환을 요구한다. 그리고 국가의 사회적 책임의 일환으로 해고에 처할 노동자에 대한 실질적인 대책을 요구한다. 계급적으로 기울어진 권력구조 속에서 노동계급이 최소한 요구할 수 있는 수준에서 제시된 것이 바로 정의로운 전환 요구의 출발점이다.

생산과정을 통제하지 못하는 노동자의 처지에서 국가를 대상으로 한 정의로운 전환 요구는 필요하다. 이때 핵심 요구는 노동자를 위한 대형 기금의 조성이다. 이러한 점은 정의로운 전환을 처음으로 제시한 미국의 노동운동에서도 발견된다. "정의로운 전환은 1970년대부터 1990년까지 '석유화학원자력노동자국제조합OCAW'에서 토니 마조치Tony Mazzocchi 집행부 시절 노동운동의 지도 원리로 등장했다. 이 노조는 노동-환경 운동을 창출하는 선구적 역할을 했다. 마조치는 노동자들이 항상 듣게 되는 "일자리 협박", 즉 노동자들이 환경 조치들을 지지할 경우 일자리를 잃게 될 것이라는 말을 우회할 방도를 찾고자 했다. **일자리 협박에 대한 대응으로 그는 정의로운 전환이란 생각을 대중화하는 데 일조했고, "노동자들을 위한 대형 기금"을 제안했다.** 이것은 노동자들에게 환경적 전환 비용을 보상해 주는 것을 뜻한다. 여기에는 노동자에 대한 재정 지원 및 고등교육 기회 등이 포함되었다. 마조치의 말에 따르면 **"오물에 대한 대형 기금이 존재한다. 노동자에게도 그런 기금이 하나 있어야 한다."** 그러나 **노동자를 위한 대형 기금을 형성하려는 모든 노력은 (기업을 위한 대형 기금과는 달리) 지배적인 자본가 이해집단에 의해 곳곳에서 봉쇄당했다"**(Foster, John Bellamy 2019, 강조는 인용자).

따라서 정의로운 전환에서 핵심이자 쟁점은 전환 대상 기업에서 실직 위기에 처한/할 노동자의 '보호'이다. 이 '보호' 수준을 둘러싸고 정부의 지원사업과 노동조합 및 노동자의 요구가 경합하고 있는 계급투쟁의 장이 형성되었다.

한국의 경우 정부와 기업이 기후위기에 따른 산업 전환을 적극적으로 주도한 것은 아니다. 하지만 이들은 자신들에게 유리한 방향으로 기후위기의 상황을 활용하고 있다. 대표적인 예가 기업의 요구이다.

2019년 현대차 노조는 전기차로의 전환 과정에서 엔진과 변속기 등 소재사업부 인원이 6,341명에서 2025년 3,618명, 2030년에는 1,119명까지 축소된다고 예측했다. 이에 대해 기업은 기후위기 대응을 빌미로 노동자를 해고하기 쉬운 환경을 조성하려고 한다.

2021년 3월 11일, 산업통상자원부는 '제29차 사업재편계획심의위원회'를 열어 총 16개 기업의 사업 재편 계획을 승인했다. 기업활력촉진법(일명 원샷법)에 따라 이들 기업은 세제 감면이나 절차 간소화 등 각종 정부 지원을 받을 수 있다. 사업 재편이 승인된 16개사는 향후 5년간 미래차와 유망 신산업 분야에 총 4천억 원 투자와 1,200명을 신규로 채용할 계획을 밝혔지만, 내연기관차 관련 업종에서 해고되는 노동자의 처우 개선에 대해서는 언급조차 하지 않았다. 기업은 내연기관에서 전기차로 넘어가면서 공정 축소에 따른 인력 조정 압력이 커졌지만 현재는 노조의 동의 없는 구조조정이 사실상 불가능해 사업 전환이 지연될 수밖에 없다는 입장을 밝히면서, 해고를 자유롭게 할 수 있는 조건을 정부에게 마련해 줄 것을 요청했다. 다시 말하면 기업 활력 제고를 위한 특별법을 개정해 '사업 전환을 위해 불가피할 경우 인력을 조정할 수 있다'는 예외조항을 담아 줄 것을 산업부에 요청했다. 또한 고용 보조금을 확대해 업체의 고용 부담을 덜고 탄력적 근로가 가능하도록 주 52시간 근로제를 유연하게 적용할 것을 제안했다.

개혁주의는 윤석열 정부의 공식 문서에서 공정한 전환 및 정의로운 전환을 찾아 볼 수 없다는 점을 강조하면서 정책의 후퇴라고 주장한다. 하지만 계급투쟁의 관점에서는 이 현상을 후퇴라고만 볼 수 없다. 문재인 정부에서 정의로운 전환을 제시했지만 당사자들에게는 실질적으로 공정한 전환이 체감되지 않았다는 점에서 정책의 후퇴랄 것도 없었다. 발전 비정규 노동자를 중심으로 형성된 노동자들은 빈 수레가 요란한 문재인식 정책을 비판했다. 하지만 아직까지 정의로운 전환의 적용을 둘러싼 논쟁이 기층 노동계급 사이로 확장되고 전반적으로 쟁점이 표면화되지는 않았다.

3. 정의로운 전환의 유형

"'정의로운 전환'은 종종 상이한 그리고 경합하는 정치적 목적을 위해 개인과 집단에 의해 다중적이고 상충적인 방식으로 정의되는 개념이다"(스넬, 다린·페어브러더, 피터2019, 268). 정치적 이해관계에 따라 상이한 의미가 부여되지만, 이 개념의 공유 지점은 기후변화 대응 및 적응을 위한 사회 및 정책 전환에서 특정 집단에게 일방적으로 비용과 고통이 전가되는 방식은 안 된다는 공평성의 기본 원칙이다.

Just Transition Research Collaborative(2018)를 비롯한 이들은 정의로운 전환을 네 가지 유형으로 구분한다. 첫째로 현상 유지Status Quo 정의로운 전환이다. 이는 기후위기와 사회·경제적 불평등을 발생 및 심화시키는 정치 경제 체제를 유지한 채 사기업에 세금 감면, 규제 완화 등 경제적 인센티브를 제공함으로써 자발적인 탄소 배출 저감과 녹색화를 유도하는 시장 기반, 기업 중심 탈탄소화 추진 등이다. '정의로운 전환'은 그 과정에서 실직하게 되는 화석연료 산업 노동자에 대한 보상과 새로운 고용 기회의 제공 차원으로 축소된다. 두 번째로 관리형 개혁Managerial Reform 정의로운 전환이다. 이는 현상 유지 차원의 정의로운 전환과 마찬가지로 지배적인 경제 논리와 권력관계에 도전하지 않고 정치 경제체제의 개혁을 추구하지 않는다. 일부 산업·환경·노동 등 분야의 관리 규칙과 규제 기준을 개정 및 강화하거나 새롭게 도입하여 탈탄소화를 촉진하고 일자리 창출과 고용 기회 확대를 지원하거나 작업장 안전 및 건강 조건 등을 개선함으로써 기존의 정치 경제적 질서 내에서 지속가능성, 공평과 정의를 제고(국제노총, ILO 등)한다. 특히 노동권의 보장 과정에서 사회적 대화와 노사정협의회 등을 제시한다.

세 번째는 구조 개혁Structural Reform 정의로운 전환이다. 이는 피해를 입게 될 노동자의 보상이라는 제한적인 분배적 정의의 요구 그리고 시장 기반 및 기술적 접근을 넘어 정치 경제체제의 구조적 개혁을 추구한다. 노동자와 공동체가 탈탄소화 전환 의사결정에 민주적으로 참여할 수 있어야 하며, 에너지 등 주요 부문의 공적·사회적 소유와 민주적 통제가 이루어져야 하고, 이를 통해 지배적인 정치·경제적 권력관계에 도전하고 이를 변화해야 한다(Trade Unions for Energy Democracy 등). 네 번째는 변혁적Transformative 정의로운 전환이다. 이는 '구조 개혁 정의로운 전환'과 유사하나 이윤과 성장 중심의 자본주의 정치 경제 체제가 기후위기와 사회·경제적 불평등을 발생 및 심화시키고 있기에 체제 내 개량이 아닌 체제 변화가 필요함을 더욱 강조하고 성장주의 비판과 기존 사회-생태적 관계의 재구성 그리고 계급적 억압 외의 인종주의 및 가부장제 등 억압적 구조 타파 등에 대해서도 보다 명확한 입장이다(Climate Justice Alliance, Just Transition Alliance, Labor Network for Sustainability 등).

이러한 정의로운 전환의 이상형ideal type을 토대로 한국 사회에서 논의되고 있는 정의로운 전환을 세 가지 판본version으로 구분해 볼 수 있다. 첫째로 기득권층의 판본이다. 문재인 정부의 '공정 전환'은 재벌·대기업이 주도하는 산업 전환을 설계 및 집행하는 것이다. 이는 실질적인 내용으로는 현상 유지 정의로운 전환이지만 표면적으로는 관리 개혁적인 정의로운 전환의 모습을 띈다. 이 점에서 국민의힘 등과 같은 우파 진영과는 현상적으로 다른 입장을 취하는 듯한 효과를 낳는다. 일부 시민단체 및 노동조합이 더불어민주당에 기댄 정의로운 전환의 실현이라는 정치적 입장을 보이는 것은 민주당의 개혁성에 대한 희망의 표현이다. 하지만 민주당은 자본의 이해관계와 구조적으로 상호 의존적인 관계를 맺고 있다.

두 번째로 시민단체 및 노동조합의 판본이다. 노동조합 판본으로 대표적으로 금속노조의 안이 있다. 금속노조는 2021년 3월 2일 열린 정기대의원대회에서 '2021년 통일요구안 산업 전환협약 쟁취'를 확정했다. 이는 노동을 포함한 사회 경제 주체들이 산업 전환 정책의 수립과 이행을 위한 의사결정 과정에 대등하게 참여해야 한다는 내용이다. 다시 말하면 '민주주의'를 '정의로운 산업 전환'의 가장 중요한 원칙으로 선정해서 노조법 등 법 제도 개선으로 노동자들이 산업 전환 과정에 집단 방식으로 개입한다는 것이다. 이를 실현시키기 위해서 금속노조는 2021년 6월 24일부터 7월 23일까지 공동결정제 10만 청원을 통해 '노동의 참여가 보장된 정의로운 산업 전환'이라는 기조로 정부와 국회에 '정의로운 산업 전환을 위한 공동결정법 제정'을 요구했다. 공동결정법은 전국·산업·업종·지역에서 산업 전환을 논의할 "민주적 산업 전환위원회" 설치와 작업장 민주주의를 위한 "공동결정제도" 도입을 위한 방안이다.

2019년 8월 26일, 기후위기비상행동은 "지금이 아니면 내일은 없다. 기후위기, 지금 말하고 당장 행동하라"라는 성명서를 발표했다. 이 단체는 세부적인 요구안 다섯 가지를 정리했는데, 정의로운 전환과 이행에 관한 내용은 다음과 같다.

4. 정부는 기후정의와 정의로운 전환 원칙에 따른 대응 방안을 마련하라.

- 위기 상황을 제대로 대처하기 위한 원칙을 세우지 않으면, 더 큰 위기를 야기할 수 있다. 기후위기에 대응하기 위한 민주적이고 정의로우며 합리적인 원칙을 명확히 하고 지켜야 한다.

- 정부는 기후변화를 야기하는 온실가스 다배출자에게 더욱 많은 감축 (비용) 책임을 배분하고, 빈곤층과 소농 등 사회 경제적 약자의 피해는 보상하고 예방을 위해 지원해야 한다. 기후변화가 야기하는 위기의 불평등에 대해 적극적으로 대응해야 한다(기후정의 원칙).

- 화석연료와 직간접적으로 관련된 산업에 종사하는 노동자와 지역사회가 과감한 온실가스 감축 정책으로 받은 충격을 예방하기 위해서 고용 전환 등의 지원책을 마련하고 시행해야 한다(정의로운 전환의 원칙).

- 과감한 온실가스 감축을 추진하면서 또 다른 위험을 야기할 수 있는 기술공학적 해결책의 도입과 적용에 대해서는 신중해야 하고, 핵발전의 이용을 정당화(합리화)해서는 안 된다.

5. 정부는 기후위기 대응을 위한 독립적인 범국가 기구를 설치하라.

- 현재 정부의 각 부처는 자신들의 이해관계를 따지면서 기후위기를 외면하고 있으며, 청와대와 국회는 개발주의 시대의 낡은 국민 여론에 매달려 기후 침묵을 유지하고 있다. 최근 범국가 기구로 출범한 국가기후환경회의는 이름과 다르게 미세먼지 문제에만 매달리고 있다.

- 정부는 기후위기에 대응하기 위한 개방적이며 독립적인 범국가 기구를 설치하라. 이 기구를 통해서 2050 배출 제로 목표 실현 방안을 마련하고, 관련 법제도와 기존 계획을 전면적으로 개혁하라.

기후위기비상행동의 핵심 주장은 정의로운 전환을 위해서 현재 산업 전환 논의에서 배제되거나 과소대표되고 있는 사회 경제적 약자에 대한 민주적 참여와 이를 보장해 줄 수 있는 국가기구 및 법제도의 구축이다. 이러한 점에서 기후위기비상행동과 금속노동조합은 구조개혁을 목표로 한 관리 개혁적 정의로운 전환을 요구한다. 이들이 제시한 관리 개혁적 정의로운 전환의 요구는 일부 더불어민주당의 개혁성과 접점이 생길 수 있다. 민주당의 개혁성에 따라 이들 집단의 일부는 민주당과 협의 및 합의를 할 가능성이 농후하다. 민주당의 노사협조주의와 노정 및 노사정협의회에 제안에 일부 노동조합이 긍정적인 신호를 보낸 모습에서 그 예를 찾을 수 있다. 2020년 7월 문재인 대통령이 "민주노총은 협력의 끈을 놓지 말아 달라"고 했지만 민주노총은 '코로나19 위기 극복을 위한 노사정 대타협'을 부결시켰다. 민주노총 대의원의 찬반투표에는 대의원 1,479명 중 1,311명이 참여해 찬성 499명, 반대 805명, 무효 7명이 나왔다.

마지막으로 급진적 판본으로 아래로부터의 투쟁을 통한 사회 전환을 형성하여 생산수단의 사회적 통제, 생산관계의 변혁, 국가 권력의 노동계급 장악 등을 획득하자는 주장이 있다. 아직까지 한국 사회에서 이 입장을 지닌 세력은 미약하다. 하지만 최근 급진적 기후운동의 결집은 변혁적인 정의로운 전환 가능성의 희망을 보여준다.

대통령 소속 2050 탄소중립녹색성장위원회 활동을 비판한 일부 기후활동가들은 2022년 4월 28일 '체제 전환을 위한 기후정의동맹'을 만들었다. 그들이 제시한 정의로운 전환은 다음과 같다.

정의로운 에너지 체제 전환 투쟁을 시작하자.

기후정의동맹이 주요 사업으로 결정한 '정의로운 에너지 체제 전환 투쟁'은 기후정의의 전망과 대안을 통해 조직하고자 하는 구체적인 싸움의 현장이다. 문재인 정부는 탈석탄을 통해 탄소를 줄이겠다며 노동자 해고와 민간 자본의 재생에너지 시장 진입을 독려해 왔다. 이러한 기조는 원전을 확대하겠다는 윤석열 정부에서도 크게 달라지지 않을 전망이다. 기후/생태 위기 이후 사회의 근본적 변화, 체제 전환에 대한 목소리가 커졌고 '정의로운 전환'이라는 용어가 대중화될 정도가 되었다. 이런 상황에서 정부는 수천 명의 노동자 해고를 예고하고 있다. 석탄발전소 폐쇄 문제는 정의로운 전환이 실제로 어떤 형태로 드러나게 될지 가늠하게 될 시험대가 될 것이다. 또한 에너지 전환이라며 전국을 전쟁터로 만들며 이루어지는 태양광/풍력 발전, 송전선로/송전탑 건설과 신규 석탄/LNG 발전소 건설은 모두 민간 자본에게 에너지 시장을 개방하면서 벌어지는 일들이다. 이에 맞서 싸워 온 지역 주민들의 투쟁은 지역이기주의로 매도당하거나 지역의 고립된 요구로만 이해되어 오기도 했다. 오히려 기후위기 시대에 가장 필요하고 정당한 사회적 요구로 발전노동자와 지역 주민들의 요구가 조직되어야 한다. 기후정의동맹은 이를 공공적, 민주적, 생태적 에너지 체제 전환, 즉 정의로운 에너지 체제 전환을 대안으로 내거는 투쟁을 결의했다. 에너지 체제 전환은 에너지원의 전환과 함께 생태적 한계 내로 에너지 생산량 축소, 노동자와 지역 주민에게 희생과 피해를 전가해 온 생산방식의 전환을 포함하는 포괄적인 구조 변혁을 뜻한다. 고용 위기에 처한 발전노동자와 난개발에 맞선 지역 주민들과 함께 정의롭고 신속한 온실가스 감축이라는 사회적 요구를 대중적으로 조직하는 투쟁을 시작하고자 한다.

대통령 소속 2050 탄소중립녹색성장위원회 활동을 비판하고 아래로부터의 대중운동 건설을 토대로 한 기후정의동맹은 변혁적 전환을 목표로 구조 개혁적인 정의로운 전환 요구를 주장한다. 이 조직은 기후위기비상행동의 정치적 입장보다는 왼쪽에 서 있으면서 주류 정당과의 협력 및 타협보다는 그들의 입장에서 정의로운 전환을 실현하고 있다. 이들이 주장하고 있는 변혁적 정의로운 전환을 실현하기 위해서는 전환 주체의 세력화가 중요하다. 핵심 쟁점은 다양한 사회 경제적 약자 층을 결합시킨다고 해서 전환 주체가 실질적인 힘을 지닐 수 있느냐는 점이다. 다시 말하면 이는 병렬적 연대냐 유기적 연대인가라는 쟁점이고, 이 논쟁의 핵심은 노동계급의 주도성 여부이다. 역사유물론에 따르면 자본주의는 계급관계에 기초하고 있기에 역사의 추동력으로서 노동계급의 물질적 힘은 사회운동에서 중요하게 고려해야 할 사안이다. 이는 자본주의 체제에서 노동계급이 지닌 물질적 힘과 사회 경제적 약자 층이 어떠한 위상으로 결합하고 연대하는가에 대한 실질적인 고민이다.

이상의 논의를 표로 정리하면 다음과 같다(표 2 참조). 이 유형화는 이해당사자 집단이 어느 정도로 정의로운 전환의 이상형에 가까운 가를 파악하기 위한 기준으로 적용한다.

표 2. 2022년 한국 정의로운 전환의 유형

구분							
현상유지	접점	관리형 개혁	접점	구조개혁	접점	변혁	혁명
자본주의		더불어민주당 주류 환경단체		진보적인 정당 노동조합 기후위기비상행동		노동당 기후정의 동맹	사회주의

4. 정의로운 전환을 둘러싼 쟁점

진보 진영의 정의로운 전환을 둘러싼 쟁점을 《경향신문》이 제시한 정의로운 전환과 민주노총이 제시한 산업별 노동조합 및 녹색단협 운동 등을 중심으로 논의해 보겠다. 이들이 제시한 사안이 사회운동에 이데올로기적인 역할을 하고 있고, 이러한 관점이 계급투쟁에 어떠한 영향을 끼칠 것인가를 고려하지 않을 수 없다.

우선 2021년 6월 10일, 《경향신문》은 "노동자는 모두 다르다. 같은 공간에서 일하더라도 성별에 따라 더 불리한 업무 환경에 놓일 수 있고, 국적에 따라 차별받을 수 있으며, 고용 형태에 따라 맞닥뜨리는 문제가 다를 수 있다. 개별 노동자가 처한 상황은 이렇게 다양하다. 정의로운 전환을 위해서는 이 다양성이 고려돼야 한다"며 "노동자는 균일하지 않다. 국적·성별·지역 차이 존재하는데 '균일한 집단'으로 노동자를 묶으면 모두에게 정의로운 전환은 불가능"하다는 입장을 전한다.

이러한 관점은 노동계급 내 특수성을 강조하면서 여러 갈래의 노동계급을 구분하거나 갈라치는 이데올로기적 효과를 낼 수 있다. 또한 비정규직, 무기계약직, 여성, 이주 노동자 등을 강조하는 정체성에 기초한 노동자 특성은 노동계급의 단결을 약화시킨다. 사회적 '을'의 입장을 부각한 심정적 동의 기반은 정규직 노동자들도 기후위기의 잠정적 가해자이고 정규직이 거려하는 일을 비정규직에게 전가한다는 식의 이데올로기를 강화시킨다. 이러한 입장은 정규직의 임금 인상 투쟁과 기후운동의 결합을 촉구하기보다는 정규직 노동자의 이기심, 노동귀족 이데올로기를 강화시키는 작업에 일조한다. 결국 자본과 국가가 주도적으로 형성한 생산관계인 노동계급과 자본계급 간의 관계는 희석되면서 노동계급 내 갈등과 억압받는 이들 간의 다툼으로 계급문제를 왜곡시킨다.

정규직과 비정규직, 여성과 남성, 국내인과 이주인 등을 구분은 노동계급의 보편성을 간과하는 방식으로 문제가 제기되어서는 안 된다. 보편성을 고려하지 않는다면 사회구조 내에서 노동계급이 지닌 집단적 및 물질적 이해관계를 고려하지 않은 파편화로 향할 가능성이 농후하다. 다시 말하면 노동계급 내 특수성 및 정체성의 강조는 계급 내 분열의 지점을 제공해 줄 수 있다. 노동계급은 모두 동일하지 않다는 점이 노동계급이 지닌 자본주의 내 물질적 이해관계의 동일성을 해치는 방식이 아니라 노동계급의 단결을 도모하는 방향에서 계급 내 특수성 및 차이를 담아 내야 한다.

무엇보다 노동계급 내 특수성의 강조는 노동시장 분절론 및 노동시장 이중구조의 전제를 수용한 것이다. 2021년 6월 1일, 《경향신문》은 1면 헤드라인에서 노골적으로 "'연대보다 내 것 먼저', 현실에 무릎 꿇은 정규직"이라는 기사를 실었다. 기사가 수용한 노동시장 이중구조론은 노동시장이 구조적으로 분절했다고 가정한다. 한편에는 고용 안정, 나은 노동조건, 산업재해로부터 다소 벗어난 고임금, 승진 등을 지닌 노동시장이 존재하고, 다른 한편에는 고용 불안, 열악한 노동조건, 산업재해에 노출된 저임금, 승진 기회가 없는 노동시장으로 나뉜다는 이런 전제는 서로 다른 노동조건에 있는 노동자들이 연대 및 단결하기 어렵거나 사실상 불가능하다는 결론으로 이어진다. 정규직의 기득권이 비정규직의 열악한 노동조건에 일정 정도 가해자라는 주장은 자본가와 정부의 책임을 흐리면서 적대적 계급 분절선에 혼란을 일으키는 이데올로기적 효과를 낸다.

다음으로 민주노총 부설 민주노동연구원의 이창근(2021)[5]은 노동조합 운동의 기후위기 대응에서 장애물 중 하나로 기업별 노조를 지적한다. 그러면서 대안으로 산업별 단협을 제시한다. 그는 산업별 노조에서 기후위기를 대응한다면 정규직 노조의 기후위기 회피에서 벗어날 수 있다는 점을 강조한다. 산업별 노조가 어떤 측면에서 기업 노조의 한계를 보완해 줄 수 있다. 하지만 산업별의 강조가 노동조합이 지닌 구조적 한계를 지적하기보다는 산업별 노조 및 단체협상의 환상을 강화할 수 있다는 점을 간과해서는 안 된다.

　　산업별 노조를 대안으로 제시하는 것은 단체교섭권을 중심으로 한 노동조합 활동을 중요하게 파악한다는 점으로 연결된다. 하지만 노동조합의 역할은 교섭에만 있지 않다. 노동조합은 단결권, 단체교섭권, 단체행동권이 있다. 노동조합은 단체행동권으로 경제적 사안을 정치적 투쟁을 고무시킬 수 있는 역할도 수행할 수 있다. 민주노총의 간부 및 관료는 노조의 역할을 사업장의 경제적 교섭으로 국한시키는 경향이 있다. 이는 노동조합 관료주의 및 개혁주의에서 비롯된다.

　　북유럽의 복지국가는 노사정 협의 및 노정 협의나 산별노조로 형성된 것이 아닌 조직된 노동계급의 저항으로 가능했다. "스웨덴 복지체제, 출발점에는 노동자의 핏자국이 있었다"(성현석. 2008. 10. 15.). "복지국가를 가능하게 한 것은 세계에서 가장 강한 노조라고 자부하는 잘

5　"'정의로운 전환'의 구조적 제약과 현실화를 위한 노동 정책 방향"에서 그는 노동조합의 과제로 네 가지를 제안한다. 첫째로 초기업 교섭 촉진, 노조 민주주의 강화, 조합원 교육 훈련, 지역사회 및 전국 단위 사회운동과의 일상적 연대 강조 등이고, 둘째로 초기업 노조·초기업 교섭은 기후위기 시대의 필수적인 노동조합 조직 형태이자 교섭 구조라는 점에 대한 조직적 동의가 필요하며, 세 번째로 노동조합은 비정규직·작은 작업장·플랫폼 등 불안정·취약 노동자의 처지 개선에 주목해야 하며, 네 번째로는 작업장 수준의 녹색 단협 체결 등 다양한 기후위기 대응 활동을 조직해야 한다.

조직화된 노조의 힘이었다"(세예르스테드, 프랜시스. 유창훈 역, 2015, 156). 개혁을 달성하기 위한 실행력은 협상이 아니라 계급투쟁에서 나온다는 역사적 사실은 정의로운 전환을 실현에도 적용된다.

2022년 6월 21일, 민주노총 기후위기대응특별위원회는 "현장에서 만들어 가는 기후정의, 단협으로 쟁취하는 노동 중심 산업 전환"을 요구하는 "녹색단협 운동 선포 민주노총 기자회견"을 진행했다.

> 산업의 녹색화, 공정 전반의 녹색화가 필요한 것입니다. 그런데 이러한 변화, 이러한 전환은 결국 노동자 일자리의 질과 양 모두에 근본적인 변화를 수반하는 것입니다. '죽은 행성에는 일자리도 없다There are no jobs on a dead planet'라는 말이 웅변하는 것처럼 이제 노동자의 일자리 역시 기후위기 대응과 결부될 수밖에 없습니다. … 이러한 맥락에서, 가장 중요한 노조 활동 중 하나인 단체교섭에서도 기후위기 대응이 핵심 의제 중 하나가 되어야 합니다. 노동자의 권리와 활동을 보장하는 가장 핵심적인 근거가 되는 단체협약에 기후정의가, 정의로운 전환이 당당히 실릴 수 있어야 합니다. 이미 노동자들은 단체교섭과 단체협약을 통해 많은 것을 바꾸어 왔습니다. 사업장을 바꾸고, 산업을 바꾸고, 한국 사회를 바꾸어 왔습니다. 더 민주적이고 더 평등하며 보다 많은 이들이 더 풍요롭게 살 수 있는 세상을 만드는 데 노동자들의 단체교섭과 단체협약이 기여하여 왔습니다. 이제 기후와 일자리를 지키고 지구를 살려 내는 기후정의를 녹색 단체협약으로 담아 내기 위해 노동자들이 나섭니다. … 민주노총의 차별 없는 노동권 보장 요구, 노동법 전면 개정 요구가 기후정의 요구, 노동 중심 산업 전환 요구와 함께 제기될 수밖에 없는 이유입니다. … 녹색 단협 운동을 통해 기후위기 대응이 멀고 무거운 과제가 아니라 내 사업장의 문제임을 인식하게 하고, 구체적 쟁취 과제 제시를 통해 정의로운 전환을 위한 성과들을 쌓아 나가는 체계적 노조 활동으로 확장시키고자 합니다. … 이러한 활동들, 이러한

요구들이 **녹색단협으로 모여 다시금 사업장은 물론 해당 산업 전체를 그리고 한국 사회를 바꿔 나갈 것입니다.** … 민주노총의 녹색단협 운동은 노동권과 기후정의를 함께 외치는 모든 노동자들의 목소리입니다. 현장에서 만들어 가는 기후정의, 단협으로 쟁취하는 노동 중심 산업 전환! 녹색단체협약, 녹색 노조 활동으로, 기후정의 실현에 노동자가, 민주노총이 앞장서겠습니다. 녹색단체협약으로 정의로운 전환 쟁취하자! 노동자가 앞장서서 기후정의 실현하자(강조 인용자)!

민주노총의 녹색단협 운동은 국제적인 노조 연합체인 국제노총 ITUC이 주최한 6월 22일 "기후와 고용, 우리 일자리를 지키는 국제 공동 행동의 날 캠페인Global Day of Action to Climate and Employment Proof Our Work"의 일환으로 진행되었다.

민주노총 기후위기대응특별위원회의 첫 행보가 기후위기로 인해 고통을 받은 노동자의 처지를 개선하는 행동이 아니라 단체협상이라는 점에서 노동조합의 관료적 정치를 보여준 것이다. 기후위기는 현재 진행형이다. 정부에서 제시한 기후위기 대응 정책으로 고통을 감내하는 노동자의 고용 보장 및 노동조건을 개선하는 투쟁을 모아 내는 작업이 기후위기의 실질적 해결책이다. 민주노총이 협상과 협의에 의존하는 정치가 아니라 아래로부터의 운동을 조직하는 작업이 필요하다. 이는 기후위기 대응은 계급투쟁과 무관한 과제가 아니기 때문이다. "기후변화 문제를 해결하고 저탄소 에너지원으로 전환화려면 노동자, 지역 사회, 일반 대중으로의 권력 이양이 이루어지는 에너지 민주주의가 반드시 선행해야 한다고 선언할 수 있다"(Trade Unions for Energy Democracy 2013).

신속하고 과감한 정의로운 전환은 기존 정치 및 경제 권력과의 정면 충돌이 불가피하다는 점을 회피해서는 안 된다. 정의로운 전환의 실현은 기업과 자본의 이해관계를 비호해 주는 국가권력을 제압하지 않는다면 불가능하다는 점을 그동안 진행된 산업 구조조정의 역사를 통해 교훈으로 얻을 수 있다. 기존 계급관계에 도전하는 정의로운 전환은 계급투쟁이 불가피하다는 점을 협상과 대화로 덮을 수 없다. 그렇기 때문에 정의로운 전환을 둘러싼 갈등은 두 측면으로 정리할 수 있다. 한 측면은 사회적 대화의 장을 내세우는 방식인 계급 협조(천연가스 친환경, 전기 요금 인상, 탄소세 도입, 정규직의 임금 양보, 사회연대 전략, 전기차 같은 미래 산업 투자 촉진 등)이고 다른 측면은 계급투쟁(노동자의 일자리 조건 향상과 삶을 지키기 위한 투쟁+기후위기를 막기 위한 투쟁=아래로부터의 노동계급의 대중 투쟁, 기후정의=노동정의)이다.

2021년 12월 집회에서 석탄화력발전소 비정규직 노동자는 다음과 같이 호소했다.

> (석탄화력발전소_인용자) 폐쇄를 하면 가족을 지킬 수 있겠습니까! 정의로운 에너지 전환, 꼭 되어야 합니다. 그리고 아름다운 지구 지켜야 합니다. … (기후위기로_인용자) 많은 생물과 많은 동물이 죽어 갑니다. 그러나 저도 죽어 갈 수 있습니다. … 발전 현장에서 일하는 노동자들이 죽어 갈 수 있습니다. … 여기서 일하는 사람들이 가족을 잃을 수 있고 자기 삶을 잃을 수 있다는 점을 기억해 주십시오.

이러한 노동자의 목소리는 기후위기 운동과 일자리를 지키는 노동운동이 대립이 아니라 상생해야 한다는 점을 보여준다. 이는 두 운동이 분열이 아니라 단결 및 연대해야 한다는 것, 계급적 입장을 포기하는 것이 아니라 계급투쟁을 강조하는 것이고 이를 통해 운동의 결집력을 높일 수 있다. "정부식 탄소중립이 아닌 일자리 창출 제로 반대", "이윤을 위한 전기차(확대)가 아닌 무노조화 반대" 등의 요구는 기후 투쟁이 경제 영역의 투쟁과 연결되어 있다는 점을 명확하게 보여주는 구호이다. 계급투쟁을 보지 못하게 하거나 희석시키는 Don't Look UP에서 벗어난 Look Up 운동이 필요한 시기이다.

5. 정의로운 전환을 위한 투쟁은 현재진행형

《사회주의자》는 정의로운 전환에 대한 기층 노동자의 목소리를 간과한 채 상층 노조 간부와 핵심 기후활동가의 주장만을 반영하여 일면적으로 비판한다.

실제로 '정의로운 전환'은 기존 계급 질서를 그대로 둔 채 노동자나 취약 계층의 목소리가 반영되어야 한다는 호소에 머무르는 한계를 보이고 있다. 이를테면《프레시안》에 실린 2020년 8월 3일 자 한재각 에너지기후정책연구소 소장의 글 〈문 정부 그린 뉴딜에 정의로운 전환은 없다〉는 정의로운 전환을 긍정적으로 평가하면서 "그린 뉴딜은 기업들과(만) 하는 것이 아니라, 노동자들과(도) 함께 하는 것이다. '그린 뉴딜 다시쓰기'가 필요하다"는 말로 글을 마무리한다. 2020년 10월 16일 자 민주노총 기후위기 대응 네트워크의 논평 〈노동자, 지역 주민이 함께해야 전환은 가능하다〉는 더불어민주당이 발의한 '에너지 전환 지원에 관한 법률안'을 비판하면서 "에너지 전환에 따른 지원도 사회적으로 약한 고리에 해당하는 이들에 대한 지원을 간과해서는 안 된다", "주민도 정보를 취득하고 의견을 개진할 수 있는 조건이 보장되어야 한다", "위기 극복을 위한 '정의로운 전환'은 이해관계자의 민주적 참여에서 시작된다" 등을 말했다. 이러한 사례를 살펴보면, 정의로운 전환은 정책 과정에서 이해당사자의 참여와 의견 개진 보장 정도를 주장하는 수준에 머무르고 있다. 이미 지금도 정부의 정책 추진 과정에서 의견 수렴 절차는 다양하게 존재한다. 그리고 이 의견 수렴 과정을 두고 여러 가지 싸움이 일어나기도 한다. 정의로운 전환은, 그것을 지지하는 쪽에서조차 이런 기존 제도와 그다지 다를 바 없는 수준에서 논의가 이루어지고 있는 것이다(황정규 2021. 04. 21).

현재 주되게 논의되고 있는 정의로운 전환이 의견 수렴 차원, 협치 구조의 참여 등을 요구하는 개혁주의 차원이 강한 것은 사실이다. 하지만 현재의 상황은 노동계급의 투쟁에 따라 달라질 수 있고 요구 사안도 급진화될 가능성이 있다. 정의로운 전환이 처음부터 개혁적인 단어라거나 현재의 시점에서 정의로운 전환의 수준을 재단해서 관망하는 자세보다는 정의로운 전환을 기초한 운동이 급진할 수 있도록 현재 진행 중인 투쟁에 결합하는 실천이 필요하다.

2022년 9월 24일 기후정의행동의 날, 폐쇄 예정인 태안화력발전소 원청과 하청의 노동자들(발전노조태안지부, 금화PSC태안지회, 한산태안발전지부, KPS비정규직발전노조태안지회, 한국발전기술태안지회, 서부발전운영관리지부)은 "정의로운 에너지 전환을 위한 태안화력발전소 노동자 공동 선언"을 진행했다. 핵심 내용은 다음과 같다.

발전소 노동자가 수년에서 수십 년 몸담았던 석탄화력발전소는 직장을 넘어 삶 그 자체이다. 그러나 심각한 기후위기 속에서 석탄발전소 폐쇄에 동의할 수밖에 없었다. 최근 설문조사에서 나왔듯이 74%의 노동자가 '고용만 보장된다면 다니던 석탄화력발전소를 폐쇄하는 데 동의한다'고 밝혔다. 그러나 발전노동자들의 이런 자기 희생적인 충정과는 다르게 정부는 석탄발전소 폐쇄로 발생되는 노동자 해고 등의 문제에 대해 거의 무대책으로 일관하고 있다. 대책이라고 내놓은 건 재취업 알선이나 실효성 없는 교육이 전부다. 지난 보령 1·2호기(2020년), 호남 1·2호기(2022년), 울산 4·5·6호기(2022년)가 폐쇄되면서 58명의 노동자가 일자리를 잃었다. 이들 대부분은 2차 하청노동자들이다. 해고되지 않고 재배치된 노동자들의 처지도 좋은 것만은 아니다. 임금이 삭감되고 노동 강도가 늘어난 경우가 태반이다. 이러한 일방적 희생은 즉각 시정되어야 하고, 재발 방지책이 도입되어야 한다. 더욱이 석탄발전소 폐쇄 속도가 과거보다 훨씬 빨라질 것으로 예견되는 상황 속에서 노동자 총고용 보장 등의 대책이 시급히 마련되어야 한다. 노동자가 배제되고 일방적으로 피해를 강요받는 상황에서 정의로운 전환은 결코 이뤄질 수 없다.

현장 노동자의 목소리를 통해 석탄발전소의 현실이 열악하며, 이러한 노동조건은 이들이 요구를 할 수밖에 없는 환경을 형성하며, 이들의 요구가 정당성을 확보할 수 있다는 점을 발견할 수 있다. 노동자의 희생을 전제로 한 산업 구조조정이 자본계급에 유리한 국면을 제공해 준다는 사실은 노동자와 자본가 간의 계급 갈등이 첨예하게 벌어질 가능성이 농후하다는 점을 알려 준다.

전력산업은 화석연료 사용이 중단되고 태양광과 풍력 중심의 재생에너지로 재편되어야 한다. 그러나 지금 민간 주도로 이뤄지는 재생에너지 사업은 매우 우려스럽다. 2021년 12월까지 전기위원회로부터 발전사업 허가를 받은 해상풍력 사업은 55건, 13.7GW이지만 이 중 대부분이 맥쿼리 등 외국 민간자본에 의해 건설되고 있다. 민간 주도의 전력산업은 자본에게는 천문학적인 이윤을 안겨 주지만 노동자 민중에게는 공급 불안정과 요금 폭탄으로 다가올 것이다. 한전이 상반기에만 14조 넘게 적자를 기록하는 상황에서도 민간 발전소는 역대급 흑자를 기록했다. 이는 민간 주도의 전력산업이 어떨지를 극명하게 보여준다. 기후위기마저도 돈벌이 도구로 여기는 자본의 횡포를 막지 못하면 재앙은 계속 확대될 것이다. 지구온난화 문제를 더 이상 방치할 수 없다. 화석연료 사용을 중단하고 태양광과 풍력 중심의 공공적 재생에너지로 재편해야 한다. 아울러 석탄발전소 폐쇄에 따른 모든 노동자의 총고용 보장이 이뤄져야 한다. 공공 재생에너지 분야에서 새로운 일자리를 마련하면, 노동자 고용보장과 에너지의 공공적 성격 모두 지켜 낼 수 있을 것이다.

노동자들은 대안으로 제시되는 재생에너지가 민간기업이 아니라 사회적 책임을 물을 수 있는 공공기관을 통해 확대되기를 원한다. 노동자의 착취와 자연 수탈이 민간기업에서 더 강화되기 때문에 공기업을 요구한다. 이러한 점에서 노동자의 고용보장, 노동조건 개선, 공공재로서 발전 기능의 강화 등을 요구한다.

하나, 석탄발전소 폐쇄에 따른 모든 노동자의 고용을 보장하라! 하나, 전환된 일자리는 임금 저하와 노동 강도 강화 등 노동조건 저하가 없어야 한다! 하나, 전력산업 민영화를 반대한다! '은밀한 민영화'를 비롯한 모든 민영화를 중단하라! 하나, 6개 발전 공기업을 통합하고 모든 노동자를 정규직으로 고용하라! 하나, 민간 주도의 재생에너지 건설을 중단하고 재생에너지 공기업을 건설하라!

현장 노동자의 요구는 정의로운 전환의 핵심 내용을 담고 있다. 9월 24일 기후정의행동은 발전노동자들의 집회로 이어졌다. 2022년 10월 22일 한국발전산업노조와 발전비정규노조 전체대표자회의는 "정의로운 전환을 발전노동자의 공동 투쟁으로 이뤄 내자"라는 취지의 발전노동자 총력투쟁 결의대회를 진행했다. 이윤을 위한 에너지 체제가 발전노동자와 우리 모두의 삶을 위협하고 있기에, 공공적 민주적 생태적 에너지 체제 전환을 위해, 기후정의동맹이 발전노동자 동지들과 연대했다. 이곳에 모인 발전노동자들은 정의로운 전환을 실행하기 위한 구체적인 방안을 제시했다.

> 하나, 석탄발전소 폐쇄에 따라 고용보장위원회를 설치하라. 석탄화력발전소 폐쇄는 발전노동자의 생존권이 달린 일이다. 노동자가 참여하는 고용보장위원회 설치로 발전노동자 고용, 승계 보장을 위해 발전노동자는 끝까지 투쟁할 것을 결의한다. 하나, 정의로운 에너지 전환을 위해 실질적 대책을 마련하라. 에너지 산업 전환 관련 총괄적인 실태조사 및 연구 용역을 추진해야 한다. 또한 개인 동의하에 발전소 노동자 등록제 도입을 통해 선고용-후교육 도입, 이주 주거 대책, 교육 지원 방안 등 발전소 폐쇄에 따른 실질적 대책을 마련하라.

이러한 정의로운 전환은 자본의 축적구조 체제에 역행한다. 그렇기 때문에 정의로운 전환의 요구는 판돈이 커질 수밖에 없는 계급투쟁의 장이 되는 것이다. 정부와 기업으로부터 이러한 요구를 획득하기 위해서는 노동계급 운동의 결집이 필요하다. 무엇보다 공공운수노조 발전비정규노조, 한국발전산업노조, 민주노총 연맹 등이 이 투쟁에 적극적으로 결합하면서 기후운동 세력을 모아 내야 한다. 기후위기의 최전선에 있는 노동자들의 고통이 노동계급의 전체 고통과 연결되어 있다는 점을 밝히면서 계급투쟁을 구심점이 될 수 있도록 하는 것이 정의로운 전환을 실현하기 위한 지름길이다.

참고 문헌

〈기후위기 대응을 위한 탄소중립·녹색성장 기본법〉. 2021.09.24.

경제사회노동위원회. 2022.《탄소중립에 따른 산업·노동 전환의 주요 정책 과제》.

고용노동부. 〈고용위기 지역 지원제도(노동자 사업주 소상공인 및 자치단체 지원 방안)〉. 2018.06.

고용정책총괄과 부처 합동.《산업구조 변화에 대응한 공정한 노동 전환 지원 방안》. 2021.7.22,

김종진. 2021. 〈기후위기와 노동의 정의로운 전환: 지속 가능한 규칙과 노동시장 현황〉.《KLSL ISSUE PAPER》제158호.

김한솔. 〈기후위기 시대, 정의로운 전환을 위하여(3): 우리는 어떤 사회에 살고 싶은가〉.《경향신문》」. 2021.06.10.

남재욱 외. 2021.《탈탄소사회로의 이행과 정의로운 전환을 위한 정책 과제》. 한국직업능력연구원.

민주노총 기후위기 대응 특별위원회. 〈녹색단협 운동 선포 민주노총 기자회견문: "현장에서 만들어 가는 기후정의, 단협으로 쟁취하는 노동중심´산업 전환〉. 2022.06.21.

발전노조 태안지부·금화PSC 태안지회·한산태안발전지부·KPS비정규직발전노조 태안지회·한국발전기술 태안지회·서부발전운영관리지부. 〈정의로운 에너지 전환을 위한 태안화력발전소 노동자 공동 선언문〉. 2022.09.24

산업통상자원부.《정의로운 에너지 전환을 위한 폐지 석탄발전소 활용 방안 연구》. 2021.

성현석. 〈'착한 정부'는 '코뮌'에서 나온다〉.《프레시안》. 2008.10.15.

세예르스테드, 프랜시스. 유창훈 역. 2015.《사회민주주의 시대》. 파주: 글항아리.

손광목. 〈정부의 '공정한 노동 전환'? 노동계 반응 엇갈려〉.《참여와혁신》. 2021.07.22.

스넬, 다린·페어브러더, 피터. 2019. 〈오스트레일리아의 정의로운 전환과 노동자 환경주의〉. 래첼, 노라 · 우젤, 데이비드 엮음.《녹색 노동조합은 가능하다》. 김현우 역. 서울: 이매진.

이상헌. 2020. 〈한국 사회의 지속가능성 제고를 위한 녹색 전환 정책〉.《공간과사회》. 30(1). 79-117.

이창근. 2021. 〈'정의로운 전환'의 구조적 제약과 현실화를 위한 노동 정책 방향: 노사관계론적 접근〉. 이창근·김선철·류승민·탁선호.《기후위기와 노동》. 민주노동연구원.

정대연. 〈'연대보다 내 것 먼저', 현실에 무릎 꿇은 정규직〉.《경향신문》. 2021.06.01.

정의로운전환연구단. 2022.《한국의 정의로운 전환: 현황, 전략 그리고 과제》. 2022.04.

정흥준·김주희·채준호. 2021.《탄소중립과 정의로운 전환- 해외 사례를 통해 본 한국에의 시사점》. 한국노동조합총연맹.

한국발전산업노조·발전비정규노조 전체대표자회의.〈정의로운 전환을 발전노동자의 공동 투쟁으로 이뤄내자라는 취지의 발전노동자 총력투쟁 결의대회 선언문〉. 2022.10.22.

황정규.〈정의로운 전환, 기후운동판 '노동존중'을 넘어설 수 없다〉.《사회주의자》. 2021.04.21.

기후위기비상행동 http://climate-strike.kr/demand/(검색일: 2022. 09. 05)

인권운동사랑방 www.sarangbang.or.kr/writing/74381(검색일: 2022. 09. 05)

대한민국 정책브리핑 www.korea.kr (검색일: 2022. 09. 01)

Trade Unions for Energy Democracy. 2013. *Resist, Reclaim, Restructure: Unions and the Struggle for Energy Democracy.*

Foster, John Bellamy. "Ecosocialism and a just transition". www.rebelnews.ie/2019/06/21/3287/#easy-footnote-5-3287(검색일: 2022. 10. 15)

Just Transition Research Collaborative. 2018. *Mapping Just Transition(s) to a Low-Carbon World.*

9 재생에너지 민영화의 문제와 대안:
'민자 발전 모델'에서 '공공성 모델'로[1]

구준모

1. 들어가며: 2002년 에너지 민영화[2] 저지 파업과 그 이후

2002년 2월 25일 시작된 철도, 가스, 발전 노동자의 민영화 반대 투쟁은 한국 사회에 큰 발자국을 남겼다. 김대중 정부가 추진한 공공 부문 민영화는 세계적인 신자유주의 구조조정의 맥락 속에 있었다. 특히, 에너지 공기업인 한국전력공사와 한국가스공사를 분할 매각하고, 외국 자본을 포함한 민간기업에 에너지 시장을 개방하고 시장을 자유

---

1 이 글은 《사회공공연구원 이슈페이퍼》(2022. 04)에 게재된 글을 수정·보완했다.

2 여기서 민영화는 매각을 통해 소유권을 이전하는 '사유화'뿐만 아니라, 시장 개방 등을 통해 경쟁적 시장을 조성하는 '자유화', 공공재나 공공 서비스를 시장에서 매매되는 상품으로 변모시키는 '상품화', 공공기관을 영리기업처럼 운영하도록 개혁하는 '기업화' 내지 '내부적 민영화', 기존의 공공 자산을 매각하지는 않지만 민간 자본에게 신규 사업 진입에 특혜를 부여하는 '우회적 민영화', 민간 자본이 주도하는 사업을 공공기관이나 공공 금융이 뒷받침하는 민자 사업 등의 '공공-민간 파트너십'(PPP 또는 P3) 등을 포괄하는 넓은 의미로 사용하고자 한다. 민영화의 핵심은 공공재와 공공 서비스를 이윤 논리에 따라 생산되고 유통·판매되도록 재편하고, 민간자본과 민간금융이 해당 사업을 영위하도록 하는 데 있기 때문에, 이러한 다양한 유형을 모두 민영화로 파악할 수 있다. 실제로 대부분의 민영화 과정에는 여러 유형의 민영화가 결합되어, 동시에 또는 순차적으로 진행된다. 전력산업 구조 개편 계획에도 분할 매각과 전력 도·소매 시장 조성이 단계적으로 제시되었으며, 공공기관의 기업화(내부적 민영화)도 동시에 추진되었다.

화하려는 조치였다. 당시 민영화는 진보 진영과 시민사회 일각에서도 진보적인 효과가 있다고 기대되었다. 하지만 한국노총에서 벗어나 민주노조 운동에 합류한 발전과 가스 노동자는 2002년 2월 25일 시작된 파업과 이후의 투쟁으로 전력산업 구조 개편과 가스산업 구조 개편이라는 이름으로 추진되는 민영화를 중단시켰다.

그러나 구조 개편 중단 전까지 진행된 민영화는 깊은 상흔을 남겼다. 한전에서 분리된 6개의 발전 공기업은 불합리한 경쟁 체제 속에서 수익성을 위해 공기업 내부를 사기업처럼 변화시키고, 각종 업무를 외주화해 비용을 절감시키고 노동자의 노동조건과 안전을 희생시켰다. 경쟁이 무의미하거나 불가능한 상황에서 강제된 발전 공기업 간의 비교는 사측을 저질 석탄 수입이나 외주화 경쟁, 민주노조 탄압으로 내몰았다. 2018년 12월 김용균 노동자의 죽음은 발전 공기업 간의 수익성 경쟁 구조가 만든 비극이었다.

또한 지난 정부들은 대기업의 LNG발전소와 석탄발전소 사업을 대거 허용했으며, 공기업은 민간기업과 합작법인SPC를 만들 경우에만 신규 사업을 승인했다. 재생에너지 발전에 대해서는 애초부터 민간기업에 문호를 활짝 열고 이들을 주요 플레이어로 승인했다. 지난 20년 동안 '내부적 민영화'(공기업의 목표를 수익성에 두고, 경영 관행을 민간기업처럼 만드는 것으로 기업화나 상업화라고도 함)와 '우회적 민영화'(민간기업의 발전 사업 진출을 허용해 발전산업의 민영화를 점진적으로 추진)를 통해 '은밀한 민영화stealth privatization'가 진행되었다.

천연가스 산업도 마찬가지였다. 정부는 발전 부문 민영화로 LNG발전소를 소유한 포스코, SK, GS 등에 자가소비용 명목으로 천연가스의 직수입을 허용하고 그 양을 확대했다. 그 결과 민간 대기업이 2020년

천연가스 수입 물량의 22%를 차지했다. 천연가스 산업에서도 내부적 민영화와 우회적 민영화를 통해 은밀한 민영화가 지속되고 있다.

민간 대기업에게 개방된 발전 사업과 천연가스 사업의 문호는 에너지 전환 과정에서 걸림돌이 되고 있다. 탈석탄 에너지 전환을 내세운 문재인 정부에서도 포스코, 삼성, SK 등이 건설하는 신규 석탄발전소는 계속 건설되어 속속 완공되고 있다. 탄소중립이 시급함에도 불구하고 엄청난 온실가스를 내뿜을 신규 석탄발전소 건설이 계속되는 까닭은 민간기업의 영업권을 침해할 수 없다는 이유에서다. 천연가스 산업에 진출하는 대기업도 같은 이유로 탈탄소 전환에 저항하거나 사업 침해를 이유로 막대한 보상을 요구할 가능성이 높다. 공공성이 침해된 전통적 에너지 산업은 전환을 어렵게 만들고 있다.

기후위기와 탈탄소 사회로의 전환이라는 정세는 에너지 민영화에 새로운 국면을 열어 준다. 2002년, 2008년, 2013년 등 중요한 국면마다 노동조합의 투쟁과 국민의 반대 여론에 힘입어 어느 정도 저지해 온 에너지 민영화가, 최근 '탄소중립'을 명분으로 다시 공론화되고 있기 때문이다. 민간기업과 금융자본, 다수의 에너지 전문가들은 온실가스 저감과 기후위기 대응을 위해서는 민영화가 필수적이라고 주장한다. 20년간 사유화와 자유화라는 민영화의 물결에서 어느 정도 벗어나 있었던 한국의 에너지 산업구조가 에너지 전환에 걸림돌이 되기 때문에 이번 기회에 다시 민영화를 통해 잔재를 혁파해야 한다는 논리다. 유사한 주장이 김성환, 양이원영, 이소영 등 더불어민주당 국회의원을 통해서도 발신되고 있으며, 외국계 기금의 막대한 지원에 힘입어 영향력을 확대해 온 기후 솔루션과 같은 NGO, 재생에너지 산업계의 지원을 받는 에너지전환포럼 등을 통해 한국의 시민사회와 환경·기후·에너지 운동에도 영향력을 확대하고 있다.

여기서 우리는 한국 재생에너지 산업구조와 정책의 한계를 살펴보고, 민영화를 통한 재생에너지 확대가 갖는 문제를 짚어 본다. 그리고 최근 사례로 외국 자본의 해상풍력 진출을 살펴보고, 사회공공성을 위한 대안을 모색한다.

2. 민영화 2.0: '시장과 가격'이라는 환상

지구 기온 상승을 1.5℃ 내에서 막기 위해서 재생에너지로의 전환이 중요하다는 인식은 이제 널리 퍼져 있다. 그러나 세계적 차원이든 한국적 차원이든 에너지 체제 차원의 유의미한 전환은 여전히 발생하지 않았다. 지금까지 재생에너지 확대는 화석연료를 대체한 것이 아니라 화석연료의 확대와 함께 진행되었다(Food&Water Watch, 2022; Sweeney and Treat, 2017). 한국의 전체 발전량 중 재생에너지 비중은 최근 증가하고 있으나 여전히 10%에 미달하며, 재생에너지 통계 중 논란이 되는 부분을 제외하고 의미가 큰 현대적 재생에너지인 태양광과 풍력 중심의 발전 비중을 살펴본다면 2020년에도 3.87%에 그친다.

여전히 자연환경을 훼손하는 대수력발전, 산림을 파괴해 생산되는 우드칩과 목재 펠릿을 포함하는 바이오에너지 등을 재생에너지로 분류하는 것이 타당한지에 대해 논란이 있다(리서치 페이퍼, 2020; 한겨레, 2020). 재생에너지의 정의에서 논란이 적고 명확한 기준이 있는 대표적인 에너지원은 바로 태양과 풍력이다. 어디에나 존재하며 고갈되지 않는 대표적인 자연 에너지이기 때문이다. 현실적으로도 한국 재생에너지 정책의 대부분이 태양광과 풍력에 집중되어 있다. 여기서는 이 두 가지 에너지원을 중심으로 재생에너지 정책을 살펴본다.

1) 사유화+자유화=탄소중립?

세계적 차원에서 에너지 전환이 진행된다는 신호는 여전히 미약하다. 반면 사유화와 자유화라는 민영화를 통해 탄소중립을 달성해야 한다는 메시지는 강력하다. 에너지 전환의 선도 지역인 EU는 이런 메시지가 발신되는 근원지다. EU는 1996년 에너지 내부 시장 지침을 통해 발전소를 상업적인 기업으로 운영하게 했다. 또한 도·소매시장이 경쟁을 위해 만들어졌으며, 송전망과 배전망은 분할되었다. 비슷한 조치가 IMF나 세계은행을 통해 구조조정 프로그램으로 유럽 밖 여러 나라에서도 시행되었다. 이런 과정을 통해 전력산업과 공공 부문이 민영화되었다. 한국에서 김대중 정부에 의해 추진된 전력산업과 가스산업의 구조개편도 그 일환이었다.

EU에서 재생에너지의 보급은 에너지 체제가 사유화·자유화되던 시기에 이루어졌다. 따라서 EU를 넘어서 재생에너지의 보급을 확대하려면 유럽식 모델이 필요한 것으로 인식되었고, 사유화와 자유화가 탈탄소를 위한 필요조건인 것으로 인식되었다(베라 웨그먼, 2019). 이런 논리는 한국에서도 최근 점점 더 많이 발견되고 있으며 정치인과 에너지 전문가, 나아가 시민사회로까지 그 영향을 확대하고 있다.

예를 들어 지난 대선에서 더불어민주당의 이재명 후보는 재생에너지를 누구나 생산하고 사고팔 수 있는 '에너지 고속도로'를 새 정부 에너지 정책의 핵심으로 내세웠다. 더불어민주당 의원들이 주축인 국회 기후위기 그린뉴딜연구회가 연 토론회에서 발표한 김영신 한양대

교수는 "현재 한전이 전력 유통을 독점하고 있는 상황에서는 에너지 산업의 혁신과 재생에너지 확대가 한계에 부딪힐 수밖에 없다"며 "에너지고속도로 구축과 더불어 전력 유통 시장 개방 등의 제도 개선 병행이 필요하다"고 말했다(산경e뉴스, 2021).

이런 관점에 따르면 광범위한 민영화와 전력시장의 개방 및 자유화가 재생에너지 확대를 위한 유일한 방법이다. 정부와 공공 부문의 역할은 전력이 자유롭게 유통될 수 있는 지능형 전력망 같은 인프라를 구축하고, 인력을 육성하고, 재생에너지 기술 개발을 지원하고, 녹색금융을 지원하는 것으로 한정된다. 즉, 정부의 적극적 역할은 필요하지만, 그것은 사유화와 자유화를 위해 제도를 개편해 민간기업에 자유롭게 활동할 수 있는 재생에너지 시장을 마련해 주는 것으로 규정된다. 에너지 체제 자체는 완전히 민영화되는데 그 민영화된 시장을 육성하고 보조하는 일이 국가의 임무라는 것이다.

2) 탄소 가격: 탈탄소를 위한 도깨비방망이?

이런 논리는 민영화된 에너지 시장이 작동하기 위해 탄소 가격이 꼭 필요하다는 주장으로 이어진다. 신자유주의 기후 정책은 탄소 가격의 도입을 고집한다. 국내에서도 2015년부터 배출권 거래제가 시행 중이고, 최근에는 정부와 더불어민주당, 진보정당 등에서 탄소세에 관한 논의가 진행 중이다. 환경단체나 기후운동가 일각도 배출권 거래제나 탄소세를 바람직한 정책으로 본다. 그러나 세 가지 기준에서 탄소가격제를 평가하면 이를 대안으로 삼기 어렵다. 첫째, 기후 비상사태에 걸맞은 빠르고 전면적인 온실가스 감축에 부합하는가? 둘째, 불평등과 기후위기를 발생시킨 기업 권력을 통제하는 데 도움이 될 것인가? 셋째, 기후정의운동을 확장하고 진보 세력의 동맹을 이끌 수 있는가?

탄소가격제의 효과에 관한 연구를 검토해 보면 탄소가격제는 온실가스 감축에 별로 도움이 되지 않았다(제시카 그린, 2021; J. Green, 2021; Erik Haites, 2018). 대표적 탄소가격제인 배출권 거래제와 탄소세의 온실가스 감축 효과는 연간 0~2%다. 탄소세가 배출권 거래제보다 조금 더 감축 효과가 있지만 차이는 미미하다. 기후 비상사태에 걸맞은 빠른 전환을 위해서는 매년 8%의 온실가스 감축이 필요하다. 연간 1% 내외의 온실가스 감축 효과가 있고, 그마저도 탄소가격제의 고유한 효과인지 경제 상황과 다른 환경 정책의 영향인지 정확히 알 수 없는 탄소가격제를 주요 정책으로 삼는 것은 부적절하다.

탄소가격제의 옹호자들은 적절한 수준의 탄소 가격을 설정하고 이를 계속해서 높인다면, 완전경쟁시장에서 탄소 배출이 크게 줄어든다고 주장한다. 그러나 현재 대부분의 탄소가격제는 매우 낮은 가격으로 설정되고 기업에 예외와 특권적 혜택을 부여한다. 이론상 기대한 만큼의 효과를 올리지 못하는 이유는 탄소가격제의 내적 논리가 현실에서 작동하지 않기 때문이다. 탄소 가격 설정은 순수한 경제학적 문제가 아니다. 새로운 과세에 대한 정치적 논쟁이 발생하고 무엇보다도 자본을 중심으로 한 정치·경제적 이해관계가 작용한다. 그 결과 탄소 가격은 충분히 높은 수준으로 설정되지 못한다. 탄소 가격이 도입되더라도 대기업은 공급망을 통해 타 업체나 최종 소비자에 비용을 전가할 수 있다.

탄소세의 경우 일반적으로 도입시 세수중립성을 위해 다른 조세의 경감 조치가 동시에 이루어진다(김승래·김지영, 2010). 탄소세 도입을 관철하기 위해서 소득세나 법인세가 인하되어 기업이나 고소득층에 유리하게 조세제도가 개악된다. 소득세나 법인세는 누진적인 반면, 탄소세는 누진적이지 않기 때문에 이런 방식은 조세 정의를 악화시킨다. 탄소가격제는 효과는 장담할 수 없는 반면, 기업 권력 통제에는 효과적이지 않고 조세 정의를 악화시킬 수 있는 매우 논쟁적인 정책이다.

그렇다면 효과는 낮고 위험은 큰 정책 추진에 진보 진영과 기후운동이 정치적 에너지를 낭비할 필요가 있을까? 기후정의운동을 발전시키기 위해서는 신자유주의적 가격 체계에 관한 기술관료적인 논쟁을 넘어서서 다른 사회를 위한 집단적인 상상력을 열어젖혀야 한다. 기후위기를 악화시켜 온 기업 권력을 원천적으로 제어하고, 노동자와 시민의 힘으로 경제의 민주화를 이루어야 한다. 기업에 유리하고 시장의 힘을 맹신하는 탄소가격제가 아니라 보다 근본적인 조치가 필요하다. 기후정의운동은 기후위기의 근본에 맞닿은 더 급진적인 요구에 집중해야 한다.

탈탄소 사회로의 정의로운 전환은 시장주의에서 벗어나야 가능하다. 사유화와 자유화로 탄소중립을 달성할 수 있다는 주장, 신자유주의적 가격 개혁이 필요하다는 주장은 기후위기 시대에 부활한 민영화 2.0으로 이어질 위험이 크다. 그때 효과적이고 정의로운 탈탄소 사회로의 전환은 불가능해지고 기후정의는 립서비스에 머문다. 우리에게는 다른 논리와 다른 계획이 필요하다. 다음에서는 민영화를 전제하고 민자 발전을 모델로 한 재생에너지 정책이 발생시킨 문제를 살펴보겠다.

3. 민자 발전을 모델로 한 재생에너지 정책의 난맥상

1) FIT와 RPS: 전기요금으로 민간 재생에너지 사업자 지원

한국 재생에너지 정책은 2001년 10월 시행된 발전차액지원제도 Feed-In Tariff, 이하 FIT를 시발점으로 볼 수 있다. 전력산업 구조 개편이라는 신자유주의 에너지 정책 기조가 지배한 시기에 재생에너지 정책이 도입되었다. FIT 제도는 당시 유럽에서 시행되고 있었는데, 자유화된 전력시장에서 경쟁력이 없는 재생에너지를 지원하기 위해서 '시장 밖'에서 사업자에게 인센티브를 지급하자는 취지였다. 한국에서도 마찬가지로 FIT는 재생에너지의 보급을 위해 기준 가격을 고시하고, 기준가격과 도매전력가격System Marginal Price, 이하 SMP의 차이만큼을 전력산업기반기금을 통해 사업자에게 지원했다. 전기요금에 3.7% 비율로 부과되는 전력산업기반기금은 전기 소비자가 전기요금을 납부할 때 함께 내게 되어 있어 전기요금을 구성하는 항목 중 하나로 볼 수 있다. 이 제도하에서 재생에너지 사업자는 정부가 정한 재생에너지 기준 가격을 참고해 재생에너지 설비의 설치를 결정하게 된다.

FIT는 시행 초기에는 지원 금액이 크지 않았으나, 2008년 이후 태양광 사업자가 증가하면서 지원금 규모가 커져 2011년에는 3,689억 원에 달했다. 이명박 정부에서 발전차액지원금 축소 논의가 불거졌고, 기준 가격이 지속적으로 인하되었다. 결국 정부는 재정적 부담과 재생에너지 산업의 경쟁력 확보 등을 이유로 2011년 12월 말로 FIT를 폐지하고 2012년 1월부터 신재생에너지의무할당제Renewable Portfolio Standard, 이하 RPS를 시행했다. 당시 소규모 태양광 사업자와 에너지협동조합을 중심으로 FIT의 폐지가 소규모 태양광 사업을 고사시킬 것이라고 우려하며 존치를 주장했다.

2012년부터 시행된 RPS는 발전설비용량 500MW 이상을 보유한 발전사업자를 대상으로 한다. 2021년 기준으로 공기업인 한수원, 남동발전, 중부발전, 서부발전, 남부발전, 동서발전, 지역난방공사, 수자원공사와 민간 발전 사업자인 SK E&S, GS EPS, GS 파워, 포스코에너지, 씨지앤율촌전력, 평택에너지서비스, 대륜발전, 에스파워, 포천파워, 동두천드림파워, 파주에너지서비스, GS동해전력, 포천민자발전, 신평택발전, 나래에너지서비스 등 23개 기업이 해당된다. 대상 기업(공급 의무 기업)은 매년 결정된 신재생에너지[3] 공급 의무 비율에 따라 전년도 총발전량(신재생에너지발전량 제외) 대비 신재생에너지발전량을 충족시켜야 한다.

신재생에너지 의무 공급 비율은 2022년 10%에 도달하고 이후에도 그 수준을 유지할 계획이었으나, 정부는 2050 탄소중립 시나리오 및 2030 온실가스감축목표NDC 상향에 따라 목표를 강화했다. 2021년 관련법과 시행령을 개정해 2022년 기준을 12.5%로 높였고 2023년 14.5%, 2024년 17.0%, 2025년 20.5%, 2026년에는 법정 상한인 25.0%에 이르도록 변경했다.

신재생에너지 공급인증서Renewable Energy Certificate, 이하 REC는 RPS와 함께 도입된 제도다. 사업자가 신재생에너지 설비에서 1MWh의 전기를 생산하면 한국에너지공단이 1REC를 발급한다. 23개의 RPS 공급 의

---

3 '신에너지 및 재생에너지 개발·이용·보급 촉진법'에 따르면, 신에너지란 기존의 화석연료를 변환시켜 이용하거나 수소·산소 등의 화학 반응을 통하여 전기 또는 열을 이용하는 에너지로 연료전지, 수소, 석탄을 액화·가스화한 에너지 등이 포함된다. 재생에너지는 햇빛·물·지열·강수·생물 유기체 등을 포함하는 재생 가능한 에너지를 변환시켜 이용하는 에너지로 태양에너지, 풍력, 수력, 해양에너지, 지열에너지, 바이오에너지 등이 해당된다.

무 대상 기업은 자체 신재생에너지 설비를 통해 자신이 할당받은 양만큼의 REC를 발급받고, 부족한 양은 외부 인증서 거래시장에서 조달한다. 신재생에너지 사업자에게 REC가 발급되기 때문에 RPS 의무 대상 기업과 신재생에너지 사업자가 REC를 사고팔 수 있다. REC 시장을 통해 신재생에너지 사업자는 SMP로 결정되는 전력시장 가격 외에 추가적인 REC 가격을 받을 수 있게 되었다. 또한 신재생에너지 설비에 따라, 경제성과 사회·환경·정책적 요구를 반영하여 산업부가 부여한 가중치가 적용된다. RPS 제도하에서 'SMP+REC×가중치' 단가가 재생에너지 사업자의 사업성 지표가 되었다.

REC 인증 과정에서는 한국에너지공단이, REC 비용 정산 과정에서는 한국전력거래소가 관여하지만, 비용의 청구와 정산을 중심으로 살펴보면 RPS와 REC의 운용에 필요한 자금은 전기 소비자로부터 나와서 재생에너지 사업자에게 돌아간다. 자금의 흐름 측면에서 보자면 FIT와 RPS는 모두 최종 전기 소비자로부터 추가적인 요금을 걷어 재생에너지 사업자를 지원하는 사업구조다. FIT가 정부가 기준 가격을 제시해 재생에너지 가격의 확실성을 제공해 재생에너지 사업자의 수익성에 예측 가능성을 부여하는 반면, 재생에너지 공급량 측면에서는 불확실성이 존재한다. RPS는 재생에너지 공급량의 측면에서는 확실성이 있는 반면,

그림 1. 우리나라 RPS·REC 제도의 자금 흐름

*자료: 김경락·김예지(2021)를 바탕으로 확장 작성.

재생에너지 사업자는 SMP와 REC라는 두 가격의 불확실성으로 인해 수익성 예측에 어려움을 겪는다. 공통점은 소비자가 낸 전기요금으로 재생에너지 사업자를 지원한다는 것이다.

FIT와 RPS 모두 재생에너지 사업을 공공이 아니라 민간기업 주도로 진행한다는 전제하에 만들어진 제도다. 즉, 재생에너지 발전을 애초부터 민영화된 사업구조로 전제한 것이다. 두 제도는 자유화된 전력시장을 상정하고, 재생에너지 발전 사업에 다수의 민간 사업자가 진출한다는 구상이다. 다만 지금까지 재생에너지의 발전단가가 전통적인 에너지원보다 높기 때문에, 시장에서 경쟁력이 없기 때문에, 공공 부문이 인센티브를 제공해서 민간 재생에너지 사업자의 수익성을 보장해주는 것이다. 인센티브를 어떤 제도를 통해 부여할 것인가의 측면에서 FIT와 RPS가 구분되는 것이다. 그런 면에서 FIT와 RPS는 전기 소비자의 자금을 통해 재생에너지 사업자를 지원하는 구조를 가지고 있다. 따라서 양 제도는 '이익의 사유화'이자 공공부문과 시민의 비용으로 기업을 지원하는 '기업 복지'의 일종이다.

2) 재생에너지 PPA와 보조금 확대

REC의 거래는 현물시장과 계약시장에서 이루어진다. 전력거래소를 통해 운영되는 현물시장은 매주 화·목요일 두 차례 개설되어 경매형식으로 REC의 수요와 공급에 의해서 매매가 이루어지는 시장이다. 매도 주문과 매수 주문이 동시에 일어나는 양방향 입찰이고, 원하는 가격이 맞지 않으면 계약 유찰이 일어나기도 한다.

계약시장은 매도자인 신재생에너지 발전 사업자와 매수자인 공급 의무자가 공급인증서 매매계약을 체결한 후에 계약 사실을 신고하고 그 내용에 따라 매매가 이루어지는 시장이다. 계약시장은 다시 자체 계약과 선정 계약으로 구분된다. 자체 계약은 공급 의무자가 개별적으로 수행하고 신재생에너지 발전 사업자가 이에 참여하여 계약을 체결한다. 선정 계약은 한국에너지공단 신재생에너지센터 주관으로 매년 상·하반기 한 차례씩 진행되며, REC 판매 사업자를 선정하여 공급 의무자와 20년의 장기 매매계약을 체결한다. 그런데 2017년 이후 자체 계약이나 선정 계약은 SMP와 REC 가격을 통합하여 합계해서 계약을 체결했다. 선정 계약으로 발전 공기업이 구매하는 재생에너지 발전량은 모회사인 한전이 모두 구매하고 비용을 정산한다. 따라서 사실상 재생에너지 사업자와 발전 공기업 간에 경매 형식으로 20년간 전력구매계약PPA이 이루어지는 셈이다. 유럽에서 FIT가 축소되고 경매제도로 전환되고 있는 반면, 한국은 RPS 속에서 경매제도가 자리 잡고 있는 상황이다.

재생에너지 발전량이 늘어나고 REC 시장이 성장하면서 RPS 공급 의무 기업의 RPS 이행 비용이 크게 증가하고 있다. 공급 의무 기업이 구매한 REC 비용은 모두 한전을 통해 정산된다. 따라서 한전이 발표한 RPS 이행 비용을 사실상의 REC 시장 규모로 간주할 수 있다. 한전의 RPS 이행 비용은 2019년 2조 474억 원에서 2021년 3조 1,905억 원으로 증가했고, 2022년에는 4조 원 규모로 전망된다(전자신문. 2022). 2017년부터 2021년 5년 동안 약 11조 원이 재생에너지 사업자들에게 지원되었다. 민영화된 재생에너지 발전 산업의 구조 속에서 전기 소비자로부터 재생에너지 사업자에게 지원되는 보조금의 규모가 날로 커지고 있는 것이다. 그 규모가 날로 증가되리라는 점은 어렵지 않게 예상할 수 있다. 문제는 이러한 자금의 흐름이 진보적/누진적인 것이 아니라 퇴행적/역진적이라는 점에 있다.

유럽에서 유사한 일이 먼저 발생했다. FIT는 "대다수 에너지 소비자의 부를 투자자와 사적 재생에너지뿐만 아니라 큰 규모의 태양광 설비에 돈을 지불할 수 있고 집에 설치할 여유가 있는 비교적 부유한 주택 소유자와 사업체로 이전하는 결과를 가져왔다"(Sweeney and Treat. 2017: 19). 독일에서는 특히 글로벌 경쟁력을 제고하기 위해 산업용 전기 소비자의 비용 부담을 낮추고, 주택용 전기 소비자에게 부담을 전가해서 더 큰 문제를 가져왔다. 한국의 RPS 제도도 결국 최종 전기 소비자의 요금으로 재생에너지 사업자에게 보조금을 지원하기 때문에 같은 문제를 가지고 있다. 앞으로 재생에너지 사업자에게 지원되는 보조금 규모가 크게 커졌을 경우에 전기요금 인상과 역진적인 부의 재분배, 불평등한 비용의 전가 문제가 더욱 심화될 가능성이 있다.

재생에너지 사업자 지원 규모는 앞으로 크게 늘어날 예정이다. 2020년 기준 한국의 재생에너지 발전량은 전체 전력 생산량의 6.41%이고, 태양광과 풍력만 보면 3.87%에 불과하다. 발전설비용량은 2020년 전체 129.19GW 중 태양광 17.32GW, 풍력 1.64GW 규모다. 최근 연구에 따르면 2050년 탄소중립을 위해서는 457~569GW의 태양광과 풍력발전설비가 필요하다(이창훈 외. 2019; 엄지용 외. 2021; 고은 외. 2022). 2020년 연말 기준 한국 전체 발전설비의 용량이 129GW이고, 그중 태양광과 풍력 설비의 합이 18.9G라는 점과 비교하면 엄청난 목표치이다. 태양광과 풍력의 단가가 하락하더라도 물량이 크게 증가하기 때문에 재생에너지 사업자에게 지원하는 보조금이 늘어날 것이다. 보조금 규모가 커질 경우 전기요금 인상과 역진적인 부의 재분배, 불평등한 비용의 전가 문제가 표면화될 것이다. 한편, 이런 문제를 간과하고 전기요금 '정상화'를 통해 에너지 전환을 앞당기고 재생에너지 보급을 늘릴 수 있다는 전문가들과 환경단체 일각의 주장은 매우 순진하다. 문제 진단과 해결의 선후 관계가 완전히 뒤바뀌었다. 현재의 사업구조를 바꾸지 않고 요금 체계를 개편하는 것은 민간 사업자에게 더 많은 돈을 몰아주는 신자유주의적 가격 개혁일 뿐이다.

3) 민자 발전 모델의 한계: 전쟁터가 된 에너지 전환

최근 불거진 재생에너지 사업의 여러 난맥상은 민영화를 통한, 민자 발전을 모델로 한 재생에너지 사업이 만든 문제다. 현형 구조 속에서 신속한 전환과 정의로운 전환이 어려워지고 있다. 공공 부문이 재생에너지 사업자의 이윤을 지원해 주지만, REC 가격 등락 논란에서 볼 수 있듯이 사업자는 수익성과 미래 예측의 어려움에 불만을 갖고 더 높은 이윤을 요구한다. 돈이 되면 마구잡이로 재생에너지 시설이 들어서 산, 농지, 바다가 파괴되고 거기에 기대어 사는 사람들의 삶을 위협하고 있다. 태양광 패널로 된 칼을 쓰고 농민이 거리에 나서고, 어민이 풍력단지 반대 해상 시위를 벌이고, 산촌에서는 양수발전소와 송전탑 반대 운동이 일어나고 있다. 민자 발전 모델의 재생에너지 사업이 에너지 전환을 돈을 위한 전쟁터로 만든 것이다. 침략자는 돈을 든 자본이고 피해자는 또다시 최전선에 선 민중이다. 정의로운 전환이 립서비스처럼 언급되지만 이윤 추구 과정에서 '정의'는 완전히 무시된다. 민주주의 파괴는 개발독재 시대와 마찬가지로 자본 독재 시대에도 지속된다.

지금까지 에너지 전환은 원자력 산업계와 노동자의 반발, 석탄화력발전소 비정규직 노동자의 희생, 송전탑과 양수발전소 건설 반대, 석탄 대체 LNG발전소 건설 반대, 농어촌 파괴형 태양광과 풍력 반대 운동 등 수많은 갈등과 문제를 양산했다. 탈핵발전과 탈석탄이 무책임하게 통합적이고 협력적인 계획과 조정 없이 민영화되고 시장화된 방식으로 재생에너지를 확대했기 때문이다. 핵발전소 외에는 에너지 정책의 차별성이 없는 윤석열 정부에서도 같은 문제가 반복될 것이다.

에너지 전환이 이윤과 시장 논리에 따라 이루어지면서 만인의 만인에 대한 투쟁이 되고 있다. 모든 에너지원이 그리고 모든 사회적 주체가 적이 되어 싸우는 전쟁터와 같은 상황에서 벗어나야 한다. 지금과 같은 구조 속에서는 탈탄소 사회로의 정의로운 전환은 불가능하다. 이제 근본적으로 방향을 전환할 때다.

4. 해상풍력에 진출하는 민간 자본: 더 크고 나쁜 민자 발전 모델

1) 해상풍력 투자 붐

유럽과 미국, 중국 등 한국보다 재생에너지 보급이 빠른 대부분 지역에서 태양광보다 풍력이 재생에너지 발전의 다수를 차지하고 있다. 그러나 한국은 2020년 태양광이 전체 전력 생산의 3.33%를 담당하고 풍력은 0.54%에 그쳤다. 설비용량도 태양광이 2016년 4,882MW에서 2020년 1만 7,322MW로 255% 성장한 반면, 풍력은 같은 기간 1,034MW에서 1,645MW로 59% 성장했다. 2017년 12월 문재인 정부가 발표한 〈재생에너지 3020 이행계획〉에 견주면 태양광은 목표를 초과 달성했지만 풍력은 목표 달성에 실패했다. 2021년 12월 기준 국내에 건설된 풍력단지는 1,705MW 규모다. 이 가운데 상업 운전 중인 해상 풍력은 탐라(30MW), 서남권 실증단지(60MW), 영광 일부(34.5MW) 등 124.5MW에 불과하다. 이대로라면 정부가 목표로 한 2030년 해상풍력

12GW(3020 이행 계획), 2034년 24.9GW(그린 뉴딜 정책) 달성이 쉽지 않아 보인다. 해상풍력은 입지 발굴, 인허가, 건설 등에 7년 이상이 소요된다.

하지만 최근 들어 연이어 해상풍력 사업 허가가 이어지고 있다. 2021년 12월까지 전기위원회로부터 발전 사업 허가를 받은 해상풍력 사업은 55건, 13.7GW다. 허가된 설비용량으로 보면 2030년 목표치가 이미 확보된 셈이다(일렉트릭파워. 2021). 2021년에만 22개 사업, 총 8.2GW의 해상풍력 사업이 허가되었다. 울산 지역에 귀신고래 2·3, 동해 1, 반딧불, 문무바람1 등 5개의 부유식 해상풍력 사업이 허가되었다. 지역별로 보면 전체 허가 사업의 63%인 8.7GW가 전남 지역에 집중되어 있다.

최근 해상풍력 사업의 또 하나의 특징은 외국 자본이 대거 진출하고 있다는 점이다. 호주계 금융자본인 맥쿼리GIG가 부산 청사포와 다대포, 울산부유식해상풍력발전, 기장해상풍력발전, 해운대해상풍력발전, 거문도해상풍력발전, 맹골도해상풍력발전, 부산부유식해상풍력발전 등의 소속 회사들을 앞세워 해상풍력단지 조성을 추진 중이다. 인천 옹진군 덕적도와 굴업도 인근에는 세계 최대 해상풍력 발전 기업인 덴마크의 오스테드가 사업을 추진 중이다. 오스테드는 2021년 10월 특수목적법인SPC '인천해상풍력1호 주식회사'와 '인천해상풍력2호 주식회사'를 설립했고, 2026년까지 총 8조 원의 사업비를 들여 1.6GW 규모의 해상풍력발전단지를 조성할 계획이다. 2021년 허가된 울산의 부유식 해상풍력 사업에는 노르웨이의 국영 에너지 기업인 에퀴노르, 세계 수위의 석유 기업인 셸, 한국의 코엔스와 스웨덴 헥시콘AB의 합작회사인 코엔스헥시콘, 맥쿼리 그린인베스트먼트그룹GIG, 세계 6대 석유 기업인 토탈 등이 참여한다. 2021년 7월에는 세계 최대의 금융 투자 자본인 블랙록의 실물자산 투자 본부인 블랙록 리얼에셋이 KREDO홀딩스의 지분 100%를 인수했다. KREDO홀딩스는 국대 최대 신재생에너지 개발 사주의 하나로 2GW 이상의 해상풍력 파이프라인과 기타 신재생에너지 자산을 보유하고 있다. 블랙록은 KREDO홀딩스를 통해 향후 10억 달러 이상의 지분을 투자할 계획이다.

2) 사업자와 금융 투자자로 유출되는 전기요금

2021년 7월 28일, 신재생에너지 공급인증서REC 가중치가 변경되어 해상풍력 사업의 기본 가중치가 2.5로 대폭 상향되었고, 수심과 연계 거리 등 설치 여건에 따라 가중치를 최대 4.9까지 부여받을 수 있게 되었다. 해상풍력 사업으로 1kWh의 전력을 생산할 때마다 2.5~4.9개의 REC가 발급되는 것이다. 해상풍력 사업자의 입장에서 높은 가중치는 높은 경제적 보상으로 돌아온다. 반면 REC 비용을 부담하는 전기 소비자의 입장에서 보면 가중치가 높은 사업에 더 많은 보조금을 지출하는 셈이다.

재생에너지 사업의 구조는 다음과 같다. 출자자들이 SPC를 구성한다. 민간 발전 사업자는 발전 공기업과 REC 계약을 맺기 위해 발전 공기업을 SPC에 참여시키는 것이 일반적이다. 사업의 자금 조달은 일반적으로 특수목적법인의 자기 자본 10%와 금융기관이나 펀드 등을 통해 조달되는 타인 자본 90%로 구성된다. 건설 기업과 설계·조달·시공 EPC 계약을 맺으며, 운영·유지·보수O&M 기업과도 계약을 맺는다. SPC에서 생산되는 전력과 REC는 발전 공기업과 전력거래소를 통해 판매된다. 이때 생산되는 전력의 가격 변동 위험을 관리하기 위해 발전 공기업과 SPC 간에 20년의 SMP+REC 장기 구매계약을 맺는 경우가 다수다.

그림 2. 재생에너지 민자 사업 구조

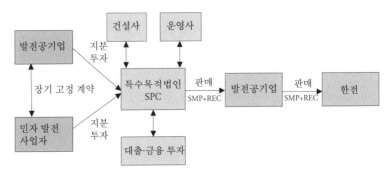

이런 사업구조는 민관협력사업Public Private Partnership, 이하 PPP의 전형적인 구조이다. PPP는 한국에서 '민간투자사업'의 형태로 제도화되어 있는데, 신재생에너지 분야에서는 SPC의 구성과 자금 조달 방식으로 관행화되고 있다. 민간 사업자가 재생에너지 사업을 통해서 이윤을 보장받기 위해서 발전 공기업이 사업의 파트너로 참여하는 것이다. 이런 민자 사업 구조에서 발전 공기업은 SPC의 주주로서 지분 투자를 하지만, SPC 자체는 하나의 민자 발전이기 때문에 다른 민간기업과 유사하게 공기업보다 높은 금융 조달 비용을 갖게 된다. 재생에너지 사업자가 생산한 전력은 발전 공기업을 통해 한전으로 판매되고, 그 비용은 결국 역의 과정을 통해서 전기 소비자로부터 민자 발전 사업자에게 흘러간다. 또 사업비의 90%를 부담한 대출기관이나 금융 투자자에게 이자나 투자 보수의 형태로 지급된다. 맥쿼리나 블랙록과 같은 금융 투자 기업이 재생에너지 사업에 진출하는 까닭이 바로 여기에 있다. 특히 해상풍력 사업에는 수조 원 규모의 막대한 자금이 필요하기 때문에, 금융 기업의 입장에서 새로운 놀이터가 될 가능성이 충분하다. 투자 비용은 도산할 가능성이 없는 발전 공기업의 법인 참여 및 PPA 계약으로 보증되

고 결국 국민들의 전기요금을 통해 회수된다. 해외 자본이 여기에 적극적으로 참여하면 재생에너지 발전 사업의 수익으로 국민들이 내 전기요금이 외국으로 유출되는 셈이다. 해외 투자자들은 국제무역기구나 FTA와 같은 무역협정(그러나, 핵심은 투자자보호협정)을 통해 보호받기 때문에 사회적·공공적인 이슈가 발생했을 경우에도 사업을 제한하기 매우 어렵다.

3) 전력산업의 완전한 민영화?

민자 발전 모델의 재생에너지 사업이 확산되면서 결국 한국의 발전산업은 완전한 민영화로 치달을 가능성이 높아졌다. 2050년까지 대부분의 발전이 태양광과 풍력과 같은 현대적 재생에너지로 대체된다고 보면, 발전산업은 민자 사업 모델을 통해 자연스럽게 대부분 민영화된다. 탄소중립을 위해서는 전력 생산량이 지금보다 2배 내외로 증가해야 하고, 재생에너지 설비의 가동률은 감안하면 설비용량의 규모는 더 커져야 한다. 재생에너지 사업이 지금과 같이 민영화된 민자 사업모델로 진행될 경우, 민간기업과 금융 투자자의 입장에서 엄청난 돈벌이 기회가 열린다.

전력 판매 시장의 개방 압력도 높아지고 있다. 문재인 정부에서는 기업의 RE100Renewable Energy 100을 명분으로 재생에너지 민자 발전 사업자에게 PPA 형식으로 전력 판매가 허용되었다. 이론적으로 보았을 때, 재생에너지의 발전 비중만큼 한국의 전력 판매 시장이 민영화될 수 있는 것이다. 특히 대규모 해상풍력 사업자의 경우 해상풍력으로 생산한 전기가 그리드패리티에 근접할 경우 발전 공기업이나 한전을 경유하지 않고 대기업에게 직접 전력을 판매할 수 있게 된다. 또는 그리드패리티 근접 전이라도 RPS나 REC 제도의 재편으로 민간기업과 PPA 계약을 맺을 수도 있다. 이렇게 된다면 한국전력이 전담하고 있는 전력 판매 시장의 개방이 가시화되고, 도매 전력 시장도 경쟁 시장으로 재편될 것이다.

또한 배전망 민영화에 대한 압력도 높아질 것이다. 민영화를 통한 탄소중립을 추진하는 주장의 핵심 중 하나는 한국전력이 송전공사로 재편되어야 한다는 것이다. 공기업은 송전망 관리만 전담하고 나머지 발전, 배전, 판매 부분을 완전히 민영화해서 민간기업들이 운영하자는 것이다. 지금도 망중립성 이슈를 내세우며 송배전망의 독립적 운용을 요구하고 있다.

민자 사업을 모델로 한 재생에너지 사업은 민영화를 향한 압력을 높이고 있다. 2002년 파업 이후 중단된 제한된 민영화 사업 구조 속에서 압축된 민영화가 언제 터져 나와도 이상하지 않은 상황이다. 그러나 에너지 산업의 완전한 민영화는 기업과 금융으로의 부의 유출은 물론이고, 에너지 전환을 돈벌이를 위한 전쟁터로 만들어 노동자와 민중을 희생시키는 불의한 전환으로 만들 것이다. 빠르고 정의로운 탈탄소 사회로의 전환이 가능하려면 다른 길을 찾아야 한다.

5. 사회공공성을 통한 정의로운 에너지 전환

1) 재생에너지 공유화와 초과 수익 환수

민자 발전 모델 재생에너지 사업의 대안은 두 측면에서 모색해 볼 수 있다. 첫 번째는 재생에너지 자원을 공유화하는 것이다. 태양광과 바람을 이용하는 재생에너지 발전은 자연으로부터 주어진 무상의 자원을 이용한다는 점에서 특정 기업이나 집단이 독점할 수 있는 것이 아니다. 그러나 민자 발전 모델은 재생에너지 발전으로 발생하는 이익을 사업자와 금융 투자자가 독점하는 구조다. 재생에너지 사업에서 발생한 이익을 모든 사람들이 공유화할 수 있는 방안이 없을까?

이 문제에 대한 힌트로 제주도의 풍력 자원 공유화 운동을 참고할 수 있다. 2013년 제주도는 풍력발전 사업자와 매년 당기 매출액의 7%에 해당하는 금액을 제주도에 기부한다는 '이익 공유화에 관한 약정'을 체결했다. 사업 허가 후 이익 공유 약정 내용을 이행하지 않을 경우 사업 허가를 취소하거나, 이행보증보험 계약을 체결하여 이익 공유 약정 내용을 이행을 담보하는 장치를 마련했다. 제주의 바람은 제주도민 모두의 것이고 발전 사업자가 얻는 초과이윤은 전기요금에서 지출되는 것이므로 이를 공유화하는 것이 필요하다는 문제의식에서 시작된 풍력 공유화 운동의 성과였다(김동주, 2022).

이 논리를 한국 전체로 확장해서 재생에너지 사업자가 부당하게 독점하고 있는 자연력의 기여로 발생한 초과이윤을 환수해야 한다. 무상의 자연을 이용해 사업자가 얻는 이윤은 국민의 소득에서 전기요금으로 지출되는 것이기 때문이다. 환수된 자금을 정의로운 전환에 사용한다면 일석이조 효과를 얻을 수 있다. 이런 내용을 담은 재생에너지 공유화법의 제정이나, 자연과 자연 이용으로부터 발생한 수익을 개인이나 기업이 전유할 수 없도록 하는 개헌이 필요하다.

2) 민자 발전을 대체할 공공 협력 모델의 구축

이미 진행된 재생에너지 사업의 폐해를 공유화를 통해 해결하는 동시에, 새로운 재생에너지 사업은 사회공공성 모델에 따라 이루어져야 할 것이다. 민자 사업 모델에도 공공 부문의 자원이 투자되고 있다. 재생에너지 발전을 공공 부문이 책임하에 직접 사업 방식으로 진행한다면 금융 조달 비용과 사업 비용에서 그 부담을 크게 줄일 수 있다. 국가나 공기업이 금융자금을 직접 조달하면 민간기업이 조달하는 비용보다 크게 금리를 낮출 수 있다. 금융 비용뿐만이 아니다. 민자 사업 모델에서는 재생에너지 발전으로 높은 수익을 예상한다. 공공 부문이 직접 사업을 수행하면 민간 자본으로 유출되는 수익률을 최대한 낮추거나 없앰으로써 비용을 절감할 수 있다.

사회공공성 모델이 민영화 모델보다 더욱 비용 효과적이고 효율적이다. 재생에너지로의 완전한 에너지 전환을 위해서 향후 30년 동안 수백조 원 규모의 투자가 이루어져야 한다는 점을 고려해 보면, 단 $1\%p$의 금리와 수익률 차이도 국민경제 차원에서 어마어마한 규모다. 김승완(2022)에 따르면 전환 부문, 즉 발전 산업에서 탄소중립위원회가 2021년 발표한 2050 탄소중립 시나리오 A안을 달성하려면 1,005조 원의 비용이 필요하고, B안의 경우 887조 원이 필요하다. 각각의 비용에는 연료비, 무탄소발전소 설치비, 저장장치 설치비가 포함된다. 그중 태양광과 풍력 발전소 건설비는 무탄소발전 설치비에 해당된다. 2050년 탄소중립 시나리오 A안을 달성하려면 재생에너지 발전설비에 총 283.2조 원(태양광 143.4조 원, 육상풍력 22.9조 원, 해상풍력 116.9조 원)이 필요하다.

사회공공성 모델의 장점은 비용 절감을 넘어선다. 민자 사업은 민주적 통제에서 벗어나 있다. 사업 계약 내용은 영업비밀이라는 이유로 공개되지 않는다. 시민이나 노동자가 사업의 설계에 개입할 여지가 없다. '주민 참여형'이라는 미명하에 지분 투자를 일부 가능하게 하고 발생하는 수익을 나눠 주는 사후적 분배 정도가 새로운 사업 모델로 선전된다. 민주적 참여를 가로막고 '돈으로 투표하는 행위', 즉 소비나 투자를 권장하는 것은 신자유주의 시대의 관행이다. 정치적 시민권을 소비자이거나 투자자로 변형하는 것이다. 재생에너지 사업을 공공적으로 진행한다면 이런 문제를 해결하고, 시민에게 완전한 정보를 제공하며 의사결정에 민주적으로 참여할 수 있도록 보장할 수 있다. 공공적 재생에너지 사업은 민주주의와 완전히 양립할 수 있다.

1,408개 (재)공영화 사례에 대한 연구에 따르면, (재)공영화는 여러 가지 긍정적 효과를 발휘했다. 첫째, 운영비와 인프라 재원을 절약함으로써 공공 서비스를 개선하고 환경적 목표 강화할 수 있었다. 둘째, 노동조건을 개선하여 좋은 일자리를 창출하고, 공공 서비스의 질을 높이고, 지역경제에 긍정적 영향을 미쳤다. 셋째, 통합된 공공 정책을 통해서 생태적 지속가능성을 강화했다. 넷째, 공공 서비스에 대한 보편적 접근을 제공하여 사회적 권리와 인권을 보장하고 평등을 진전시켰다(사토코 키시모토 외, 2020: 23~25). 또한 (재)공영화를 통해 열린 정치적 공간을 활용해서 더 많은 정치적 실험과 운동을 벌일 수 있다. 우리도 재생에너지 사업을 공영화해서 이런 장점을 현실화해야 한다.

또한 민영화와 민자 사업 중심의 재생에너지 정책은 종합적인 계획, 조정, 협력을 불가능하게 만들었다. 온 국토가 에너지 전환의 전쟁터가 되고 있다. 2050년까지 새롭게 설치해야 하는 재생에너지 발전설비, 송배전망 등을 염두에 둔다면 현재 사업구조에서 전쟁터는 더 넓어지고 전투의 격렬함은 더욱 강화될 것이다. 돈, 이윤, 수익을 위한 에너지 사업 모델이 전국을 돈, 이윤, 수익을 위한 전쟁터로 만드는 것이다. 사회공공성 모델에 따라 정의로운 전환을 선두에 세우고 종합적인 계획과 협력이 가능하다면, 에너지 전환을 전쟁이 아니라 생태적으로 조화롭고 경제적으로 정의로운 새로운 사회를 만드는 과정으로 만들 수 있을 것이다. 그런 점에서 민자 사업식 민관 협력PPP 모델을 버리고 공공 협력PUP, Public Public Partnership 또는 PCP, Public Commons Partnership 모델을 모색해야 한다. 공공 협력은 발전 공기업과 지방자치단체나 지역 협동조합이 협력하여 지역적인 차원에서 재생에너지를 확대하는 사업 모델이 될 것이다.

새로운 재생에너지 사업은 기존의 전력 시스템이 하고 있던 희생과 배제의 시스템을 없애는 것을 목적으로 해야 한다. 지역 시민의 의사를 무시한 발전소와 송배전망 건설을 중단하고 전기가 생산되고 소비되는 지역을 가능한 한 일치시켜야 한다. 또한 안전과 노동자를 희생시키는 외주화를 중단하고, 내부화와 정규직화를 통해 차별 없이 모두의 노동권이 보장되는 방식으로 사업이 이루어져야 한다. 공공 협력은 화석연료에서 재생에너지로의 에너지원 전환뿐만 아니라 기존의 관료적이고 수익성 추구 위주였던 사업구조를 혁파해 사회공공성을 추구하는 계기이다. 공공 협력은 시민과 노동조합이 주도권을 가지고 적극적으로 사업에 참여할 때 가능해진다. 중앙정부부터 마을 단위까지 촘촘하게 계획되고 조정되는 공공 협력은 지금과는 다른 방식으로 에너지 전환을 이끌 수 있다. 공공 협력은 시민과 노동조합의 주도권하에 이들의 적극적 참여로 가능해진다. 중앙정부부터 마을 단위까지 촘촘하게 계획되고 조정되는 공공 협력은 지금과는 다른 방식으로 에너지 전환을 이끌 수 있다.

3) 노동운동과 기후운동의 과제

재생에너지의 공유화와 공공 협력을 앞세운 사회공공성 재생에너지 사업 모델은 위에서부터 만들어질 수 없다. 이윤을 위해서 자연과 인간과 사회를 파괴해 온 신자유주의 에너지 정책 기조가 완전히 뒤바뀌어야 한다. 민영화된 사업 모델에서 수익을 얻고 있는 금융기관과 민자 사업자들은 사회공공성 모델을 수용하고 기존의 사업 모델을 포기하고 강력한 규제 속에서 새롭게 사업을 재구조화해야 할 것이다. 비정규직 노동자들의 해고로 이어질 탈석탄, 탈핵발전소 과정을 정의롭게 바로잡아야 한다. 이런 일들이 가능하려면 무엇보다 노동운동과 기후운동의 강력한 힘이 동반되어야 한다.

20여 년 전 민영화 저지 투쟁의 교훈 중 하나는 노동자의 투쟁이 한국 사회를 일깨우고 정부의 정책을 변화시켰다는 것이다. 투쟁은 1990년대부터 2000년대를 휩쓸었던 국제적인 민영화 추세와 10여 년 전부터 준비되었던 정부의 구조 개편도 막아 냈다. 사회공공성을 중심에 둔 대안을 현실화시키지 못했지만, 자본과 정권의 강력한 폭압을 막아 낸 것은 세계 어느 곳에서도 유례를 찾아보기 힘든, 에너지 노동운동의 큰 성과였다.

그 후 20여 년간 은밀한 민영화가 진행되고, 정의로운 전환이 실종된 에너지 전환이 추진 중이다. 그러나 기후위기와 탈탄소 사회로의 전환은 대안적 가능성을 만들고 있다. 시민운동과 환경운동의 스펙트럼은 넓어지고 있고, 체제 전환을 지향하는 기후정의운동이 형성되고 있다. 에너지 전환의 흐름을 정의로운 방향으로 바로잡을 수 있는 주체가 바로 노동운동과 기후운동이다. 아래로부터의 운동으로 재생에너지의 공공성을 탈환하고 정의로운 전환을 현실화해야 한다. 이것이 지구와 모든 시민들의 삶을 지킬 수 있는 유일하고 가장 유망한 길이다.

참고 문헌

고은 외. 2022.《대한민국 2050 탄소중립 시나리오 K-Map》, 녹색에너지전략연구소·녹색전환연구소·사단법인 넥스트·Agora Energiewende.

구준모·류승민. 2021. 〈탄소가격제 무엇이 문제이고, 왜 고쳐 쓸 수 없는가〉, 기후위기비상행동 기후정의 쟁점 세미나 '탄소가격제에 대한 입장과 대안' 발제문.

김경락·김예지. 2021. 〈RPS 시장 제도의 문제점과 개선 방향: 풍력발전을 중심으로〉, 기후솔루션.

김동주. 2022.《전환 사회의 새로운 힘, 재생에너지를 공유하라》, 한그루.

김승래·김지영. 2010.《녹색성장 세제의 설계와 경제적 효과: 탄소세 도입을 중심으로》, 한국조세연구원.

김승완. 2022. 〈탄소중립 추진에 따른 전환 부문 소요 비용 추산〉,《탄소중립 추진 비용의 규모와 해법》심포지엄 자료집.

류승민. 2021. 〈기후위기 해결을 시장에 맡길 수 있는가?〉,《기후위기 시대 공공 부문 노동운동의 전략》, 사회공공연구원.

리서치 페이퍼. 2020. 〈수력발전, 단점 많다? 생태계 파괴부터 메탄 방출까지〉, 2020. 02. 05. https://m.post.naver.com/viewer/postView.naver?volumeNo=30651599&memberNo=39007078

베라 웨그먼. 2019.《유럽 에너지 자유화의 실패와 공공적 대안》, 박주형 옮김, 에너지노동사회네트워크·사회공공연구원.

사토코 키시모토 외. 2020.《공공이 미래다: 공공서비스의 민주적 소유를 향하여》, 이재훈·장영배 옮김, 사회공공연구원·공공운수노조·국제공공노련 한국가맹조직협의회.

《산경e뉴스》. 2021. 〈이재명 후보 '에너지고속도로'가 뭐지?〉, 2021. 12. 06. https://www.skenews.kr/news/articleView.html?idxno=32749

송유나. 2018. 〈재생에너지 정책 변천 이해와 문재인 정부 3020 평가와 대안〉, 사회공공연구원.

손 스위니. 2020. 〈화석연료 보조금 개혁 뒤에 숨겨진 목표〉, 구준모 옮김, 플랫폼C. http://platformc.kr/2020/04/fossil-fuel-subsidy/

엄지용 외. 2021. 《2050 탄소중립 전환 시나리오: 한국형 통합 평가 모형 분석》』, 기후 솔루션.

《이데일리》. 2021. 〈[일문일답]"석탄발전 빨리 폐쇄해야… 보상안 검토 필요."〉, 2021. 08. 08. https://www.edaily.co.kr/news/read?newsId=02528886629144368&mediaCode No=257

이창훈 외. 2019. 《지속 가능 발전과 에너지·산업 전환: 기후변화 정책목표 1.5℃ 대응을 중심으로》, 한국환경정책·평가연구원.

일렉트릭파워. 2021. 〈올해 해상풍력 발전 사업 허가 8.2GW 넘게 받아〉, 2021. 12. 22. http://www.epj.co.kr/news/articleView.html?idxno=29536

《전자신문》. 2022. 〈한전, 올해 기후 환경 비용 4조 2000억 원… 작년보다 15% 이상 증가〉, 2022. 02. 03. https://m.etnews.com/20220203000108

제시카 그린. 2021. 〈탄소가격제가 아니라 조세 개혁이 효과적인 기후 정책이다〉, 최재혁 옮김, 플랫폼C. http://platformc.kr/2021/06/carbon_pricing/

Haites, E. 2018. Carbon taxes and greenhouse gas emissions trading systems: what have we learned?. Climate Policy. 18:8.

Food&Water Watch. 2022. Averting Climate Catastrophe: Fossil Fuels Must End While Renewables Take Over. https://www.foodandwaterwatch.org/2022/03/01/climate-catastrophe-fossil-fuels/

Green, J. F. 2021. Does carbon pricing reduce emissions? A review of ex-post analyses, Environmental Research Letter. 16.

Sean Sweeney and John Treat. 2017. Energy Transition: Are We "Winning"?, TUED Working Paper #9.

Sean Sweeney and John Treat. 2017. Preparing a Public Pathway: Confronting the Investment Crisis in Renewable Energy, TUED Working Paper #10.

10 한국 청년 기후운동의 특징과 한계:
기후변화청년단체 GEYK와 청년기후긴급행동,
대학생기후행동을 중심으로[1]

김민정, 이상준

1. 서론

1993년 발표된 환경운동연합의 창립선언문에는 "새로 출발하는 우리는 생활 속에서 이루어지는 모든 환경파괴, 오염 행위를 근절하고, 새로운 환경의식과 실천으로 스스로 자신의 삶터를 건강하게 가꾸어 나가는 시민운동을 펼쳐 나가고자 한다"는 내용이 있다. 2021년 '체제 전환을 위한 기후정의동맹' 제안 및 배경에는 "'기후정의동맹'은 자본과 권력이 유포하는 '기후위기론'과 그 해결책으로서 '녹색성장/시장'에 맞서는 구체적인 싸움의 현장을 열어 내고 조직해 나가고자 합니다. 이는 다양한 사회운동이 자신의 관점으로 기후위기와 기후정의를 자기 과제로 인식하고 투쟁에 나설 때 가능합니다. … [다양한 사회운동의 주장이] 기후정의운동과 만날 때 비로소 거대한 사회적 세력으로서 기후정의동맹이 가능합니다"라는 내용이 있다. 전자가 시민으로서의 운동을 강조한다면 후자는 다양한 사회운동이 "자신의 관점"으로 기후위기를 인

---

1 이 글은《마르크스주의연구》(2023, vol. 20, no. 2, 통권 70호)에 게재된 것을 수정·보완했다.

식하며 기후위기와 기후 재난의 당사자로서 기후운동에 참여하는 당사자운동 및 정체성에 기초한 운동을 제시한다.

이처럼 최근 출현하고 부상하는 당사자운동으로서 기후운동의 중심에는 청년 세대가 있다. 청년 기후운동의 등장과 확대는 기후위기가 갖는 '세대 간 정의intergenerational justice'의 문제와 결부되어 있다. 청년 기후운동은 기후위기의 '세대 간 불의' 문제에 주목하며, '청년 세대'가 앞으로 더욱 심화될 기후위기와 기후재난을 겪으며 살아가게 될 기후위기의 '당사자'로서 행동한다는 점을 강조한다. 2010년대 중후반 이후 청년 세대를 중심으로 하는 기후운동이 새롭게 부상하면서 한국 기후운동 전체의 담론과 양상이 변화되고 있지만, 전반적인 한국 기후운동에 관한 사회운동적 논의는 2010년대 중반에 멈춰 있고(김민정, 2015), 기후운동은 학문적으로 크게 주목받지 못했다. 또한 이 시기에 부상한 청년 기후운동에 관한 국내 연구 또한 크게 부족한 실정이며, 특히 사회운동의 시각에서 청년 기후운동을 분석한 연구는 찾아보기 어렵다. 또한 청년 기후운동에 관한 소수의 기존 연구도 주로 청소년들의 기후결석 시위와 청소년 중심의 기후단체를 중심으로 진행되면서(현명주·김남수, 2021; 신현정 외, 2022; 안새롬·윤순진, 2021; 안새롬, 2022), 2010년대 중반부터 등장하여 2010년대 후반과 2020년대 초반 이후 양적으로 확대되었을 뿐 아니라 질적으로 다양한 양상으로 분화된 청년 기후운동의 양상은 조명되지 못했다.

이 글에서는 사회운동의 관점에서 현재 전개되고 있는 기후위기에 대응하고자 하는 당사자 운동의 특징을 분석한다. 특히 2010년대 중후반 이후 등장한 청년 기후운동을 중심으로 대표적인 청년 기후운동단체 세 곳을 비교 설명한다. 각 단체가 설립된 때부터 2022년 9월

24일 기후정의행동의 날까지의 기간 동안 단체의 활동을 운영 방식, 국가와 시장 및 기업과의 관계, 기후운동의 목표와 실천 방향, 기후운동의 전략 및 전술 등을 중심으로 살펴본다. 이를 통해 청년 기후운동의 특징을 발견하고 당사자주의의 한계를 비판적으로 검토한다.

2010년대 중후반 이후 한국에서 청년 기후운동이 부상하며 다수의 청년 기후단체가 출현하였는데, 이 중 단체 규모, 단체의 등장 배경과 성격, 기후운동 내부에서의 위치 등을 고려하여 대표적인 청년 기후단체로 기후변화청년단체 GEYK^Green Environment Youth Korea(이하 GEYK), 청년기후긴급행동(이하 청긴행), 대학생기후행동(이하 대기행)을 연구 대상으로 선정했다. 이 단체들은 2021년 기준 독립적인 청년 기후단체 중 가장 규모가 큰 단체이면서 기후운동 단체 간 네트워크에서 중심적인 위치를 차지하고 있다(김남수 외, 2021). 또한 GEYK는 기후위기의 당사자성을 표방하는 청년 기후단체 중 최초로 등장한 곳이라는 점에서 준거점이 될 수 있으며, 청긴행은 GEYK를 포함한 기존의 청년 기후단체 활동가 중 일부가 기후위기의 심각성을 실제 '행동'으로 드러내기 위해 별도로 모인 조직으로 시작되었다는 점에서(오지혁, 2021. 03. 22.) GEYK와 비교될 수 있을 것으로 판단된다. 그리고 대기행은 급진 정치를 지향하는 정당과 긴밀한 관계를 맺고 있다는 점에서 기존의 정치조직이나 사회운동(환경운동)과는 비교적 거리를 두거나 이를 비판하며 등장한 타 단체와 비교하기에 적절한 것으로 판단된다.

GEYK는 기후위기에 대응하기 위하여 청년들이 주축으로 활동하는 비영리 임의단체로 2014년 출범하였다. 50여 명의 회원이 탈탄소 에너지 전환을 촉구하고 지속 가능한 일상의 확산과 국내외 청년과의 상호 협력 그리고 모두를 위한 기후정의의 실현을 위해 활동하며, 범국가적으로 직면한 기후위기를 우리 세대에서 마무리하는데 기여하는 것을 목표로 한다. 파워 시프트 코리아Power Shift Korea, 꿀벌 프로젝트, 국민의 기후행진, 역량 강화 세션 등을 개최했고, 유엔 기후변화협약 당사국총회UNFCCC COP에 2014년부터 매년 참관하며 워크샵 및 부대 행사를 진행하고 해외 네트워크를 구축하는 등의 활동을 하였으며, 서울청년정책네트워크에 참여하는 등 국내외적으로 기후위기에 대한 청년들의 목소리를 모아 냈다.

다음으로 2020년 1월 결성된 청긴행은 기후위기에 맞서는 비폭력 직접행동 단체다. 참여하는 이들 모두가 기후위기와 불평등에 맞서는 청년이면서 동시에 나이, 젠더, 지역, 학력, 소속 등 다양한 삶의 맥락과 정체성을 가지고 있다. 국가·지역·계급·세대·성별·생물종 간 기후정의를 실현하기 위해 국가와 기업에 과감한 온실가스 감축을 비롯한 전환을 요구하고 지구상 모든 생명체를 위협하는 기후위기 대응을 시대의 최우선 의제로 만들고 다양한 주체들과 연대한다. 구호로 외치는 대안을 삶 속에서 구현하고자 탄소중립 선언을 촉구하며 환경부 장관 앞에서 180센티미터 공룡 옷을 입고 '멸종 퍼포먼스'를 하거나 베트남에 석탄화력발전소를 지으려는 대기업 간판에 녹색 스프레이 칠하는 등의 행동을 한다.

마지막으로 대기행은 기후위기 문제를 널리 알리고 정의로운 체제 전환을 위해 2020년 10월 31일 출범한 대학생 기후정의 단체이다. 기후정의를 실현하기 위해 대학생들의 목소리를 한곳으로 모을 수 있는 기획을 진행한다. 대표적으로 "이제 더 이상 기후위기 문제를 미룰 수 없다"라는 목표로 2021년 10월 30일 '대선대응청년행동' NOWHERE 프로젝트를 기후 분야에서 담당하여 진행했으며, 2022년 대선 후보들에게 기후위기 문제를 제대로 해결할 수 있는 대안을 마련할 것을 요구했다.

각 단체의 활동 사례와 그들이 공식적으로 생산하고 발표한 성명서, 논평, 입장문, 기자회견문 등을 중심으로 분석을 진행했다. 각 단체에서 주요 활동과 공식적인 메시지를 주로 소셜네트워크서비스SNS를 통해 밝히고 있으므로, 단체 설립 후부터 2022년 9월까지 각 단체의 공식 홈페이지에 탑재된 자료와 함께 공식 인스타그램 페이지에 올라온 게시물을 주로 분석에 활용했다. 또한 각 단체 활동가들이 언론 기고문과 인터뷰 등에서 단체와 단체활동에 대하여 언급한 내용을 수집하여 보조적으로 분석에 사용했다.[2]

2. 청년 기후운동의 사례

1) 당사자운동으로서의 청년 기후운동

2018년 이후의 기후운동에서 주요한 특징 중 하나는 청년 세대가 기후운동의 중심에 등장했다는 것이다(Sabharwal, 2020; Fisher & Nasrin, 2021). 청년 세대의 기후운동은 2018년 8월, 그레타 툰베리가 시작한 '기후를 위한 결석 시위school strike for climate'가 '미래를 위한 금요일friday for

---

2 이 글을 작성하기 위해 2022년 1~2월에 청년 기후운동 단체의 대표 및 주요 활동가 10명에 대한 개별 심층 면접을 진행하였다. 면접에 응한 청년 기후활동가들은 전반적으로 자신의 의견이 단체 입장으로 보여진다는 점에서 직접 인용을 꺼려했다. 이러한 점을 포착하여 면접 내용을 직접 인용하지 않고, 응답자의 내용을 토대로 한국 청년 기후운동의 전반적인 특징과 배경을 이해하는 차원에서 연구에 반영할 수 있다는 응답자의 동의를 얻었다. 1990년대 후반부터 포스트모더니즘과 정체성의 정치가 강화되면서 단일 창구로 획일화한 기존 대표성 및 일반화에 대한 반대와 부정적 시각이 청년 기후운동 활동가들에게 녹아 있다는 점을 면접을 진행하면서 발견했다. 이러한 청년운동의 정치 환경을 고려해서 개별 면접 내용은 청년 기후운동의 흐름을 파악하는 차원에서 이 글에 반영하였다.

future' 결석 시위 운동으로 이어지면서 지구적으로 크게 확장된 것을 바탕으로 한다. 이러한 청년들의 움직임은 세계적 차원으로 기후운동이 급격히 확대되는 주요한 계기가 되었다(UNFCCC, 2020. 08. 12.).

이러한 현상은 한국에서도 유사하게 나타났다. 2010년대 중반 이후 GEYK 등 '청년'을 내세운 기후단체들이 등장하기 시작했고, 이후 지구적으로 청년 기후운동이 확대된 2010년대 후반 이후 다수의 청년 기후단체가 만들어지고 적극적인 활동을 전개해 나가기 시작했다. 이러한 청년 세대의 기후운동은 기후위기를 '미래 세대'의 권리와 정의에 관한 문제로 쟁점화하며 환경운동 내부에서도 주요한 의제가 되지 못했던 기후위기 문제(홍덕화·구도완, 2014)를 사회운동 전체의 주요한 의제로 확대하고 이전까지 독자적인 영역을 확보하지 못했던 한국의 대중적 기후운동(박선아, 2017)을 점화시키고 활력을 불어넣는 데 주요한 역할을 했다고 평가받는다(김현우, 2020; 한재각, 2021: 175~177). 이러한 과정에서 청년 세대는 한국 기후운동의 주요한 위치를 차지하게 되었다.

기후운동에서 청년 세대가 중심에 등장하게 된 것은 기후위기가 '세대 간 정의' 또는 '세대 간 형평'에 관한 문제로 이해되기 때문이다(de Moor et al, 2021; Han & Ahn, 2020). 배출된 온실가스는 지구 대기 중에 최대 수백 년 이상 잔류하면서 지속적으로 온실효과를 발생시키기 때문에, 과거에 기성세대가 배출한 온실가스가 대기 중에 누적되면서 초래된 기후위기로 인한 피해를 젊은 세대가 더욱 심각하게 겪게 된다는 점에서 기후위기는 '세대 간 불의'의 문제라는 것이다. 이러한 점에서 지금의 청년 기후운동은 청년 세대를 기후위기의 피해자이자 당사자로 규정하고, 기후위기의 당사자이자 기후위기를 해결하는 주체로서 청년들이 직접 기후를 위해 행동하며 변화를 만들어 내야 함을 강조한다

(Han & Ahn, 2020; Murray, 2020). GEYK는 단체 회칙 전문에서 기후위기가 '세대 간 형평'의 문제임을 직접적으로 밝힌다. 그렇기 때문에 청년들이 이 문제를 '주도'해야 함을 강조하며(GEYK, 2014. 04. 05.) "우리의 손으로 기후위기를 끝내"는 것을 단체의 비전으로 제시한다(GEYK 홈페이지). 청긴행은 "젊은 세대가 기득권에게 변화를 촉구할 뿐 아니라 전환의 핵심 주체로 활약"하여야 한다고 말하고(청긴행, 2021. 03. 23.) 대기행 또한 "대학생은 기후위기의 당사자이며 체제 대전환의 주체"라고 밝히며 청년 세대가 기후위기의 당사자이자 문제를 해결하는 주체임을 선언하고 있다(대기행, 2020. 10. 31.). 이러한 점에서 청년 기후운동은 기후위기에 대한 청년 세대의 당사자성을 강조하는 당사자주의에 입각한 당사자운동의 성격을 가진다. 또한 청년 기후운동은 기후위기의 피해자이자 당사자로서의 '청년'이라는 '세대 정체성'에 기초한 일종의 '정체성 정치'로 이해되기도 한다(안새롬, 2022). 이는 1987년 민주화 이후 전개된 기존 환경운동과 구별되는 청년 기후운동의 주요한 특성이라고 할 수 있다. 기존 환경운동이 시민으로서의 운동을 강조한다면, 청년 기후운동은 기후위기에 대한 청년 세대의 당사자성에 기초한 당사자로서의 운동을 강조하는 것이다.[3] 하지만 청년 기후운동에서 기후운

---

3 '당사자운동'으로서 청년 기후운동은 세대 정치 또는 청년운동과 동일하지 않다. 당사자주의의 핵심은 자기대표성과 자기결정권이다. 자기대표성은 당사자의 이해와 요구에 대하여 당사자 스스로가 대표성을 가져야 한다는 것이다. 자기결정권은 당사자의 이해와 요구를 관철시키기 위한 방법, 시기, 그 결과에 대한 책임까지 당사자 스스로의 선택과 결정에 맡겨지는 것이 가장 바람직하다는 것이다(김대성, 2003). 청년 기후운동을 당사자주의에 입각한 청년 '당사자운동'으로 규정하는 것은 청년 기후운동이 이미 20세기 후반부터 제기되어 왔던 기후위기·환경문제에 관한 미래 세대의 '지속가능성'(Keeble, 1988) 담론을 이어받으면서도 기후위기의 '당사자'로서 '청년' 스스로 직접 기후위기에 대응하고 문제를 해결하고자 하는 대표성과 결정권을 강조하기 때문이다.

동의 '당사자'는 청년만으로 한정되지 않고 확장된다. 지금 청년 기후운동이 제기한 '세대 간 정의'의 문제는 기후위기의 최전선에 선 여러 '당사자'들과 그들이 경험하는 불평등과 불의를 포괄하는 '기후정의climate justice'의 문제로 확장되고 있다. GEYK는 "모두를 위한 기후정의의 실현을 위해 활동하며"(GEYK 홈페이지), 청긴행은 "국가·지역·계급·세대·성별·생물종 간 기후정의"를 실현하고자 한다(청긴행 홈페이지). 대기행은 "청소년과 대학생 청년들을 비롯해, 노동자와 농민, 여성과 아동, 노인과 무산자, 실업자와 빈민 등"을 기후위기의 당사자로 호명한다(대기행, 2021. 11. 14.).

2) 청년 기후운동 단체의 조직 구조와 운영 방식

청년 기후운동은 당사자운동이라는 점에서 공통적이나 다양한 측면에서 차이도 존재한다. 각 단체들 간의 차이와 분화에 초점을 맞춰 청년 기후운동을 비교 분석해 보겠다. 먼저 각 단체는 단체의 조직 구조와 운영 방식에서 차이를 보인다.

GEYK의 조직 구조는 대표단과 임원이 있고 그 아래에 다수의 팀이 있는 형태로 구성되어 있다. 정관에 따르면, 이러한 수직적 조직 구조에서 단체의 중요한 의사결정은 대부분 임원 회의에서 이뤄지게 된다(GEYK, 2014. 09. 05.). 실제로 정기적으로 전체 회의와 총회를 진행하지만, 사실상 주요한 의제는 임원 회의에서 사전에 상당 부분 논의가 진행되며 최종 결정 또한 임원 회의에서 내려진다. 또한 각각의 팀은 팀 자체적으로 운영되며 팀 간에 소통이나 유기적 결합이 제대로 이뤄지지 못하는 경우도 많다. 이는 GEYK의 조직 구조가 관료제로 이루어져 있기 때문이며, 그런 경우 효율적인 업무 수행에는 유리하나 팀 간 그리고 단체 구성원 전체가 유기적으로 결합하고 단체 전체가 합의된 운동 목표와 프레임을 갖고 역량을 결집하는 데는 다소 효과적이지 못한 것으로 보인다.

청긴행은 2020년 초 기존의 여러 청년 기후단체 활동가들을 중심으로 청년 세대의 목소리를 대변하고 기후위기의 심각성을 행동으로 드러내기 위한 '공동행동'을 조직하고자 모인 느슨한 연대체 형태로 시작되었다. 이로 인해 초기에는 단체 멤버들이 여러 현안과 의제에 따라 자발적으로 모여 팀을 구성하고 관련 활동과 액션을 진행하는 비교적 유연하고 느슨한, 수평적인 조직 형태를 이루었던 것으로 보인다(오지혁, 2021. 03. 22.). 그러나 이후 단체의 체계를 만들어 가는 과정을 거치며 대표단과 운영위원회, 활동회원, 후원회원 등으로 구분된 조직 구조가 만들어졌다. 이러한 형태는 동심원 형태를 지향하나 사실상의 수직적인 구조로 대표단과 운영위원회에 역할과 권한이 집중될 가능성이 높고, 일반 회원의 역할이나 활동 범위는 제한될 수 있을 것으로 보인다.

대기행은 주로 서울과 수도권을 중심으로 활동하는 타 단체들과 다르게, 강원도와 광주에도 지부가 있고 전국 12개 지부로 구성된 전국 단위 조직이다. 이는 단체가 전국 단위로 회원을 확보하며 운동의 영역과 규모를 확장하는 데 기여했던 것으로 보인다. 또한 대기행은 진보당 정당 조직과도 긴밀한 관계를 맺고 있는 것으로 보인다. 실제로 대기행은 진보당과 선거 연대 활동을 진행했고, 인적 교류가 이루어지고 있기도 하다. 대기행은 이러한 정당 조직과 결합함으로써 정당이 이미 가지고 있는 자원과 청년 및 대학생 조직을 활용하여 더욱 빠르게 인적·재정적으로 안정적인 기반을 확보하여 확산될 수 있었던 것으로 보인다. 이러한 이유로, 2020년 말 출범한 대기행은 비교적 신생 단체임에도 불구하고 청년 기후단체 중 최대 수준의 규모로 빠른 시간 내에 확장될 수 있었다. 그러나 대기행은 각 지역 조직의 수평적 결합이 아닌 지부 체제를 택하면서 중앙-지부의 비교적 수직적이고 위계적인 조직 구조를 가지게 된 것으로 보인다.

3) 청년 기후운동의 목표

청년 기후운동의 공통적이고 핵심적인 목표가 '기후위기를 막는 것'이라는 사실은 분명하다. 그러나 기후위기가 어떤 문제이며 기후위기의 원인이 무엇인지에 대한 입장은 단체에 따라 차이를 보이며, 그에 따라 기후위기의 대응과 해결을 위한 구체적인 방안과 목표에서도 차이가 드러난다.

GEYK는 2014년 단체 설립 당시 제정된 회칙 전문에서 기후위기는 "대한민국 구성원 모두의 문제"이나 "대다수 국민들은 무관심하거나 실천하지 않는 경우가 많다"며, 기후위기는 "궁극적으로 개개인의 자발적인 실천을 통해 해결될 수 있다"고 밝혔다. 이러한 기후위기의 원인과 본질에 대한 진단의 결과, 기후운동의 구체적인 목표는 개개인들에게 "기후변화 문제의 심각성을 알리고 인식 개선을 위해" 노력하는 것으로 설정된다(GEYK, 2014. 04. 05). "기후변화와 지속가능성에 대하여 교육하고 환경친화적인 삶의 방식을 실생활에서 적용할 수 있게 하여" 개개인의 인식 개선과 라이프스타일의 변화를 통해 기후위기에 대응한다는 것이다(GEYK 홈페이지).

그러나 2018년부터 본격적으로 '기후변화가 아닌 체제 전환system change, not climate change'을 요구하는 목소리가 모이는 사회적 분위기에 단체 내부에서도 "시스템 차원에서 변화"가 필요하다는 주장이 나타나기 시작했고, 이는 점차 단체의 목표에도 포함되었다(김지윤, 2021. 03. 03.). 여기서 말하는 '시스템 차원에서의 변화'의 의미는 단체가 매년 진행하고 있는 '파워 시프트 코리아' 행사에 관한 설명에서 엿볼 수 있다. 여기서 '파워 시프트'는 이중적 의미를 갖는데, 하나는 에너지power를 화석연료에서 신재생에너지로 바꾸는 탈탄소 에너지 전환, 다른 하나는 힘 power의 축을 옮기는 것, 즉 "기후변화와 관련된 탑다운top-down식 권력을 바텀업bottom-up 방식의 권력으로" 전환하는 권력구조의 전환을 의미한다(GEYK, 2014. 09. 05.). 그리고 이것은 GEYK의 핵심 가치 중 하나로 제시된 '청년 참여'와 관련하여 기후위기의 당사자인 청년들이 기후 의제를 주도하고 정책을 제안하며 의사결정 구조에 참여할 수 있어야 한다는 것을 뜻한다.

청긴행은 단체 소개에서 "우리는 기후위기와 불평등에 맞서"며 "국가·지역·계급·세대·성별·생물종 간 기후정의를 실현하기 위해 국가와 기업에 과감한 온실가스 감축을 비롯한 전환을 요구"한다고 밝히고 있다(청긴행 홈페이지). 여기서 '온실가스 감축'은 기후위기와 불평등에 맞서 기후정의를 실현하기 위한 하나의 수단으로 제시된다. 이는 기후정의의 실현이 '과감한' 온실가스 감축보다도 더욱 본질적이고 근본적인 목표로 설정되어 있다는 것을 의미한다. 이것은 기후위기를 단순히 온실가스 감축과 탈탄소 전환의 문제로 환원하는 '탄소환원주의'를 넘어서, 기후위기와 불평등을 낳은 "우리 사회 깊이 뿌리내린, 사유재산을 불가침의 성역으로 여기고 기업의 영리활동에 무한한 자유를 부여하는" 사회 시스템에 대한 변혁을 요구하는 것을 뜻한다(청긴행, 2022. 03. 29.).

여기서 청긴행이 제시하는 대안적 사회의 모델, '우리가 꿈꾸는 지구'는 다음과 같이 제시된다.

원 3개는 우리가 꿈꾸는 지구입니다. 첫 번째 원은 기후위기, 대기오염, 해양오염, 생물다양성 손실 등 치명적인 환경 위기를 막는 생태적 한계를 뜻합니다. 반대편 원은 평화와 정의, 소득과 일자리, 네트워크, 에너지 등 '생명의 존엄성을 지켜 주는 사회적 기초'들입니다. 그리고 그 사이에 '균형으로 찾아가는 안전하고 정의로운 세계'가 존재합니다(청긴행 홈페이지).

이는 케이트 레이워스(2018)가 제시한 '도넛' 경제 모델을 의미하는 것으로 보인다. 레이워스는 사회적 기초를 충족하면서 생태적 한계를 넘지 않는 경계 사이에 생태적으로 안전하고 사회적으로 정의로운 도넛 모양의 공간이 있고, 인류를 이곳으로 데리고 가는 것이 지금 인류가 직면한 과제라고 주장한다. 청긴행은 이러한 레이워스의 대안적 경제 모델을 수용하면서, 기후위기 대응을 중심으로 인류를 안전하고 정의로운 '도넛' 안으로 들어가도록 하는 사회 경제 시스템으로의 전환을 운동의 목표로 제시한다. 그러나 이러한 모델은 '인간 사회'를 안전하고 정의롭게 만들고자 하는 것으로, '인간중심적'인 것으로 비판받을 수 있다. 이에 따라 단체 내부에서 "인간중심성으로 인해 일어난 기후위기를 다시 인간중심적인 운동으로 해결한다는 게 모순적"이라는 비판이 제기되었고(강은빈, 2022. 01. 20.), 그 결과 운동의 목표는 기후재난과 생태 학살에 맞서 인간 사회를 넘어 모든 생명체들과 "우리 모두의 터전인 지구 생태계를 보호"하는 것으로 확장되었다(청긴행, 2022. 03. 29.).

대기행은 먼저 기후위기는 "생태 학살의 더 큰 주범일수록 가장 마지막까지 기후 재앙으로부터 안전할 수 있는 불평등에 의한 학살 범죄"

이므로, "근본적으로 불평등 위기"라고 규정한다(대기행, 2021. 05. 24.). 그러므로 기후위기 대응을 위한 "감축과 적응의 전 과정에서 불평등을 최소화하는 강력한 기후정의를 절대적이고 우선적인 목표로" 삼아야 한다고 주장한다(대기행, 2021. 09. 09.). 또한 대기행은 기후위기는 "지구 학살을 일으키는 성장 체제를 유지하기 위해 지금껏 배출해 온 탄소 쓰레기가 만들어 낸 대재앙"이라고 말하며(대기행, 2021. 05. 24.), 기후위기를 초래한 근본 원인이 "파괴적 성장주의와 착취적 자본주의"에 있다고 규정한다(대기행, 2022. 02. 25.). 그러므로 기후위기를 해결하기 위한 진정한 해결책은 기존의 체제 자체를 "민주적인 탈성장 생태 체제"로 대전환하는 것이다(대기행, 2021. 09. 09.).

위와 같은 각 단체 간의 차이는 기후운동의 구호로 등장하는 '기후변화가 아닌 체제 전환'에서 '체제 전환'이 무엇을 의미하는가에 대한 입장 차이로 요약된다.[4]

GEYK에게 체제 전환은 에너지 체제의 탈탄소 전환과 함께 '당사자' 청년의 목소리를 듣고 반영하는 '상향식' 의사결정 구조로의 전환을 뜻한다. 청긴행은 신자유주의적 시장근본주의market fundamentalism를 넘어서고자 하며, 대안으로 생태적으로 안전하고 사회적으로 정의로운 사회를 만들기 위한 '도넛' 경제 모델을 제시한다. 또한 나아가 인간중심주의를 넘어선 생태주의적 대안을 모색한다. 대기행에게 체제 전환은 현

4　'체계system'과 '체제regime' 그리고 '변화change'와 '전환transition', '변혁transformation'은 각각 구분되는 개념이며 'system'의 번역어는 '체계', 'regime'의 번역어는 '체제'로 사용하는 것이 적절하다. 그러나 현실의 기후운동과 기후 담론에서 'system change'에 해당하는 표현으로 '체제 전환'이 흔히 사용되고, 학술논문에서도 동일한 용법이 사용되기도 한다는 점(홍덕화, 2020)을 고려하여 이 글에서도 구분 없이 '체제 전환'이라는 표현을 사용한다.

재의 '자본주의 성장 체제'에서 '탈성장 생태 체제'로의 근본적 변혁을
의미한다.

또한 위 단체 간 차이는 각 단체의 공통적인 목표로 설정된 '기후
정의'가 무엇을 의미하는가에 대한 입장 차이로도 나타난다.[5] 각 단체
에서 공통적으로 세대 간 정의에 관한 문제를 제기한다는 점에서, 세대
간 기후 불평등과 관련된 분배적 정의 그리고 미래 세대의 권리에 관
한 승인적 정의를 포괄한다고 볼 수 있다. 하지만 단체 간의 뚜렷한 차
이도 나타난다. GEYK의 기후정의는 핵심적으로 탈탄소 에너지 전환과
관련된 생산적 정의, 그리고 '당사자' 청년 참여에 관한 절차적 정의로
이해된다. 이는 현 체제 내에서 에너지 전환과 민주적 참여를 중심으로
하는 주류적·개혁주의적 시각에서의 기후정의에 가깝다. 청긴행은 세대
를 넘어 다양한 주체들로 기후정의의 문제를 확장하면서 기후 불평등
에 따른 분배적 정의의 문제를 전면화한다. 또한 "자본과 권력을 가진
정부와 기업에 기후위기의 책임을 묻는다는 기후정의 원칙"에 따라 "책
임과 권한이 있는 이들에게 그들의 몫을 다 하라고 촉구"(청긴행, 2022.
03. 17.; 2022. 08. 11.)하는 교정적 정의를 강조한다. 이는 구조적 불의와
불평등을 강조하며 책임과 변화를 요구하는 대상으로서의 정부와 기
업에 초점을 맞춘다는 점에서 구조적 개혁주의 입장에 가깝다. 대기행의
기후정의는 기후 불평등에 관한 분배적 정의를 포함하지만, 기후위기

---

5 기후정의는 국가, 인종, 젠더, 세대 등 사회적 불평등과 결부되어 기후위기의 책임, 결과
   (피해), 대응 등에서 발생하는 다양한 형태의 "기후 불의를 비판하며 대안적인 전환 방향
   을 모색하는 담론이자 사회운동이다"(홍덕화, 2020). 그러나 현재 기후정의는 다양한 내
   용과 차원을 포괄하면서 각각의 관점과 입장에 따라 다르게 해석되는 개념으로 사용되
   고 있다. 기후정의의 의미는 생산적 정의, 분배적 정의, 절차적 정의, 교정적 정의, 승인적
   정의 등으로 구분되고, 각각은 어떠한 시각(주류적 시각(현행 유지), 개혁주의, 변혁적 시
   각)으로 바라보느냐에 따라 다른 의미를 갖는다(김민정, 2020 참조).

의 원인으로 현 경제 사회 시스템과 '탄소 배출의 주범인 거대 산업(자본)'을 지목하며 급진적인 입장에서 생산적 정의의 문제를 제기한다. 그리고 이는 생산을 독점해 온 거대 자본에 대한 처벌과 규제, 나아가 아래로부터의 민주적 참여를 통한 생산의 사회적 관리와 민주적 통제를 대안으로 제시하는 교정적 정의로 이어진다(대기행. 2021. 09. 09.). 이러한 점에서 대기행이 말하는 기후정의는 기후 불의를 초래한 원인으로 자본주의 생산양식을 지목하며 이를 변혁하고자 하는 급진적 기후정의에 가깝다.

4) 청년 기후운동의 전략 및 전술

각 단체에 따라 상이하게 설정된 운동의 목표는 각 단체들이 상이한 방식의 운동 전략과 전술을 채택하는 요인이다. GEYK는 일반 시민과 청년들에게 기후위기에 대한 관심과 인식을 확대하고 '지속 가능한 일상'을 확산시키고자 하는 목적을 가지므로, '소프트 파워'를 내세우고 "기후변화를 뻔하지 않고 펀FUN 하게" 다루며 일반 시민과 청년들에게 쉽고 가볍게 다가갈 수 있는 문화적 접근 방식을 택한다. 이는 "기존 환경보호단체의 과격한 시위 방식이 싫었"고, "환경보호운동도 창의적이고 재미있게 해 청년들의 관심을 유도하고 싶었다"는 GEYK 설립 당시의 문제의식과도 상통한다(김세진 외, 2019. 05. 16.). 따라서 단체에서 진행하는 활동은 캠페인과 강연, 세미나, 워크숍, 부스 운영 등의 형태가 상당수를 차지한다.

또한 GEYK는 청년의 참여를 강조하며, 청년들의 의견과 목소리를 전하고 실제 정책 변화를 이끌어 내고자 한다. 이는 GEYK가 기후위기 관련 정책을 제안하고 실제로 반영하기 위한 (지방)정부의 거버넌스(협의) 기구에 참여하는 것으로 이어졌다. 특히 박원순 전 서울시장이 여러 청년 '당사자운동' 단체들과의 협치를 지향하며 만들고 확대해 온 '청년 거버넌스'는(김선기 외, 2018) GEYK가 직접 서울시에 기후 정책을 제안하고 반영하도록 하기 위한 제도적 통로가 되었다. GEYK는 2019년부터 서울시 청년자치정부에 참여하여 서울청년정책네트워크에서 기후위기 대응을 위한 여러 정책을 제안했고, 그중 서울시 탈석탄 시금고 조례 제정, 전기차 렌트카 요금 할인 등의 정책이 실제로 시행되었다. 이뿐만 아니라 GEYK는 탄소중립위원회 등 여러 기후 거버넌스(협의체)에 참여하며 제도화된 정치 체계 내부에 청년들의 목소리를 반영하고자 하는 노력을 지속적으로 진행해 오고 있다.

청긴행은 '기후위기에 맞서 국가와 기업에 과감한 전환을 요구하는 비폭력 직접행동 단체'로서, '비폭력 직접행동'을 통해 자본과 권력을 가진 정부와 기업에 기후위기의 책임을 묻고자 한다(청긴행 홈페이지). 청긴행은 기후위기에 제대로 대응하지 않거나 녹색 분칠을 하는 정부나 기업을 직접 겨냥하여 기습적으로 현장에 등장하여 직접 '행동'을 진행했다. 그 목적은 "기존의 문법에 얽매이지 않고" 기후위기에 '긴급'하게 대응하고자 하는 것이었다(청긴행, 2020. 10. 31.). 이러한 전술의 가장 대표적인 사례가 두산 사옥 앞에 있는 로고 조형물에 녹색 스프레이를 칠한 직접행동이었다. 베트남 붕앙-2 석탄화력발전소 신규 건설을 막기 위해 활동해 오던 청긴행은 2021년 2월 18일, 붕앙-2 석탄화력발전소의 설계, 조달, 시공의 전 과정을 맡은 두산중공업을 대상으로 발전소 건설 중단을 요구하며 두산 본사 앞 로고에 녹색 스프레이를 칠하는 직접행동을 벌였다. 겉으로는 ESG(환경Environment, 사회Social, 지배 구조 Governance) 경영, 친환경을 내세우면서도 실제로는 신규 석탄발전소 건설에 앞장서고 있는 두산중공업이 녹색 분칠을 하고 있다는 의미를 담은

것이다(청긴행, 2021. 02. 18.; 2021. 03. 20.).[6]

그러나 현행 법체계에서 청긴행의 직접행동은 '불법' 액션으로 규정되어 재물손괴와 집시법 위반으로 약식명령 벌금형이 내려졌고, 이에 불복하여 정식 재판을 청구하면서 청긴행은 기후 재판 투쟁을 시작했다. 이 투쟁의 목표는 신규 석탄화력발전소를 수출하고 계속 짓고 있는 두산중공업을 비롯한 "대한민국 정부과 기업들의 녹색 분칠을 국내뿐 아니라 국제사회에 공론화" 하여 그들을 망신시키고자shaming 하는 것이며, 나아가 국제적으로 진행되고 있는 에코사이드의 국제 범죄화, 자연의 권리 인정 등에 관한 움직임과 관련하여 "직접행동에 대한 정당행위 주장을 넘어, 현행 법과 제도의 기후위기 방관 책임을 묻고 변화를 촉구"하는 것으로도 이어진다(청긴행. 2021. 08. 01.).

대기행의 가장 주요한 활동 방식은 기후 집회와 행진이다. 이들은 단체 출범일인 2020년 10월 31일을 '대학생 기후행동의 날'로 하여 단

---

6 청긴행의 활동 방식은 앞서 살펴본 GEYK와 대조된다. GEYK도 국내외 신규 석탄화력발전소 건설 및 가동을 막기 위한 활동을 지속적으로 진행해 왔는데, 그 방식은 청긴행과 확연히 달랐다. 먼저 GEYK는 2021년 인도네시아의 자와 9·10호기 석탄화력발전소 신규 건설을 막기 위한 프로젝트를 진행했는데, 핵심은 인도네시아 현지의 청년 활동가들과 협업하여 이 문제를 알리는 단편 다큐멘터리를 제작하는 것이었다. 제작한 다큐멘터리를 유튜브 채널에 공개하고, 상영회를 진행하고, 이른바 '인플루언서'들과 함께 인스타그램 라이브 방송을 진행하면서 "GEYK답게 문화적으로" 이 문제를 알리고자 했다. 다시 말하면 GEYK는 자와 9·10호기 석탄화력발전소 건설에 참여한 정부나 기업에 직접적으로 대항하기보다 사회적 인식 제고와 문화운동 방식의 전략을 택하였던 것이다(GEYK 자와 9&10호기 석탄화력발전소 문제점 총정리). 또한 2022년에는 강릉에 건설 중인 안인석탄화력발전소의 건설 및 가동을 막기 위한 프로젝트를 진행했는데, 이때는 일반인 참여자들을 모집하여 발전소 인근을 탐방하며 참여자들이 발전소의 실체와 문제점을 현장에서 직접 확인할 수 있도록 하는 투어 프로그램을 진행했다. 그리고 이를 바탕으로 투어 장면을 담은 다큐멘터리와 참가자들의 수기를 담은 책을 만드는 등의 활동을 진행했다(숲과나눔, 2022. 08. 05.). 이 역시 GEYK가 자와 프로젝트와 마찬가지로 안인석탄화력발전소 사업과 관련된 정부나 기업 등을 직접적으로 타겟팅하여 대응하기보다 사회적 인식 제고와 문화운동 방식을 사용했음을 보여준다.

체 출범과 함께 거리 집회와 행진을 진행했고, 이후에도 2021년 '0530 대학생 기후비상대행진', 2021년 '기후위기에 맞선 대학생 반란', 2022년 '1029 대학생·청년 기후 행진'까지 꾸준히 기후 집회와 행진을 진행해 오고 있다. 또한 2022년 대선 이후에는 대통령 집무실 앞에서 금요일마다 기후위기 가속화를 멈출 것을 요구하며 금요 시위를 진행하고 있다. 이것은 대학생 기후운동이 대중운동을 지향한다는 것을 보여주는데, 이는 "청소년과 대학생 청년들을 비롯해, 노동자와 농민, 여성과 아동, 노인과 무산자, 실업자와 빈민 등, 지금과 같은 대규모의 전 지구적 기후위기 상황에서 재앙의 당사자가 될", "기후위기 최전선에 선 민중과 공동체, 당사자들"을 기후운동의 주체로 호명하며 "기후정의는 현재 배제되고 소외된 당사자들이 권력을 탈환하는 아래로부터의 민주적 참여에서 시작될 것"이라고 선언한다는 점에서 드러난다(대기행, 2021. 11. 14.). 기후위기의 피해를 경험하는 당사자들과 연대하며 기후운동의 주체를 확장하고, 기후운동을 더 넓은 대중운동으로 만들어 내고자 하는 것이다.

　이와 같은 각 단체 간의 차이가 청년 기후운동 진영 내부에서 가시화되기 시작한 것은 2021년 P4G 정상회의[7]를 둘러싼 논란이라고 할 수 있다. 2021년 5월 30일부터 31일까지 제2회 P4G 정상회의가 서울에서 개최되었는데, 이 회의에 대한 입장과 참여 여부를 두고 청년 기후단체들의 대응은 크게 참여와 비판 및 거부라는 두 입장으로 나뉘었다. 먼저 GEYK는 P4G 정상회의 개최 이전인 2020년 11월, 국가기후환경회의에

7　P4G는 녹색성장과 글로벌 목표 2030을 위한 협력체Partnering for Green Growth and the Global Goals 2030의 약자로, "지속 가능하고 회복적인 경제를 구축하기 위한 선구적인 시장 기반 파트너십을 가속화"하는 것을 목적으로 하는 글로벌 공공-민간 파트너십이다(P4G 홈페이지).

서 주관하여 국내외 청년들이 기후위기 대응을 위한 아이디어와 정책을 직접 제안하고 논의하여 이후 P4G 정상회의에도 전달하고자 하는 목적으로 진행되었던 2020 글로벌 청년 기후 챌린지Global Youth Climate Challenges, GYCC에서 주요한 역할을 했다(GEYK, 2020. 12. 20.; 조규리, 2020. 10. 21.). 그리고 P4G에서 '미래세대 특별 세션'의 일환으로 진행된 2021 GYCC에도 참여하여 전체 패널 토론 진행을 맡는 등의 역할을 수행했다(국토일보, 2021. 05. 31.). 또한 GEYK은 P4G 정상회의에 "풀뿌리 시민사회 의견 수렴을 위한 공론화 장을 공식화"할 것을 주요 요구 사항으로 한 시민사회 연대체인 P4G 정상회의 대응 한국민간위원회(이하 P4G 민간위)에도 참여했다(P4G 민간위, 2021. 05. 14.). 이러한 점에서 GEYK는 P4G 민간위의 "정부-기업 중심의 글로벌 기후위기 협력 거버넌스를 거부하는 것이 아닌, 오히려 그 안에 '시민사회 참여 공간'을 확보하는 전략"과 같은 입장에서(P4G 민간위, 2021. 06. 27.), GYCC 등 청년 세대에게 열린 제도적 공간을 적극적으로 활용했다.

반면, 청긴행은 겉으로는 한국 정부가 이른바 '녹색 미래'를 위한 P4G 정상회의를 개최하면서도 여전히 국내외에서 신규 석탄화력발전소 건설 사업을 그대로 추진하고 있다는 점에서, 회의를 보여주기식 행사이자 '녹색 분칠' 정상회담이라고 비판했다(청긴행, 2021. 05. 18.). 이에 따라 청긴행은 P4G에 참여하지 않고 장외에서 P4G 반대 퍼포먼스를 벌였고, 단체 활동가들은 각각 단식 투쟁이나 (즉흥적으로) 대통령 수행 차량에 뛰어드는 등의 방식으로 P4G 반대 액션을 진행했다(오지혁, 2021. 06. 03.). 대기행 또한 건설 중인 신규 석탄화력발전소를 그대로 두고, 매우 부족한 수준의 2030 NDCNationally Determined Contributions, 국가 온실가스감축목표를 유지하고 있는 한국 정부에 대하여 "말로만 기후위기 대응을 하고 있는 척 생색만 내며 정작 자신들이 해야 할 과제를 뒤로 미루기만 하면서 국제 행사 주최를 홍보하는 것은 기만이며 위선이다"라고 비판하며 P4G를 '보여주기식 행사'로 규정했다. 그러면서 P4G가 개막한 5월 30일을 '대학생 기후 행동의 날'로 정하고, 기후위기 대응을 위한 근본적 체제 전환을 요구하며 전국적으로 대학생 기후비상행진을 진행했다(대기행, 2021. 04. 23.).

P4G 정상회의를 둘러싸고 나타난 이러한 청년 기후단체들 간의 차이는 P4G 정상회의 직전인 2021년 5월 29일 출범한 탄소중립위원회(이하 탄중위)에 대한 상이한 입장으로도 이어졌다. 탄중위는 탄소중립을 추진하고 탄소중립사회로 이행하기 위한 국가 기후 정책의 심의·의결을 담당하는 기구로, 탄중위 출범 후 탄중위에 기후단체가 참여하는 사안을 둘러싸고 기후운동의 쟁점이 형성되었다. GEYK는 탄중위 출범 시부터 당시 공동대표가 민간 위원으로 참여하여 활동했다. 그러나 탄중위의 2050 탄소중립 시나리오 초안에 탄소중립에 이르지 못하는 안이 포함되는 등 탄중위의 문제점과 한계가 드러나자, 대안 시나리오로서 '청년이 제안하는 2040 기후중립 시나리오' 작성에 주도적으로 참여했고, 이 시나리오는 탄중위에 제출되어 결과적으로 탄중위의 공식 2050 탄소중립 시나리오에 부록으로 들어가게 되었다. 이는 제도화된 정치 체계 내부에 들어가서 정책적 대안을 제시하고 변화를 만들고자 하는 GEYK의 입장을 드러내는 것이다.

반면 대기행은 탄소중립위원회를 "산업계와 친정부 성향 전문가들을 중심으로 구색을 맞춰 꾸려"졌고, "노동자와 농민, 빈민은 배제"된 비민주적인 논의 구조라고 비판하며, "기후위기로 가장 큰 영향을 받는 노동자, 농민, 빈민, 주민들이 논의에 실질적으로 참여할 수 있도록 탄소중립위원회를 재구성하고 운영을 민주화해야 한다"고 주장했다(대기행, 2021. 08. 07.). 여기서도 대기행은 기후위기로 인해 많은 피해를 입는 위기의 '당사자'들이 논의 구조에서 배제되거나 제대로 대변되지 못한다는 점을 지적하면서, 궁극적으로 이러한 기후위기의 당사자들을 기후운동의 주체로 모아 내고자 하는 전략을 보여주었다고 할 수 있다.

5) 국가와 시장 및 기업과의 관계

각 기후운동 단체에 따라 상이한 운동 목표, 전략과 전술은 각각의 기후운동 단체가 국가와 시장 및 기업과 상이한 방식으로 관계를 맺고 있음을 보여준다. GEYK는 단체의 핵심 가치로 '협력'을 제시하며, 기후위기 대응을 위해 모든 이해당사자 간의 협력이 필요함을 강조한다(GEYK 홈페이지). 이러한 점에서 GEYK는 서울시 청년정책네트워크를 비롯한 (지방)정부의 '협력적 거버넌스'에 참여하는 등 다양한 방식으로 국가(지방정부)와 협력적 관계를 맺고 있다. 또한 기업에 대하여도 경우에 따라 협력할 수 있는 대상으로 인정하고 있다. 예컨대, 2020년 10월 GEYK는 SC제일은행과 함께 ESG 투자 세미나를 진행하며 사실상 금융사의 '지속 가능 금융' 홍보에 동참했다(GEYK, 2020. 10. 12.). ESG와 같은 기업의 시장주의적 기후위기 대응 전략에도 협력하고자 하는 입장을 보여준 것이다. 그리고 한편에서 GEYK는 기후위기의 세대 간 형평성에 관한 문제를 제기하지만, 그 대안으로 '세대 간 협력'을 강조한다(GEYK 홈페이지). 요컨대 GEYK는 사안에 따라 정부나 기업 등을 비판하기도 하지만, 결국 궁극적으로 국가와 기업, 개개인 그리고 기성세대와 젊은 세대 등 모두가 기후위기 대응을 위해 함께 힘을 합쳐야 한다는 입장에서, 이들과 각을 세우기보다는 협력적 관계를 통해 공동으로 기후위기에 대응하고자 한다.

청긴행은 "자본과 권력을 가진 정부와 기업에 기후위기의 책임을" 물어야 한다고 말한다(청긴행, 2022. 03. 17.). 이는 청긴행이 정부와 기업에 대하여 대립적 관계를 설정하고 있음을 보여준다. 특히 기후위기에 제대로 대응하지 않거나 녹색 분칠을 하는 정부나 기업에 대해서는 여러 방식의 직접행동을 통해 대립한다. 이러한 입장에서 청긴행은 재정적으로도 정부나 기업의 지원에 의존하지 않고, 후원을 통해 '활동 밑천'을 모아 재판 투쟁 등 단체의 활동을 진행하고자 한다. 그러나 청긴행은 국가와 기업에 대한 총체적 변혁을 요구한다기보다는 (신규 석탄화력발전소 건설과 같은 구체적인 사안에서) 국가와 기업이 기후위기를 막기 위한 책임을 다하고 제대로 행동할 것을 요구하는 것으로 보인다. 이러한 점에서, 현재의 대립적 관계는 국가와 기업이 기후위기에 어떤 태도와 행동을 보이느냐에 따라 달라질 가능성도 있을 것으로 보인다.

대기행은 "생태 학살적 성장 시스템[에서] … 거대 기업과 정부가 경제 성장과 발전의 발판 위에서 합심하여 함께 저지르고 있는 기후 범죄들 앞에서, 자연과 민중, 우리들의 미래는 죽음 앞으로 무참히 내몰리고 있다"며, "당신들에 맞서 기후위기의 진짜 주범인 파괴적이고 불의한 기존의 시스템을 전복할 것"이라고 말한다(대기행, 2021. 11. 14.). 대기행은 현재 체제를 근본적으로 파괴적이고 불의한 것으로 규정하고, 이 체제에서 권력을 가진 거대 기업과 정부에 맞서 싸워 이 체제 자체를 전복시키고자 한다. 이는 근본적인 차원에서 대기행이 정부와 기업에 대한 대립적 관계를 맺고 있다는 것을 보여준다. 그러나 실제 활동에서는 지역의 민관 거버넌스 조직인 지속가능발전협의회와 함께 사업을 진행한 사례(대기행, 2021. 12. 07.)도 일부 있었다는 점에서 다소 모순되

표 1. 청년 기후운동의 특징

구분	GEYK	청년기후긴급행동	대학생기후행동
문제 진단	개개인의 무관심과 비(非)실천, 탄소 에너지 체제, 하향식 권력구조	기후위기와 불평등을 낳은 신자유주의, 시장근본주의 시스템	파괴적 성장주의와 착취적 자본주의 체제
해결책 및 목표	개개인 인식 개선, 라이프스타일 변화, 탈탄소 에너지 전환	국가·지역·계급·세대·성별· 생물종 간 기후정의의 실현	강력한 기후정의
체제 전환의 의미	에너지 전환, 청년 참여(상향식 권력구조)	'도넛' 경제모델, 탈인간 중심주의, 생태주의	탈성장 생태 체제
전략 및 전술	문화적 접근 협력적 거버넌스 참여	비폭력 직접행동 기후재판투쟁(사법투쟁)	기후행진, 집회(대중운동 지향)
국가와 시장 및 기업과의 관계	협력적 관계 지향	적대적 대립 관계보다는 개혁 지향	근본적으로 대립적 관계 지향
정치적 입장	현상 유지 및 관리적 개혁주의	구조적 개혁주의	구조적 개혁주의 및 급진적 변혁주의

는 지점이 보이기도 한다.[8]

　이상의 논의를 통해 도출한 각 단체별 청년 기후운동의 특징을 정리하면 위의 표 1과 같다.

8　이는 단체 내부에 기존 정치조직을 활용해서 국가의 성격을 바꾸려는 개혁주의 성향이 존재하기 때문이다. 조직의 공식적인 주장이나 목적, 목표가 급진적이고 변혁적이라도 조직 내부의 참여자나 조직의 모든 활동이 그러한 것은 아니며, 충돌이나 모순이 발생할 수 있음을 보여주는 것이라고 할 수 있다.

3. 결론: 청년 기후운동의 한계

1987년 민주화는 정치적 기회 구조를 확장하면서 민주적 권리가 확대되는 결과를 가져왔다. 개혁 정치가 강화되고 정치와 경제가 분리되는 부르주아 민주주의의 국면에서 민주 권리의 요구는 집단 및 조직에 기초한 운동보다는 개인과 당사자 및 정체성에 토대를 둔 사회운동을 자극했다. 특히 자본주의에서 억압과 차별의 영역이 계급으로 모아지는 이론과 실천의 작업이 약화될수록 당사자운동이 강화되는 현상이 발생한다.

본문에서 분석한 세 조직 모두 청년 당사자주의에 기초한다는 공통점을 지닌다. 하지만 각 단체는 목표와 전술, 국가와 기업 간 관계 등에서 차이를 보인다. 단체 중에서 가장 온건한 개혁주의를 추구하는 GEYK와 사회변혁주의를 강하게 보이고 있는 대기행이 극단에 존재한다. 이 사이에 구조적 개혁주의 입장을 취하는 청긴행이 있다. 이러한 정치적 양상은 여타의 기후운동 내에서도 보이는 현상이다. 그렇다면 '청년'이 지닌 공통점보다는 기존 사회운동의 정치적 양상(현상 유지, 관리적 개혁주의, 구조적 개혁주의, 변혁주의)[9]에서 청년 기후운동도 자유로

---

9 이 구분은 정의로운 전환 연구 협력체Just Transition Research Collaborative의 보고서에서 정의로운 전환을 유형화한 기준에 따른다. 보고서에서는 기존의 정치 경제 시스템을 유지하고자 하는 입장에서부터 이를 변혁하고자 하는 입장까지를 '현상 유지status quo', '관리적 개혁주의managerial reform', '구조적 개혁주의structural reform', '변혁주의transformation' 이렇게 네 가지로 구분한다. 현상 유지 접근은 글로벌 자본주의의 규칙을 바꾸는 것이 아닌 자발적, 상향식, 기업 및 시장 중심의 변화를 통한 자본주의의 녹색화를 지향한다. 그러나 문제의 근본 원인을 다루지는 않는다. 관리적 개혁주의 접근은 기존의 경제 시스템 안에서 더 큰 공정성과 정의를 추구하지만 기존의 헤게모니에 도전하거나 일반적인 경제 모델에 대한 의문을 제기하지 않는다. 이러한 접근에서는 사회적 대화와 이해관계자 간 협상(절차적 정의)을 강조하며 이를 통한 정당한 권리와 혜택을 확보하고자 한다. 구

울 수 없다는 점을 발견할 수 있다. 이 점은 청년 기후운동의 정치를 규정하는 주요한 요인이 세대가 아니라 '체제 전환'을 둘러싼 정치적 지형이라는 것을 확인해 주는 근거로 작용한다.

기후운동 내에는 기후위기를 해결하기 위해서는 급진 정치가 필요하다는 점이 공감대로 형성되어 있다. 그래서 당사자주의를 넘어서 당사자 간의 연대를 중요하게 생각한다. 하지만 당사자주의는 정체성에 기초한 구분이라는 태생적 한계를 내포한다. 다시 말하면, 강한 정체성으로 당사자를 규정하지만 연대를 위해는 당사자가 걸림돌로 작용하는 것이다. 그래서 당사자의 강한 결정체를 희석시켜 주는 기제가 필요한데 그것이 바로 "나는 OOO이다"와 같은 방식이다. 이는 나의 정체성을 재규정함으로써 당사자의 연대를 호소하는 것이고 지극히 감정적인 호소에 기초한 주관적인 심리 기제이다. 당사자 간의 강한 연대 호소는 사회적 분위기에 따라 쉽게 동요되는 한계를 지닌다. 청년 세대의 당사자가 지역별·소득별·직업별·학별·성별·성적 지향성 등의 균열 지점을 공고하게 연결해 주는 기제로 작용하지 않는다는 점은 불평등 구조가 사회적으로 확인될수록 발견된다(신진욱, 2022). 불평등의 여러 현상에 대한 교차점을 묶어 주는 방식만으로는 사회운동의 연대가 직접적으로 강화되지 않는다. 기존 당사자주의에 기초한 기후운동에서

조적 개혁주의 접근은 현재의 시스템이 생산하는 구조적 불의와 불평등을 강조하며 분배적 정의와 절차적 정의 모두를 보장하고자 한다. 이러한 접근은 시스템의 제도적 변화와 구조적 진화를 포괄하며, 거버넌스 구조, 민주적 참여와 통제, 의사결정을 확대하고, 사회적 소유권을 강조한다. 마지막으로 변혁주의 접근은 환경 문제와 사회적 위기의 책임이 있는 기존의 경제와 정치 체제를 변혁하는 것을 의미한다. 이러한 접근에서는 거버넌스의 규칙과 방식을 변경하는 것 외에도 지속적인 성장을 바탕으로 한 지배적인 경제체제를 파괴하고, 근본적으로 다른 인간-환경 관계를 의미하는 대안적 발전 경로로 이행하고자 한다(Herfort et al., 2018).

는 불평등이 발생하는 기제 및 원인을 사회구조적으로 밝히고 이를 분석해 줄 수 있는 이론적 틀이 부족하다. 이는 당사자주의에서 벗어나기 위해서는 사회구조를 바탕으로 기후위기를 규명해 내는 작업이 필요함을 제시하는 것이다.

급진 정치를 제시해 보자면, 그것은 바로 계급투쟁의 구심점을 만들어 내는 것이다. "난 기후변화 최전선 당사자"라고 말하는 석탄화력발전소 노동자가 아니라 "자본의 이윤을 창출하는 생산자"로서 노동자의 물질적 이해관계가 자본계급과는 차이가 있다는 점을 강조하는 계급 분절선을 강화하는 것이다. 소비자로, 남성으로, 여성으로, 비장애인으로, 비정규직으로 노동자는 다양하다. 하지만 자본에 착취당하는 존재라는 공통점을 현상으로 나타나는 다양한 모습이 감출 수는 없다. 노동계급의 공통점을 부각하는 것이 계급 내 다양성을 훼손하는 것은 아니다. 그리고 계급으로 다양한 내용이 사라지는 것이 아니다. 계급 내 존재하는 다양성의 발현은 계급의 탈각이 아니라 계급 안에서 다양성이 확보할 수 있는 계기를 마련해 줄 것이다. 계급의식의 발전은 억압과 차별의 영역과 착취 관계가 긴밀하게 연결되어 있으며 자본과 노동 관계의 유지가 억압과 차별을 강화시킨다는 점을 인식하는 계기가 되기 때문이다. 기존 노동운동 및 노동조합 운동이 보여주었던 경험적 사례만으로 계급의 존재를 기각할 수 없다. 기계적 연대에 기초한 당사자 운동의 한계는 계급적 당파성의 동력을 모아 내는 과정에서 극복되어야 한다.

참고 문헌

《국토일보》. 2021. 05. 31. "국가기후환경회의-외교부, '2021 글로벌 청년 기후환경 챌린지' 성료". https://www.ikld.kr/news/articleView.html?idxno=235263

김남수·권주영·신혜정·김하늘. 2021. 〈청년의 기후위기 대응 활동 연구〉. 서울특별시 청년허브기획연구.

김대성. 2003. 〈장애인 당사자주의 운동의 참여와 연대정신〉.《진보평론》, 18.

김민정. 2015. 〈한국 기후운동의 실상〉.《마르크스주의연구》, 12(3).

_____. 2020. 〈기후정의와 마르크스주의〉.《환경사회학연구 ECO》, 24(1).

김선기·옥미애·임동현. 2018. 〈사회운동론의 관점에서 정책 거버넌스 현상 읽기〉.《한국언론정보학보》, 90.

김현우. 2020. 〈기후위기 운동의 점화, 그러나 더 길고 단단한 운동을 시작할 때〉.《의료와사회》, 10: 96-107.

레이워스, 케이트. 2018.《도넛 경제학》. 홍기빈 옮김. 학고재.

박선아. 2017. 〈한국 사회 커뮤니케이션 세계와 기후운동〉.《한국사회학회 사회학대회 논문집》.

신진욱. 2022.《그런 세대는 없다: 불평등 시대의 세대와 정치 이야기》. 개마고원.

신현정·임성은·강다연·김찬종. 2022. 〈청소년 기후 시위에 대한 현상학적 연구: 신유물론적 관점을 토대로〉.《환경교육》, 35(1).

안새롬·윤순진. 2021. 〈한국의 대기·기후 운동으로 본 대기 커먼즈 정치: 유동하고 보이지 않는 공간에 대해 말하기〉.《공간과사회》, 31(1).

안새롬. 2022. 〈기후 커먼즈 정치에서 청년 및 미래 세대론이 갖는 함의〉.《환경사회학연구 ECO》, 26(1).

한재각. 2021.《기후정의: 희망과 절망의 갈림길에서』》한티재.

현명주·김남수. 2021. 〈경계의 관점으로 본 청소년의 기후결석시위: 정체성, 학교 교육, 시위문화를 중심으로〉.《환경교육》, 34(2).

홍덕화. 2020. 〈기후 불평등에서 체제 전환으로: 기후정의 담론의 확장과 전환 담론의 급진화〉.《환경사회학연구 ECO》, 24(1).

홍덕화·구도완. 2014. 〈민주화 이후 한국 환경운동의 제도화와 안정화〉.《환경사회학연구 ECO》, 18(1).

de Moor, J., De Vydt, M., Uba, K., & Wahlström, M. 2021. "New kids on the block:

Taking stock of the recent cycle of climate activism." *Social Movement Studies*, Vol.20(5), pp.619-625.

Fisher, D. R., & Nasrin, S. 2021. "Shifting coalitions within the youth climate movement in the US." *Politics and Governance*, Vol.9(2), pp.112-123.

Han, H., & Ahn, S. W. 2020. "Youth mobilization to stop global climate change: Narratives and impact." *Sustainability*, Vol.12(10), 4127.

Herfort, N., Johnson, J., Macintyre, C., & Born, S. 2018. "Mapping Just Transition(s) to a Low-Carbon World." *Just Transition Research Collaborative*.

Keeble, B. R. 1988. "The Brundtland report: 'Our common future'". *Medicine and war*, Vol.4(1), pp.17-25.

Murray, S. 2020. "Framing a climate crisis: A descriptive framing analysis of how Greta Thunberg inspired the masses to take to the streets."

Sabharwal, C. 2020. "From Belief to Action: Histories and New Directions within the Youth Climate Movement." *Senior Projects* Spring 2020. 178.

UNFCCC. 2020.8.12. "Young people are boosting global climate action." https://unfccc.int/news/young-people-are-boosting-global-climate-action

분석 자료

강은빈. 2022. 01. 20. 〈진실을 함께 마주보기 위해 모인 청년기후긴급행동의 이야기〉. 《플래닛타임즈》. http://www.planet-times.com/1280

김지윤. 2021. 03. 03. 〈지속 가능한 기후 행동〉. 서울혁신파크. https://www.inno-vationpark.kr/사회혁신-트렌드리포트-지속-가능한-기후-행동/

김세진·김진영·김지윤. 2019. 05. 17. 〈"환경운동, 축제처럼 즐기자" 기후변화 청년단체 긱〉. 《한국일보》. https://www.hankookilbo.com/News/Read/201905161463031709?NClass=SP02

대학생기후행동. 2020. 10. 31. 〈대학생기후행동 출범 기조문〉, 《시민사회신문》. http://m.ingopress.com/news/articleView.html?idxno=34895

대학생기후행동. 2021. 04. 23. 〈문재인 정부, 빈 수레가 요란하다〉. Instagram. https://www.instagram.com/p/CN_bLWcJp59/

대학생기후행동. 2021. 05. 24. 〈기후비상사태, 대학생 선언〉, Instagram. https://www.instagram.com/p/CPPKzaWpbcT/

대학생기후행동. 2021. 08. 07. 〈"대학생은 탄소중립시민회의의 출범을 전면 반대한다〉 Instagram. https://www.instagram.com/p/CSQsHNmJlMk/?hl=ko

대학생기후행동. 2021. 09 0.9. 〈2050 탄소중립 시나리오에 대한 대학생 기후행동의 입장〉, https://www.2050cnc.go.kr/flexer/view/BOARD_ATTACH?storageNo=80

대학생기후행동. 2021. 11. 14. 〈기후위기에 맞선 대학생반란〉, Instagram. https://www.instagram.com/p/CWTfFosvzLD/?hl=ko

대학생기후행동. 2021. 12. 07. 〈영화 <그레타 툰베리> 상영회〉. Instagram. https://www.instagram.com/p/CXLD41LpPV3/

대학생기후행동. 2022. 2. 25. 〈Don't Look Down〉. Instagram. https://www.instagram.com/p/CaZPepepenE/

숲과나눔. 2022. 08. 05. 〈[초록열매] 석탄발전소, 이의 있습니다! _ 기후변화청년단체 GEYK〉 https://blog.naver.com/korea_she/222840630973

오지혁, 2021. 03. 22. 〈공룡처럼 되고 싶지 않으면... 기업들 정신 차려라〉.《그린포스트코리아》. http://www.greenpostkorea.co.kr/news/articleView.html?idxno=127185&fbclid=IwAR3iTLVkgWRZU_utxDqtKRwlgsyRYO5QopViNSf4HRJt-tGNzUhODSY7sTk

오지혁. 2021. 06. 03. 〈P4G 정상회의 '그린워싱' 논란, 우리의 기후운동은 계속된다〉. https://m.pressian.com/m/pages/articles/2021060314544606861#0DKW

조규리. 2020. 10. 21. 〈글로벌청년기후챌린지, 기후위기 대응을 위한 시작〉.《내일신문》. http://www.naeil.com/news_view/?id_art=365161

청년기후긴급행동. 2020. 10. 31. 〈청년기후긴급행동을 소개합니다!〉. Instagram. https://www.instagram.com/p/CHAYWnWpfXq/

청년기후긴급행동. 2021. 02. 18. 〈한국 최후의 석탄화력발전소? 그린워싱 두산중공업!〉 Instagram. https://www.instagram.com/p/CLbqlosJkWV/

청년기후긴급행동. 2021. 03. 20. 〈우리에겐 낙담할 여유가 없다: 베트남 붕앙-2 석탄발전 수출 저지행동의 길목에서〉. Instagram. https://www.instagram.com/p/CMtF-4TJLtL/

청년기후긴급행동. 2021. 03. 23. 〈[소개글] 안녕하세요, 청년기후긴급행동입니다.〉. https://parti.mx/g/climate_kimgongryong/news1/772

청년기후긴급행동. 2021. 05. 18. 〈대한민국의 P4G '녹색미래 정상회의'가 '녹색분칠 정상회담'이 되지 않으려면〉. Instagram. https://www.instagram.com/p/CPAXSJ9pFrl/

청년기후긴급행동. 2021. 08. 01. 〈기후재판 공판기일이 확정되었습니다.〉 Instagram. https://www.instagram.com/p/CSAw_lqJVeN/

청년기후긴급행동. 2022. 03. 17. 〈"기후악당 대기업, 누가 압박하누?" 3.26 기후정의 시민불복종 집회〉. Instagram. https://www.instagram.com/p/CbMTWQ6pWiZ/

청년기후긴급행동. 2022. 03. 29. 〈3. 26 분당 두산타워 기후정의 시민불복종 집회〉.

Instagram. https://www.instagram.com/p/Cbrh_7FpNz6/

청년기후긴급행동. 2022. 08. 11. 〈기후재난의 절망과 슬픔을 넘어 서로의 손을 잡는
다면〉 Instagram. https://www.instagram.com/p/ChHb0_3JHsG/

청년기후긴급행동 홈페이지. https://ycea.kr/about

GEYK. 2014. 04. 05. 〈Green Environment Youth Korea 회칙〉. https://geyk.
org/2015/02/03/geyk-constitution/

GEYK. 2014. 09. 05. 〈Power Shift Korea〉 https://geyk.org/2014/09/05/power-shift-korea/

GEYK. 2020. 10. 12. 〈[GEYK X SC제일은행] ESG 투자 세미나 안내〉. Instagram.
https://www.instagram.com/p/CGO_T5JpcsV/

GEYK. 2020. 12. 20. 〈글로벌 청년 기후 챌린지〉. Instagram. https://www.instagram.
com/p/CJAurXQpCU9/

GEYK 홈페이지. https://geyk.org/about-2/

GEYK 〈자와 9&10호기 석탄화력발전소 문제점 총정리〉 https://seed-text-382.notion.
site/9-10-90109a2f8f004dc78316114d1fdc20b3

P4G 민간위, 2021. 05. 14. 〈2021 P4G 정상회의 대응 한국민간위원회 성명서〉

P4G 민간위, 2021. 06. 27. 〈2021 P4G 정상회의 대응 한국민간위원회 해단과 함께〉.
https://p4g-ko-cso.tistory.com/90?category=862090

P4G 홈페이지. https://p4gpartnerships.org/about-us

맺음말
11 자본주의 이중 전환과 계급정치의 전망

임운택

1. 들어가는 말: 사라진 계급정치에 대한 성찰

디지털 전환과 탈탄소화로 압축되는 자본주의의 이중 전환dual transformation은 비단 자동차 산업에만 해당하는 문제가 아니다. 여타 제조업은 물론 농업 및 건설 산업, 나아가서 전통적인 광업 및 에너지 산업 또한 이미 지체된 경제의 탈탄소화에 의해 직접적인 영향을 받는다. 변화는 갈등을 의미한다. 사회 경제적 변화는 사회의 주요 이해 세력 간 권력 갈등을 촉발하며, 노사관계가 제도화된 오늘날 갈등의 해결 방식은 지속해서 합법화 제약을 받는다. 그러나 사회 경제의 지속가능성에 대한 논쟁은 노동과 자본의 권력 갈등과 권력 자원을 활용하는 정도에 따라 매우 다양한 형태와 방향을 취할 수 있다. 문제는 이러한 전환 과정에서 기존의 계급정치를 둘러싼 갈등 방식과는 상이한 방식의 갈등이 발생하고, 권력 자원에서도 기존과는 다른 형태의 계급정치, 노동정치가 예상된다는 점이다. 이 글에서는 사회 생태적 전환의 정치경제학이 자본주의의 미래와 관련하여 무엇을 예측할 수 있을 것인지? 나아가 이러한 자본주의 전환 시대에 노동자 계급정치의 전망을 위해 고려해야 할 정치적 과제는 무엇인지에 초점을 맞추고자 한다.

이러한 관점은 노동정치의 중장기적 전망과 비전에 관한 것이면서 동시에 기존 노동정치에 대한 반성과 성찰을 담은 것이기도 하다. 디지털 전환과 그린 전환(탈탄소화)을 앞세운 자본주의 이중 전환은 마추카토(Mazzucato, 2015)나 슈탑(이 책의 2장)이 강조하듯이 국가 주도로 진행되었으며, 국내도 크게 다르지 않다. '디지털 뉴딜'과 '그린 뉴딜'을 앞세워 문재인 정부에서 주도한 '한국판 뉴딜'이 그것이다. 이중 전환은 국가가 주도하고 자본을 지원하는 방식으로 진행되었는데, 촛불의 성과에 취한 노동과 시민사회 진영은 과도하게 국가 정상화에 취해 한동안 노조와 시민단체의 공식 성명서에서조차 신자유주의가 사라질 정도로 이중 전환의 미래에 대해 낭만적 기대를 걸었다. 그 사이 자본은 시민사회와 노조를 우회해서 자본주의의 전환을 고용 배제적 축적 메커니즘으로 정착시킬 만큼 커다란 진전을 보였지만, 여전히 노동은 자본에 대한 투쟁은커녕 이중 전환에 무기력한 대응을 보이고 있는 실정이다. 이 글에서는 다소 원론적이기는 하나 자본주의 전환 시대에 다시 사회 생태 전환을 위한 권력의 자원으로써 노동정치의 전망을 탐색하고자 한다.

2. 자본주의 전환: 위기, 권력, 계급투쟁

전환transformation 개념은 매우 다양하게 이해되고, 전략적으로 활용되고 있다. 우선 산업 전환처럼 협소하게 사용하는 방식이 있는데, 일례로 자동차 산업에서 전기차e-mobility로의 전환(탄소중립화)과 디지털화는 상대적으로 산업이라는 제한적인 범위 내에서 이해되지만, 그 과실은 사회 경제적으로나 제도적으로 치열하게 쟁취되어야 할 대상으로 간주된다. 이러한 전환 개념은 특정 산업 부문이나 기업에 집중되어 있고 사회 시스템 자체의 전환이나 탄소포집형 산업 모델 전반의 광범위한 전환과 관련되지 않는다는 점에서 협소하다.

첫 번째보다 훨씬 더 광범위한 두 번째 전환 개념은 경제-생태적 이중 위기[1]에서 비롯된다. 이 개념은 전통적인 산업 및 경제 모델의 구조조정과 기존 사회의 근본적인 변화를 동반하고, 사회적·문화적·정치적 차원의 격변을 예고하기 때문에 보다 포괄적이다. 사회의 근본적인 변화가 반드시 자본주의가 철저하고 필연적으로 극복되어야 한다는 것을 의미하지는 않는다. 그러나 이중 위기는 지금과는 매우 다른 사회 발전 경로로 나아가는 교차로가 될 수 있다. 물론 이 위기를 돌파하기 위한 혁명이 실제로 성공하리라는 보장은 없다. 이러한 여정의 방향은 사회적 투쟁 속에서 결정된다. 이렇게 이해하면, 이중 전환은 규범적 부하가 없는 분석적 범주가 된다. 사회 생태학적 변화의 방향은 자본주의 전환을 암시하지만, 전환의 종착점으로 도달할 어떠한 사회질서에 대한 구체적 목표를 설정하지 않는다. 다시 말해 탈탄소화와 디지털 전환은 그 자체로는 자본주의를 넘어서는 어떠한 모습을 예고하지 않는다. 현재 진행되고 있는 전환의 맥락은 칼 폴라니(Karl Polanyi, 2009)가 인상적으로 묘사한 대전환과 어느 정도 유사성을 보이기는 하지만, 역사적으로 새로운 과정이다. 이는 전환을 주도하는 계급 간의 내재적 투쟁 역학에서 특히 분명해질 것이다. 사회학자 다렌도르프가 공식화한

---

1 물론 위기 개념은 정치경제학적으로 엄밀하게 규정될 필요가 있다. 자본주의의 모든 국면을 끊임없이 위기라고 정의한다면, 위기라는 개념이 기본적으로 무의미하게 되기 때문이다. 한편, 독일 사회학자 되레는 경제-생태적 이중위기를 '집게발 위기pincer crisis'로 정의한다. 이 책의 3부 7장 참조.

것처럼, 계급과 계급투쟁은 사회 변화의 주요 생성 요인이다. 이는 생태 전환을 둘러싼 투쟁에 놓여 있는 행위자도 마찬가지이다. 투쟁의 축이 상호작용하는 방식은 관련 행위자가 사용할 수 있는 권력 자원과 이들이 이러한 자원을 사용하여 특수한 이익을 성공적으로 관철할 수 있는지에 달려 있다. 권력은 "사회적 관계 내에서 저항에 맞서서라도 자신의 의지를 주장할 모든 기회"를 의미한다(Weber, 1980: 28).

'자본 권력은 이중 전환 갈등의 두 축에서 동일한 권력 자원을 사용한다. 첫째는 자본의 구조적 권력으로, 이는 소유권과 생산수단의 처분뿐만 아니라 시장에서 새로운 것을 추진할 수 있는 능력('창조적 기업가 정신')에 기반한다. 소유권과 혁신은 기본적으로 기업 또는 작업장 수준에서 행사되는 자본 권력의 주요 원천이다. 자본 권력의 두 번째이자 부차적인 권력 자원은 조직화이다. 이는 회사 간 이익집단의 합병을 기반으로 한다. 기업의 작업 조직 형성 혹은 재구성에 대한 자본의 동기는 일반적으로 조직화된 노동자의 이해에 대한 전략적 방어 차원에서 출발한다. 노동운동, 노동자 정당, 노동조합이 등장하고 나서야 비로소 시장에서 치열하게 경쟁하는 기업들은 자신의 이익을 방어하기 위한 단체를 만들어 노동에 대응한다. 자본의 정치적, 사회적 권력은 경제적 권력 자원을 국가 또는 기타 공공 및 시민사회의 결정에 영향을 미칠 수 있는 능력으로 전환한 결과이다. 이러한 영향력 행사는 일반적으로 동맹을 형성하는 권력(조직화된 권력)뿐만 아니라 여론에 영향을 미치기 위한(담론의 권력) 전략적 역량도 필요하다.

자본 권력은 사회적 또는 생태적 파괴성을 증가시키는 데 사용될 수도 있고, 지속가능성을 위한 하위 목표를 실현하는 데 사용할 수도 있다. 종종 두 가지가 동시에 발생한다. 이런 점에서, 특히 사회-생태적 전환 투쟁에서 동질적인 자본 블록은 존재하지 않는다. 일례로 전 세계 배출량의 약 35%를 생성하는 20대 화석 생산자의 이익(Climate Accountability Institute, 2019)은 재생 가능 에너지, 유기농업 또는 지속 가능한 관광에 투자하는 기업의 선호도와 일치하지 않는다. 현대, 기아와 같은 자동차 산업의 완성차업체는 대구나 인천에 있는 중소 규모의 부품 기업과는 다른 이해관계를 가지고 있다. 그러므로 지배계급 내 서로 다른 분파들 사이의 갈등과 마찰은 일반적이다. 그럼에도 상이한 수준의 자본가가 개별적 이해관계와 갈등을 넘어 정치화될 수 있는 공통점은 살아 있는 노동이나 자연보호에 관심이 있는 시민사회의 주장을 반박할 필요가 있을 때 주로 나타난다.

자본 권력과 달리 임노동 권력의 원천은 전적으로 자본-노동 축에 존재한다(Dörre, 2017). 즉, 임노동 권력은 그 기원에서부터 지배적 자본가 행위자(기업, 국가)의 권력 자원과의 관계에서 발생하는 타율적 형태이다(Marx, MEW Bd. 23; 실버, 2005: 43). 그러한 권력의 적용은 특수한 권력 자원의 집단적 발전을 통해 자본과 노동 사이의 교환관계의 비대칭성을 바로잡는 임노동자 공통의 이해관계를 전제로 한다. 임노동자의 구조적 권력은 노동시장이나 생산과정에서의 특수한 위치에서 발생한다. 노동 소요labour unrest, 즉 결근, 게으름, 태업, 열악한 노동조건의 상황에서 촉발되는 분노나 폭동도 이러한 권력의 다양한 변형을 표현한다. 규제된 민주적 계급투쟁 밖에서 전개되는 권력의 형태에 관한 한, 생산과정에서 특별한 자격이나 특별한 지위가 없는 집단도 권력을 사용할 수 있다(실버, 2005: 55 이하).

노동조합이나 정당이 형성하는 조직력은 이러한 권력 자원과는 다르다. 조직 차원에서 소진되지는 않지만, 갈등을 해결하려는 의지, 동원 능력 및 조직 목표에 대한 구성원의 내적 헌신이 필요하다. 종종 즉 흥적으로 행사되는 구조적 권력과 달리, 조직적 권력은 의식적, 때로는 집합적 행위자의 전략적 계획의 시도에 달려 있다. 조직화된 임금 노동자에게 이것은 결정적인 권력 형태이다. 잠재적 임노동자 계급을 동원 영역으로 간주하고, 의식적으로 행동하는 이익집단을 형성하고 나서야 임노동자의 조직 권력은 자본 이해에 대항하여 자신의 주장을 관철할 수 있다.

임노동자의 제도적 권력은 협상이나 투쟁의 결과를 확정하고 규범 화한다. 그것은 노동조합, 자본가 단체(경총, 상공회의소, 등) 및 정치 행 위자가 행동하기 위한 전략을 미리 형성하며, 이는 사회적 역관계가 크 게 기울은 경우에도 여전히 일정한 구속력이 있는 것으로 간주된다. 노 동조합, 노사협의회 및 노동자(친화적) 정당은 노동의 조직력이 쇠퇴하 는 시기에도 노동법(노조법, 근로자참여법), 단체협약이 허락하는 제도적 자원을 동원하기 위해 소송을 제기할 수 있다. 단체협약은 지배적인 자 본가 행위자를 견제할 수 있는 노동의 능력이 약해지고 있음에도 불구 하고 노조가 집단적 노동 이해의 진정한 대표자로 계속해서 받아들여 진다는 것을 전제로 한다.

임노동자의 권력이 공식적으로 인정되는지는 본질적으로 '연대적 권력'(Dörre et al. 2009: 57), '소통적 권력'(Gerst et al. 2011: 141f.), '사회적 권 력'(Arbeitskreis Strategic Unionism, 2013: 359ff.) 그리고 '물질대사metabolismtic 권력'(Dörre, 2022: 43ff.)에 달려 있다. 연대적 권력이 주로 노동조합과 임노동자 조직이 동맹을 형성하는 능력에 초점을 맞추는 반면, 소통 적 권력은 담론 능력과 문화적 헤게모니 획득을 위한 투쟁에 초점을 맞춘다. 사회적 권력의 범주는 두 가지 형태의 권력을 모두 고려한다. 사회적 재생산력을 별개의 권력 원천으로 취급해야 하는지는 불분명하다. 이러한 권력의 자원과 관련하여 때로는 비공식적으로 그리고 종종 가정, 반半국가 또는 비영리 조직에서 수행되는 돌봄노동의 특수한 성격에 대한 고려가 논쟁의 초기 상황에는 충분하게 이루어지지 않았다 (Arbeitskreis Strategic Unionism 2013: 348f.). 다른 사람의 안녕을 지향하고 전문적으로 수행되는 돌봄 작업의 특징은 정확하게 정량화할 수 없는 시간과 정서적 관심이 필요하다는 것이다. 대인관계 및 관련 의존성의 설계는 돌봄 서비스의 직접적인 부분이다(Aulenbacher et al. 2014). 재생산 권력은 돌봄 활동의 이러한 특수한 특징에서 비롯된다(Becker et al. 2018).

일반적으로 자본 권력과 임노동 권력을 구별하는 것은 자연관계의 재생산 과정에 놓인 의식적인 이익집단의 상반된 입장에서 비롯되는 이질적 형태의 권력이다. 노동 권력의 근원은 생명을 주는 과정으로서의 일을 기반으로 하며(Foster, 2000), 따라서 임노동 또는 생계노동이 우선되지 않는다. 되레는 이를 물질대사 권력이라고 부른다. 구조적 물질대사 권력은 자연과의 관계에서 개인이나 이익집단의 특별한 위치(석탄, 석유, 천연가스와 같은 화석화된 에너지 채굴 지역 거주) 또는 상징적 행동과 시민불복종을 통해 자연관계에 대한 경제적 간섭을 주문하는 능력(핵발전소 폐쇄 및 핵폐기물 해양 방류 반대 등)에 기반한다.

조직화된 물질대사 권력은 생태학적 사회 갈등의 축에서 행동하는 것을 선호하는 사회운동(기후정의운동, Fridays for Future 등 국내외 다양한 환경운동), 비정부기구(일례로 환경운동연합, 녹색환경운동연합, 그린피스)와 연대를 형성하는 데 참여할 수 있는 능력에서 발생한다. 국내에서는 아직 영향력이 미미하지만, 유럽의 경우 녹색당의 존재는 조직화된 물질대사 권력의 한 유형을 대변한다.

정치적 제도적 권력은 자연에 기반을 둔 이익의 (준)국가적 공식화 및 법적 규제(지속가능경영목표SDGs: Sustainable Development Goals의 실현)의 결과이다. 자본과 노동의 관계와 마찬가지로, 이질적 물질대사 권력이 담론을 형성하기 위해서는 서로 상대 계급의 구성원에게 접근할 필요가 있다. 우리가 본 것처럼 물질대사 권력은 기본적으로 자본 권력과 충돌할 수 있지만 임노동자 권력과도 충돌할 수 있다. 그러나 국내외에서 산업화 시대에 노동 진영에서 이러한 권력 자원의 활용은 드물었고, 탈산업화 이후에도 노동 진영에서 계급과 자연 권력 양축에 모두 관계하는 경우는 극히 제한적이었다. 물질대사 권력을 추구하는 노동 세력은 국내에서 여전히 그 존재가 미미하다. 기후변화와 자본이 주도하는 이중 전환의 공세 속에서 최근에야 생태사회주의를 추구하는 국내외의 다양한 진보 세력이 갈등의 두 축에 모두 참여하려고 노력하고 있다. 노동계도 개별 사업장이나 산별노조와의 합의 도출의 어려움 때문에 총연맹이 생태적 지속가능성 목표를 정치화하려는 사회운동과 목적의식적으로 정치적 선언을 하는 수준을 넘어서야 하는 상황에 도달했다 (Cha, 2019; Cha and Skinner, 2017). 자본주의의 위기와 전환의 국면에서, 이제는 조직화된 임노동자의 권력에게 생태적으로 지속 가능한 목표를 추구하기 위해 계획적으로 정치에 개입할 준비와 자세가 요구된다.

3. 생태적 지속가능성을 둘러싼 갈등

사회생태적 전환을 둘러싼 투쟁의 구체적 과정에서 어떤 주체가 집단적 목표를 달성하기 위해 권력 자원을 개발하고 자신의 전략적 능력을 극대화하는지가 중요하다. 설정된 목표를 달성하기 위해 일반적으로 사용 가능한 권력 자원 중 일부만 사용하는 것으로는 충분하지 않다. 전략적 능력은 각각의 행동 경로에 대해 서로 다른 권력 자원을 최적으로 결합하고 목표한 방식으로 사용하는 것을 의미한다. 그러나 이러한 자원의 최적화된 사용이 항상 성공으로 이어지지는 않는다. 일반적으로 (아마도 국가와 동맹을 맺은) 자본 권력은 계급투쟁에서 패권적이거나 적어도 구조적으로 지배적이다. 따라서 계급 축과 자연 축 모두에서 하위 행위자인 노동이 자본과의 투쟁에서 승리할 가능성은 거의 없다. 아마도 패배 또는 기껏해야 부분적인 성공이 일상일 것이다. 사회-생태적 전환을 둘러싼 갈등에서도 양대 계급 간의 관계는 경쟁적이든 적대적이든 비슷한 양상을 보인다.

이러한 상황은 노동자들의 주된 관심이 어디에 있는지를 잘 보여주는 다수의 사례 연구에서 확인된다. 화력발전, 원전 등의 에너지 산업, 자동차 산업 완성차 및 부품업체에서 정규직 노동자는 실업 문제에 직접적으로 직면하지 않는다. 그러한 운명은 주로 유연하고 불안정하게 고용된 사람들이 겪고 있다. 정규직 노동자는 전환 국면에서 주로 지위 상실을 두려워한다. 예컨대, 이들은 수출산업이나 기타 안전하게 여겼던 업종에서 일자리를 잃게 될 위험에 직면하게 되면, 이전과는 달리 합리적으로 수용 가능한 임금으로 동일 가치의 일자리를 더는 찾을 수 없다는 점을 우려하게 된다. 이러한 전망은 주로 전통적인 노동계급의 분파로 간주되는 산업 노동자와 생산노동자에게 해당된다. 즉, 임금과 근로 조건에서 더 잃을 것이 많은 노동계급 집단을 가리킨다. 랄프 다렌도르프는 1990년대에 신자유주의적 구조조정으로 실업이 증가하고,

하층계급underclass이 형성되며, 생태적 사회적 갈등이 고조되는 상황 속에서 1950년대 자신이 만든 계층 이론을 수정하면서 계급이해 관계의 변화를 빠르게 간파하였다.

> 마르크스는 부르주아지가 주도하여 형성되는 사회는 억압받는 계급이 … 소수의 지배자를 권좌에서 밀어낼 수 있는 최초의 사회가 될 것이라고 믿었다. 어떤 점에서는 정반대의 일이 일어났다. … 어쨌든 그들 대부분은 부모와 조부모가 감히 꿈도 꾸지 못했던 삶의 기회를 발견했다. 그러나 그들은 좋은 시절이 영원히 지속될 것이라고는 결코 확신하지 못했다. 그래서 그들은 자신의 일부를 따돌리는 경계선을 그리기 시작했다. 이전의 지배계급과 마찬가지로 그들도 그러한 경계 설정에 대한 온갖 이유가 있었다. 또한 그들은 자신들의 가치를 받아들이고 실천하는 사람들을 기꺼이 받아들였다. 더욱이 그들은 계급 장벽이 더 이상 존재하지 않아야 한다고 설득력 있게는 아니더라도 확신을 가지고 주장한다. 그들은 자신들이 제거되는 것을 보고 싶어 하지만, 자신을 제거하는 데 필요한 일을 하려고 하지 않는다. (노동력) 공급의 세계에 살면서 타인의 요구를 인정하지 않는 계급적 상상력 부족은 단지 자신의 지위를 지키려는 이해관계 때문이다. 상황은 아직 그렇게 나쁘지는 않지만, 장기 실업과 빈곤의 징후는 점차 나쁜 징조가 될 수 있다(Dahrendorf 1994: 227f).

20세기 후반에 자유주의 사회학자가 예측한 계급 전망은 21세기 초 이중 전환 시대에 발생할 수 있는 일을 흡사 오래전에 예견한 것처럼 들린다. 여전히 전통적 계급의 중요한 부분인 임노동자는 불평등과 고용 불안정성이 증가함에 따라 업종에 따라서는 이주노동자를 배제하고, 국경을 정치로 활용하는 보수 정책을 암묵적으로 지지하기도 한다. 아직 이주 정책에 대한 노조의 공식적인 반발은 없으나, 건설업처럼 저임금에 기초한 노동력 과잉 공급에 대한 불만의 목소리는 점차 커지고 있다. 초고령화 사회에서 전반적인 생산인구 감소에 따른 이주노동력 유입 규모의 확산이 현실화되면서 이를 완충하는 노동시장 정책의 보완이 없다면 내국인 불안정 노동자와 이주 노동력 간의 직간접적인 갈등은 더욱 노골화될 수 있다.

종종 이들은 급격한 사회 생태적 변화를 거부한다. 일부 업종의 임노동자는 상대적으로 풍요로 왔던 세월이 끝났거나 예상되는 변화가 자신들에게 그리 좋은 징조가 아니기 때문에 이런 식으로 대응한다. '잃을 것이 있는' 노동자들은 경영진 혹은 자본가의 요구에 양보 협상의 태도를 보인다. 일례로 자동차 생산의 가치사슬 구조 맨 위에 있는 원청업체에서 노조의 이러한 교섭 태도는 원청과 하도급업체 간의 갈등을 유발하기도 하고, 하청업체에서 원청의 압박을 버텨 내기 위해서 노자 간 협상 제휴가 시도되곤 한다. 다시 비용 압박은 그 아래의 하청업체 노동자에게 전가된다. 이제 주요 갈등은 노자 간이 아닌, 자본과 노동 각각의 내부에서 펼쳐지고 있다. 그러나 이러한 형태의 노자 간의 긴밀한 블록 형성에도 불구하고 임금, 근무시간 및 근무조건과 관련된 대립적 이해관계는 여전히 노사 교섭의 대상이 되고 있다. 자동차 생산의 가치사슬 시스템에서 발견되는 이러한 갈등은 조직화된 노사관계의 일상을 보여준다. 그러나 이러한 갈등은 사회적 지위와 고용을 유지하기 위한 투쟁과 중첩되면서, 계급적 적대감을 중단시키지 않으면서도 계급을 가로지르는 동맹을 조장한다.

자연의 축에서 물질대사의 권력을 사용하는 가능성이 노동자들에게 자신의 사회 경제적 지위에 대한 위협으로 인식될수록 자본-노동 간 동맹의 가능성은 더 커진다. 만약 자동차 산업 활성화와 내수 진작을 위해 2018년부터 3.5~5%(한시적으로 1.5%)까지 인하해서 적용해 왔던 자동차 개별소비세가 여전히 내연기관 자동차 생산을 유지하는 데 활용되는 것에 반대하여 시민사회단체가 물질대사 권력을 사용한다면, 자본-노동 동맹은 더 구체적으로 반응할 것이다. 개별소비세는 2023년 6월에 종료되었지만 현대나 GM 등은 내연기관 차 생산 비중을 줄이고 전기차 판매를 확대하기 위해 다양한 할부 프로그램과 지원금을 제공하고 있다. 전기차가 진정한 의미에서 친환경차인가라는 질문에는 여전히 많은 의문이 제기되고 있지만, 과학적 논리보다는 여전히 사회적 담론을 주도하지 못하는 정치적 왜소함으로 인해 시민사회단체는 물질대사 권력의 자원을 사용하지 못하고 있다.

생태운동 내의 전투적인 세력이 코로나 위기 이후에도 탈성장 노선을 주장한다면 노동과의 연대는 더욱 어려워지게 된다. 화력발전 산업이나 자동차 산업에서 실제로 이러한 일이 발생한다면, 이는 사회 생태 진영의 의도와는 달리 자본에 대한 지원이 될 수도 있다. 금융자본주의 이후 주식시장의 시장가치에 민감한 모든 산업의 주요 최종 생산자는 비용 효과 측면에서 대량 감원을 시행하고 싶어 하기 때문이다. 잦은 파업이나 노동 소요로 생산이 재개되지 않거나 정체된다면, 기업은 비용이 저렴한 해외 국가로 사업장을 이전하는 것이 바람직하다고 판단할 것이며, 따라서 기업의 이러한 선택은 노동에 분명한 위협을 의미한다. 이러한 상황 속에서 물질대사와 임금에 의존하는 노동 권력의 개입은 결국 제로섬 게임이 된다.

이제 두 개의 상이한 갈등 축에 있는 행위자는 상호 이해가 불가능해 보이는 상황에서 서로 가능한 권력 자원을 동원한다. 무임승차자로서 이러한 상황으로부터 이익을 얻고자 하는 세력은 실업자를 자극하고, 비용 효과를 앞세워 탈원전을 방해하는 급진 우파들이다. 이미 유럽에서 보이듯이 자동차 완성차업체와 부품업체에서 발생할 수 있는 일을 어느 정도 예측하게 된 후, 극우파의 전략은 자본과 노동 두 핵심 행위자에게도 불안한 선택이기 때문에, 이들은 이전의 갈등을 다시 시작하지 않는 타협을 차선의 정치적 선택으로 받아들이기 시작했다 (Schipkowski and Kreutzfeld, 2020).

사회 생태적 전환을 위한 투쟁 과정에서 중요한 점은 어떤 계급이 집단적 목표를 달성하기 위해 계급투쟁의 권력 자원을 발굴하고 전략적으로 능력을 사용하는가이다. 일반적으로 설정된 목표를 달성하기 위해 사용 가능한 권력 자원을 활용하는 것만으로는 충분하지 않다. 전략적 능력은 계급 주체가 각각의 행동 경로에 대해 서로 다른 권력 자원을 최적으로 결합하고 목표한 방식으로 사용하는 것을 의미한다. 그러나 이는 자원의 최적화된 사용이 필연적으로 성공으로 이어진다는 것을 의미하지는 않는다. 필요한 경우, 국가와 동맹을 맺는 자본 권력은 일반적으로 전환 투쟁에서 패권적이거나 적어도 구조적으로 지배적이다. 따라서 하위 행위자가 계급 상황이나 자연적 조건에서 지속적으로 승리할 가능성은 거의 없다. 오히려 현실적으로는 항상 패배하거나 기껏해야 부분적인 성공한다면 다행일 것이다. 사회 생태적 전환 투쟁에서 이것은 무엇보다도 계급과 자연 축에서 행위자가 경쟁적이거나 심지어 적대적일 때 빈번하게 발생한다.

이러한 상황은 노동자들이 고용 문제와 마주하는 상황 속에서 분명하게 드러난다. 에너지 산업과 자동차 완성차 및 부품업체의 정규직 노동자가 사회 생태 전환 과정에서 실업의 위기에 처할 가능성은 적다. 그러한 운명을 겪는 계층은 대부분 정규직인 아닌 불안정 노동자(프레카리아트)이다. 이들은 계급 갈등의 제도화에서도 '얻은 것이 없는' 집단이다. 생태 전환의 중심에 놓여 있음에도 제조 산업의 조직화된 생산직 노동자는 역설적으로 산업 전환 시기에 자신의 일자리를 지키기 위한 보수적 태도를 취하고 있는데, 이는 기술 변화로 일자리를 상실하면 그만한 임금을 보전하기가 쉽지 않기 때문이다. 이들은 계급 관점에서 볼 때 전통적인 노동자계급의 분파에 속한다고 할 수 있다. 임금과 근로조건뿐 아니라 그 이상을 잃을 것이 있는 노동자계급 집단이다.

경험에 따르면 여전히 전통적인 다수 계급인 임노동자는 국내외적으로 실업률의 감소에도 불구하고 노동시장에서 불평등과 불안정성이 증가하면서 '초대받지 않은 손님'을 배제하고 고용의 국가 경계를 확고히 하는 보수적 정책을 은밀하게 지지하기도 한다. 부분적으로는 급격한 사회 생태적 변화를 거부하기도 한다. 노동자계급은 경제적으로 여유 있는 세월이 끝나 갈 것으로 예상되는 변화가 자신에게 좋은 징조가 아니므로 사회 생태적 전환에 큰 관심을 보이기 어렵다. 잃을 것이 있는 노동자는 경영진이나 자본가와의 타협을 피하지 않는다(협력사 인력 조정—연료 환경 운전직—을 합의한 석탄화력발전소 사례, 디지털화가 아닌 생산 라인의 자동화에 암묵적으로 동의한 자동차 산업 등). 자동차 부품 산업의 경우 원청업체에서 발생하는 압력을 완화하기 위해 계급 갈등을 넘어선 업체 간 제휴(1차, 2차, 3차 벤더 간 상대화)가 시도되고 있다. 여기에서 주요 갈등은 자본과 노동 내의 이해집단 간에 발생한다. 그러나 이러한 형태의 긴밀한 블록 형성에도 불구하고 임금, 근무시간 및 근무조건에 관한 기본적인 이해 상충은 여전히 단체교섭의 대상이 되고 있다. 물론 자동차의 가치 창출 시스템에서 발생하는 이러한 갈등은 조직화된 노사관계의 일상에 속한다. 그러나 이러한 교섭은 일반적으로 사회적 지위와 고용을 유지하기 위한 투쟁으로 덧씌워져 있으며, 이러한 투쟁은 적대감을 잠재우지 않으면서 계급 간 동맹을 조장한다. 자동차 산업이든, 다단계 하도급 구조가 심각하게 만연한 건설 산업이든 가치사슬의 아래에 내려오면 빈번하게 발생하는 일상이다. 자본-노동의 동맹은 자연의 축에 대한 사회적 시민의 지위를 위협받는 노동자에게서 그 가능성이 크게 나타난다. 오늘날 국내에서 노자 간 갈등보다 노정 교섭이 전면에 내세워지는 이유이기도 하다. 나아가서 이러한 동맹은 환경단체가 고용 영향을 받는 산업 인력의 전망을 고려하지 않고 친환경 제품과 생산방식을 주장할 때도 발생한다. 한편, 산업과 생태운동의 상호 고립주의는 생태 운동의 전투적인 부분이 코로나 위기 이후 경제 중단을 요구할 때 오히려 강화될 수도 있다. 친환경 상품에 대한 소비자의 수요 증가로 인해 에너지 산업(석탄, 화력, 원전, 등)이나 자동차 산업의 대기업이 환경단체의 탈탄소화와 친환경 생산 목표를 마지못해 수용하는 듯해도, 이는 탈탄소화를 추구하는 생산방식의 전환에 드는 비용을 이미 가변자본이 아니라 고정자본 일부로 환산하고 소비시장의 변화를 통해 노동 통제의 새로운 가능성을 추구하는 자본의 전략에 부합하는 것일 수 있다. 이러한 생산에 참여하는 노동력은 대체로 전통적인 생산 노동자에 비해 숙련도가 높고, 성과주의를 수용하며, 노동 통제 일부에 참여함으로써 자율적 권한을 가지고 있어 종종 전통적으로 조직화된 노동자와는 스스로 거리를 두는 일도 있다. 한편 국내에서 생산이 중단되거나 영구적으로 정체될 경우, 자본은 비용이 저렴한 해외 국가로 생산기지를 이전하는 선택을 하게 될 것이며, 이는 노동시장에 절대적으로 부정적인 결과를 초래할 뿐만 아니라 노사관계에서도 자신들에게 유리한 환경을 조성하게 되는 결과를 얻게 된다.

반면 전통 산업에 종사하는 다수의 노동자는 시민사회를 비롯한 타 산업노동자로부터 반환경적 생존주의를 고수하는 자들로 낙인이 찍힐 수도 있다. 결과적으로 자연의 물질대사와 임금에 의존하는 권력의 사용은 제로섬 게임이 된다.

사회 생태 전환의 갈등 축에 있는 행위자의 권력 자원은 상호 이해가 불가능해 보인다. 원전의 재가동 사례에서 보듯, 이러한 상황의 무임승차자로서 이익을 얻고자 하는 세력은 급진 우파이다. 자동차 산업에서도 친환경차 생산뿐만 아니라 과속 방지, 친환경적 대중교통 정책이 실질적인 정책으로 일관되게 유지되지 않는 한, 변덕스러운 소비자 시민과 우파 포퓰리즘 전략 아래 산업에서 무슨 일이 발생할지는 예측하기 어렵다.

4. 자본주의 전환 투쟁에서 계급정치

생태 전환 투쟁에서 발생할 수 있는 계급 간 제로섬 게임은 생태학적 지속가능성과 사회의 지속가능성을 결합하는 전환 목표를 위해 자연의 물질대사(생태친화성)와 임금 소득자의 힘을 결합해야만 피할 수 있다. 그러나 이는 석탄발전소 폐지와 같은 일부 긍정적 사례에도 불구하고 실질적인 효과가 크지 않다. 고된 협상에 참여하는 행위자들이 정치적으로 공통 기반을 만들어야 가능한 정치적 시도이기 때문이다. 명분과 타당성에도 불구하고 생태학적으로 필요한 탄소 산업의 위축이 필연적으로 관련된 노동조합 조직력의 상당한 손실을 의미한다는 점을 간과해서는 안 된다. 자동차 산업의 디지털화와 탈탄소화로 인해 노조의 조직력 약화는 더욱 거세질 것이다. 금속노조 조직원의 상당 부분이 자동차 산업 노동자임을 감안해 볼 때, 이는 간단한 문제가 아니다. 무엇보다 조직에 영향력을 미치는 비중이 완성차업체가 유독 높아 산업 전반의 급격한 변화는 권력 정치적 측면에서 영향력 있는 노동조합의 권력을 약화시킬 우려가 크다. 한편, 반노조 정서를 노린 보수 정치는 산업 전환에 따른 노조 무력화 전략에 더해 저가 에너지 공급을 이유로 원전 정책을 앞세워 탈탄소화와 녹색 전환에 부정적인 방식으로 대중 정치에 영향력을 행사한다.

제조 산업 노동자의 고용 및 임금을 보장하는 경우에만, 생태 전환 운동이 바꿀 수 있다. 분명한 점은 생태 전환 운동이 자본 권력과 대치하고 있음에도, 노동조합의 조직력이 지속적으로 상실되어 간다면, 생태적 지속가능성이라는 목표의 이행을 추진할 가능성이 점차 작아진다는 점이다. 지속가능성 목표의 실행이 사회에서 다수의 지지를 얻지 않고는 기후운동의 전략이 성공할 수 없다는 것은 분명하다. 동시에 사회 생태적 지속가능성을 추구하는 정치세력은 임노동에 의존하는 계급을 포함하여 지역에서 노동자를 조직화하고, 시민들의 지지를 끌어내려고 노력해야 한다.

생태 전환과 지속 가능한 생산

생태 전환을 위한 첫 번째 출발점은 다양한 종속적 임노동 계급의 모순된 이해관계이다. 기후변화에 따른 사회 비판, 자본주의 비판, 심지어 성장에 대한 비판은 산업노동자의 일상적인 의식 속에 일정하게 공유되고 있다. 다렌도르프가 다소 비아냥거리면서 임노동 계급의 보수적 특성을 서술하였음에도 불구하고, 임노동자의 노조가 기후정의를 위한 투쟁에서 주도적인 역할을 할 수 있는 사례는 적지 않다.

　　제인 매컬비Jane McAlevey는 노동조합이 구조적으로 '반환경적'이라는 편견에 대해 반박하면서, 임금 근로자가 지역에서 기후정의에 관한 분쟁에 특정한 방식으로 개입하는 정치적 조직화의 가능성을 강조한다(McAlevey, 2019: 103). 물론 대단히 미국적 경험에 근거한 이러한 사례를 다른 지역과 국가에 그대로 적용하기란 쉽지 않다. 미국은 사업장에 노동조합이 확고한 기반이 없기 때문에 사업장 외부에서 대중을 동원할 수 있는 특정 이슈에 집중한다. 비록 조직화된 노사관계가 이전보다 약화되고는 있으나 유럽의 경험은 미국과 차별화된 모습을 보여준다. 예를 들어 유럽 식품·농업·관광 노조EFFAT: Eurpean Federation of Food, Agriculture and Tourism Trade Unions는 생태 및 사회적 지속가능성 목표에 찬성하는 초국가적 노동 동맹이 가능하다는 것을 보여주었다. 이들은 2020년 유럽그린딜투자계획 및 정의로운 전환 프로젝트를 조직한 후 2022년에는 노동자의 건강과 안전을 위해 유럽 전역에서 살충제 및 농약 사용에 대한 규제를 강력하게 제기하고 있다(EFFAT, 2023). 물론, 이는 노조 간 협력을 전제로 하는 것이므로 매켈비가 제기했던 새로운 동맹, 즉 임노동 세력과 물질대사 세력이 결합하기 위한 실질적인 공통점을 찾아내야만 한다. 두 가지 경험의 공통점은 천연자원을 아껴서 사용하고 다수의 사회적 요구에 맞춘 생산양식으로 계획적인 생태 전환의 노력을 기울인다는 점이다.

　　그러나 장기적이고 생태학적으로 지속 가능하게 생산된 상품과 서비스를 추구하는 방식으로 경제가 전환하기 위해서는 때때로 성장에 비판적인 문헌에서 권장되는 것과 정반대의 것이 요구되기도 한다. 일례로 생태적 지속가능성 목표의 추구는 농산물과 생필품 가격뿐만 아니라 다른 많은 상품의 가격을 상승시킬 가능성이 있다. 이런 이유만으로도 노동조합에 임금과 소득을 양보 혹은 삭감하라고 요구하는 것은 역효과를 낳을 뿐이다. 자본주의적 조건 아래에서 이러한 조치들은 기업 이익만 증가시키고, 금융시장으로 고도의 투기 자금 유출을 조장함으로써, 다수 임노동자 사이에서 불공정한 감정을 증폭시키고, 인간이 만든 기후변화를 부정하는 극우 세력의 손에 훨씬 더 많은 노동자를 위험하게 할 뿐이다.

사회적으로나 생태학적으로나 지속 가능한 세계는 오히려 그 정반대이다. 다수 노동자의 임금과 소득은 유기농이나 친환경으로 생산된 식품이나 탈탄소화된 공정으로 생산된 상품을 공정한 가격으로 구매될 수 있도록 인상되어야 한다. 이는 전 지구적으로 볼 때 북반구의 환경오염 생산 경쟁이 중단될 때, 그 가치사슬과 연계된 남반구의 생산도 더 생태적으로 지속 가능한 노동조건이 확보될 수 있다는 것을 의미한다. 전 지구 차원에서의 노동 연대가 필요한 이유이기도 하다. 따라서 그 목표는 국내적으로나 국제적으로 각각의 최저임금 한도를 훨씬 상회하는 임금 또는 생활임금living Wage이 되어야 한다. 생활임금은 지금처럼 기존의 최저임금을 보완하는 수준이 아닌, 미래에 초국적 가치사슬을 따라 임금 수준이 결정되어야 한다.

이와 같은 사회 생태적 지속가능성을 실현하기 위해서 노동조합이 공정한 분배 조건을 시행할 수 있는 충분한 권한을 가질 수 있는지가 관건이므로 정당, 민주적 시민사회 및 사회운동의 지원은 매우 중요하다. 가능한 연대의 주요 목표는 더 이상 최저 가격을 통해 통합되는 생산양식이 아닌, 임금과 소득을 통해 결정하는 방식이다. 결과적으로 생태 친화적 생산과 소비의 선순환 구조 속에서 제국주의적 라이프 스타일의 양상인 불필요한 과소비도 줄여 가야 한다. 그러나 더 높은 품질의 상품과 서비스로 인해 모든 사람과 미래 세대의 삶의 질이 상당히 향상될 수 있다.

탄소 산업 부문 노동자의 고용 안정

탄소 산업 종사자들이 사회 생태적 구조조정에 편입되려면 삶에 대한 안전보장이 필요하다. 따라서 미국의 알렉산드리아 오카시오-코르테즈와 그의 민주당원은 미국 경제의 빠르고 급진적인 탈탄소화에 영향을 받는 산업 부문의 노동자에 대한 고용 안전 보장을 요구했다(Cha and Skinner, 2017). 국내 노동조합도 사정이 크게 다르지 않다. 국내의 노조 또한 그러한 요구를 내세우기는 하나, 그들만의 주장으로 자본주의하에서 그에 상응하는 보장을 실현하기는 쉽지 않다. 그럼에도 그러한 요구의 매력은 바로 자본주의적 생산방식을 현 체제의 한계에서 시험하는 데 있다.

산업 인력에 대한 고용 및 지위 보장은 건강, 돌봄, 교육, 훈련 및 이동성을 공공재로 인정하는 사회적, 공적 자금 조달 인프라에 대한 요구와 결합하여야만 실현될 수 있다. 페미니즘은 포스트 코로나 시기의 사회적 재생산의 위기를 꾸준히 경고해 왔다. 간호, 돌봄, 교육 및 교육 활동은 물류, 택배, 운송 분야의 직업만큼 저임금에 시달리고 있다. 이 분야의 종사자들은 대부분 불안정한 고용 상태에 놓여 있고, 수행 업무는 여성의 일로 평가절하되고, 이들이 수행하는 노동에 대한 사회적 인정은 사회적 직업 피라미드의 바닥에 있는 지경이다(전기택·배진경, 2020). 코로나 팬데믹 시기 '일상의 영웅'으로까지 칭송받던 돌봄 노동자들은 감염의 위험에도 불구하고 취약계층의 돌봄에 최선을 다했다.

그러나 정부는 한시 지원금마저 요양보호사에게만 지급하고 장애인활동지원사에게는 적용하지 않는 등 사회 서비스 노동에 대한 지원은 여전히 개선되지 않고 있다(오마이뉴스, 2022. 12. 16.).

이제 사회적으로 훨씬 더 많은 것이 필요하다. 지속가능성 혁명의 필수 불가결한 부분으로 돌봄 혁명(Winker, 2015)은 상당히 지체되었다. 코로나 팬데믹 이후 돌봄 노동에 대한 인식의 증가가 지속되고 있음에도 관련 노동자에게 실질적인 영향을 미칠 것이라는 보장조차 없는 것이 현실이다. 이러한 상황에서 기본적으로 간호사, 요양사, 어린이집과 유치원 보육교사는 물론 조리사, 영양사, 버스기사에게까지 무한대의 인내를 요구하는 것은 불가능하다. 펜데믹 기간에 무한의 인내를 요구하던 정부는 앤데믹으로 전환되고 나서도 다시 이들에 대한 지원 약속은 공염불이 되었다. 필수 서비스와 상품의 부족만이 그들에게 진정한 힘을 주기 때문에 앤데믹 기간 이후에 파업은 점점 이들에게 필수적인 선택이 될 수밖에 없다.

이러한 일이 즉각 실현되지 않더라도 변화되어야 할 것은 많다. 사회는 잘 발달된 사회 인프라의 기반 위에서 가장 잘 기능한다. 이때 이 인프라는 우선적으로 자금을 지원받는 공공재가 되어야 한다. 이러한 변화는 개별 국가 차원에서뿐만 아니라 세계보건기구WHO의 국제보건규정IHR: International Health Regulations에 따라 전 세계적으로 확산되고 있다. 코로나19가 수십억 명에게 파괴적인 재앙을 남겨 주었음에도, 양질의 서비스 상품을 제공하는 사회 인프라를 구축하기 위해 싸우는 것은 더 나은 사회적으로 지속 가능한 사회로 가는 길을 닦는 중요한 단계가 될 것이다. SDG를 척도로 삼는다면, 이 정책 영역은 노동과 기후 운동 간의 협력을 위한 우선순위가 되어야만 한다(Ringger and Wermuth, 2020).

　사회적 재생산의 구조적 문제를 염두에 두고 물질대사와 임금 노동력의 결합이 가능한 또 다른 영역은 지방 소멸의 시대에 지역 개발을 위한 연대에서 찾을 수 있다. 좌초자산을 기반으로 하는 산업의 녹색전환은 지역의 노동자뿐만 아니라 특정 산업에 의존하는 지역사회에도 막대한 영향을 미치기 때문에, 지역사회의 참여도 매우 중요하다. 그러나 지역에서 임노동자와 생태 전환 시민 세력이 생활 세계의 접점에서 만나는 일은 거의 드물다. 이것은 보편적 이해관계를 앞세운 세계화론자와 지역 특수성을 강조한 공동체주의자 간의 문화적 분열과도 별 상관이 없다. 지역사회 소멸이 현실화된 지도 꽤 되었음에도 지역사회와 경제의 활성화라는 명분 아래 물질대사 전환 세력과 임노동자를 대변하는 노조가 공동 협력을 끌어 낸 사례는 거의 없었다. 처음에는 연대를 위한 합의를 도출하는 가장 좋은 방법으로 보였던 것이 일상 정치에서는 서로 다른 고정관념 때문에 거리를 두어 왔기 때문이다.

　두 진영의 경계를 잇는 다리는 다른 차원에서 찾을 수 있다. 사회 경제적 위기에 내몰린 지역의 미래에 영향을 미치는 중대한 결정에서 소외감을 느끼는 행위자들이 도처에 있다. 자동차 생산의 부가가치 시스템(즉, 원하청 구조)의 하위에 종사하는 사람 사이에 널리 퍼져 있는 미래에 대한 무력감은 노조의 영향력이 약화되는 현 시점에서 모든 관련 사회집단이 프로젝트 및 생산 결정에 참여하는 경우에만 상쇄될 수 있다.

　이와 관련하여 경제학자 앤서니 앳킨슨(Atkinson, 2015)은 의사결정 권한의 재분배를 조직할 수 있는 '지역사회 경제협의회'의 설립을 제안했다. 그러한 모델을 준용하여 우리는 생태 전환 및 지역 발전의 지속가능성에 대해 논의할 수 있는 '지속가능지역협의회' 구성을 제안하고자 한다. 물론 이러한 역할을 하는 공적 기구가 아예 없는 것은 아니다. 이명박 정부 당시 노사정협의회에서 '지역노사민정협의회'로 개편되어 지금까지 고용노동부가 지원하여 운영되는 기구가 있다. 지역노사민정 협의회에는 지역 노사와 지자체의 대표와 간부, 추천 인사 그리고 시민 사회의 대표가 참여하나 민주노총 지역본부는 참여하지 않으며, 민의 참가자가 정권의 성격에 따라 그때 그때 달라진다고 해도, 시민운동의 의제를 적극적으로 제기하는 주체는 거의 참여하지 않는다. 예산과 의제 설정에서 자율성이 결여되었고 애초에 노사 화합을 전제로 운영되다 보니 내용상으로도 정부 정책의 전달 벨트 역할을 하는 경우가 대부분이다. 이러한 조건에서 지속 가능한 지역 발전 논의를 유지하기에는 능력과 의지가 결여되어 있다.

사회 혁신을 위해서는 공식적인 정치기구에 접근하기 어려운 시민들의 참여가 필수적이며 이를 운영하는 지속가능지역협의회의 구성이 필요하다. 이러한 협의회에 노동, 자본, 국가/지역의 대표만 참여해서는 안 된다. 기업의 경직성을 극복하기 위해 풀뿌리 시민운동, 지역 단체, 환경단체, 여성단체, 인권단체 및 유사한 시민사회단체를 기본적인 정치적 결정에 참여시키는 것이 중요하다. 지속가능지역협의회는 지역의 생활 조건에 대한 투명성을 만드는 데 도움을 주며, 지속가능성 기준에 따라 지자체의 산업 및 경제적 투자 결정을 검토할 수 있어야 한다.

지속가능지역협의회의 임무에는 지속가능성 목표의 이행에 대한 모니터링은 물론, 지역에서 친환경적 내구재 생산을 유도하고 협동조합 및 사회적 기업의 형태로 새로운 형태의 집단적 자기소유권을 시도하는 것들이 포함된다. 자본주의 사회의 주요 목적인 이윤 추구와 분리된 이러한 형태의 공동 소유는 공공재에 대한 개인의 책임을 유지할 수 있다. 또 다른 과제는 소득과 근로조건의 투명성을 창출하여 노동자에게 공정한 임금과 좋은 근로조건을 제공하도록 지자체에 압력을 가하는 것이다. 위원회의 절반은 일반, 자유, 평등 선거에서 선출될 수 있고 나머지 절반은 노조 및 시민사회 활동가가 지명한 전문가로 구성되어야 한다.

새로운 지속가능지역협의회 조직의 설립은 언제든지 시작할 수 있다. 아래로부터의 이니셔티브를 통해 최선의 경우 노동조합, 기후운동, 환경단체 및 민주적 시민사회 활동가의 지원을 받아 시작할 수 있다. 지속가능지역협의회는 의회민주주의와 경쟁하지 않지만 이를 확대하고 활성화하는 역할을 부여받는다. 모든 수준에서 사회 생태적 지속가능성 목표에 기반해야 하는 지역 협의회의 입장과 지역 발전과 성장에 목표를 두고 있는 지역 의회는 대립될 수 있는데, 이는 갈등의 표출이라기보다는 지속 가능한 사회를 만들기 위한 보완재로 이해할 필요가 있다. 만약 이러한 협의회가 단시일 내로 구성된다면, 그 협의회의 즉각적인 임무 중의 하나는 코로나 위기 이후 경제 재건에 사용되는 자금의 분배를 모니터링하는 것이다. 지속가능성지역협의회와 관련된 의사결정 권한의 분권화 및 재분배는 물질대사 및 임금 의존 권력 자원이 함께 작동하는 경우에만 구현될 수 있을 것이다.

상호 인정과 생태적 계급정치의 전망

지속가능성의 척도는 자연의 물질대사와 계급 행위자 간에 발생하는 긴장을 민주적인 방식으로 처리하는 사회 혁신을 의미한다. 이러한 조건에서 생태 전환 활동가와 노동자계급은 양방향 의사소통을 위한 공간, 노동력에 확실히 존재하는 생태적 생산자 지식에 기반한 계급

정책 지지자를 위한 포럼을 구축해야 한다. 이러한 공간에서 생태적 계급정치가 소위 산업구조적으로 취약한 지역의 노동자에게 노출된 부정적 인식의 악순환을 깨뜨리는 것 이상을 기대하기 어려울 수도 있다. 그러나 그러한 인식은 다른 사람이 처한 각각의 상황에 대해 이해하는 것 이상을 의미한다. 자신들에 대한 부정적 평가의 인식을 극복하기 위해서는 지식, 경험 및 자격을 갖춘 탄소 산업 종사자도 다가오는 지속가능성 혁명이 절실히 필요하다는 것을 정치적으로 보여주어야 한다.

여기서 다른 계급의 입장을 인지하는 것이 중요하다. 노동자의 계급정치는 아직 생태 계급정치와는 거리가 먼 것이 사실이다. 한편, 제조업 생산 노동자들이 경험하는 부정적 인식에 대응하는 것이 중요한 만큼, 생태 전환을 앞장서서 이끄는 사람들 또한 (여전히 중요한) 계급 분파에 불과하다는 것도 분명하다. 착취당하고 통제되는 전통적인 노동계급에는 학교 비정규 교육자, 간병인과 요양사, 물류 플랫폼 노동자 등과 같은 전문적 집단도 포함된다. 이들 또한 오랜 투쟁을 통해 조직화의 걸림돌로 여겨졌던 직업적 정체성을 확립하고 자신을 스스로 재생산 및 노동조합 조직력의 원천으로 바꿔 나갔다. 직업적 정체성은 종사상 지위의 특수성에도 불구하고 재생산 의미의 가능한 자원을 나타내며, 이는 궁극적으로 조직력과 갈등을 다루는 능력으로 전환시킬 수 있다. 과거 산업 노동자들이 산업화 단계에서 특정 계급 분파에 집착했던 것과는 달리, 모든 유형의 임금 근로자는 집단적 자신감을 강화하면서 생태 계급정치의 관심사를 고조해야 한다. 이는 계급적 조건의 교차적 위상, 생태 전환 갈등의 상호 연계, 민족/국가적 위상, 젠더 등이 충분히 고려될 때 가능하다. 생태 전환과 임금에 의존하는 힘 모두 적절한 결합으로 이익을 볼 수 있다.

사회적 생태 전환과 관련하여 간과할 수 없는 또 다른 중요한 지점이 있다. 생태 계급정치는 현재 노조가 적극적으로 주장하는 것이 아니라 일부 학생운동 혹은 환경과 기후운동의 좌파에 의해 주도되고 있다. 일반적으로 이러한 운동은 지식인 또는 기타 중간계급이 주도한다. 그러나 이것은 발전된 자본주의 사회구조나 사회운동의 다양성과 반드시 일치하지 않는다. 경험적으로 볼 때 기후정의운동의 사회적 대변자는 적어도 부분적으로는 학문적 자격을 갖춘 임금 소득자 계층이다. 이 계급은 직업적 전문성과 자격을 바탕으로 자신을 정치화한다. 미래의 학생은 아마도 이 계급의 젊은 세대의 일부를 계승할 것이다.

　　그러나 새로운 임노동자 계급은 아마도 노동조합에서 기후 전환을 시작하는 데 가장 적합한 이익집단일 수 있으므로, 이들이 촉발시킨 자본주의 비판은 생태운동에서 노동 전환Labour Turn을 시작하는 데 가장 적절한 계기가 될 수 있다. 급진적인 경제 구조조정 내용을 담아 내고 미래형 일자리 창출을 예고한 지난 정부의 한국판 뉴딜은, 설계부터 실행까지 미흡한 정책임은 분명하나 수많은 물질적인 논의의 출발점을 제공한 것은 사실이다.

　　사회 생태적 전환을 위한 시간을 앞당기기 위해 기후운동이 어떤 면에서 더 급진적으로 될 필요가 있다는 분명한 이유는 차고 넘친다. 그러나 급진주의는 단지 행동의 전투성으로 측정되는 것이 아니라 운동의 내용적 방향으로 평가된다. 우선, 가장 시급한 점은 청년의 보수화로 인해 여타 국가보다 기후변화에 관한 관심이 현저하게 떨어진다는 것이다. 그 흔한 '미래를 위한 금요일' 시위가 국내에서는 전혀 발생하지 않았을 정도로, 막상 실천적 기후변화 운동에 청년들의 관심이 크지 않다. 나아가서 기후운동 내에서도 기후변화가 시장 기반 수단(이산화

탄소 가격 책정, 배출권 거래)만으로는 대응할 수 없다는 것을 기업 및 노동계와 적극적으로 공유할 필요가 있다. 이 추가 부담금이 보상금 지급과 연결되더라도 생태학적으로 충분하지도 않고 사회적으로 지속 가능한 조치도 아니기 때문이다. 스위스의 경우 이미 탄소세와 사회적 보상을 모두 가지고 있지만, 국가의 경제 모델과 삶의 방식은 지속 가능하지 않다.

이러한 이유로 기후운동은 자본주의 생산양식의 확장 메커니즘을 비판적으로 검토하는 것을 피할 수 없다. 근미래에 많은 기후활동가들의 비전을 현실화하기 위해서는 노동조합에도 같은 것을 요구해야 할 것이다. 다른 방법이 불가능할 경우, 노동운동은 집단행동을 통해 지속 가능성 목표의 이행을 강화하는 데 필요할 경우 정치 파업이라는 무기를 사용할 수도 있다. 아직까지 그러한 일은 없었지만, 공장에서 기후 파업이 가능하다면——임금에 의존하는 권력 행사의 한 형태로, 헌법상 보장되는 파업권이라는 법적 틀 내에서 시도될 수 있음——파업이 무엇을 위한 것이며 파업과 함께 요구해야 할 것이 무엇인지가 대중에게 분명하게 제시할 수 있어야 한다. 여기에 노동운동과 생태운동 모두의 핵심적인 과제가 있다. 그러나 안타깝게도 '성장자본주의'에 대한 대안의 윤곽은 분명하지 않다. 이러한 어려움에도 불구하고 사회적·정치적 파업을 통한 권력 자원의 동원은 사회적 생태 전환 과정에서 노동자들이 21세기 사회 생태적 전환을 위해 사회에 요구할 것이 무엇인지 학습하고, 스스로 자신의 역량을 확인하는 계기로 작용할 것이다.

참고 문헌

전기택, 배진경. 2020. 〈코로나 19의 여성노동위기 현황과 정책과제〉.《KWDI Brief.》제58호: 1-9. 한국여성정책연구원.

마추카토, 마리아나. 2015 [2013].《기업가형 국가》. 김광래 옮김. 매일경제신문사.

앳킨슨, 앤서니. 2015.《불평등을 넘어. 정의를 위해 무엇을 할 것인가?》. 장경덕 옮김. 글항아리.

《오마이뉴스》. 2022. 〈코로나 최전선서 돌봄노동... 한시지원금 왜 차별 지급하나.〉 2022. 12. 16. https://www.ohmynews.com/NWS_Web/View/at_pg.aspx?CNTN_ CD=A0002888520

실버, 비버리. 2005.《노동의 힘. 1870년 이후의 노동자 운동과 세계화》. 백승욱·윤 상우·안정옥 옮김. 그린비.

폴라니, 칼. 2009 [1944].《거대한 전환. 우리 시대의 정치 경제적 기원》. 홍기빈 옮 김. 도서출판 길.

Arbeitskreis Strategic Unionism. 2013. Jenaer Machtressourcenansatz 2.0. In S. Schmalz and K. Dörre (eds.). *Comeback der Gewerkschaften? Machtressourcen, innovative Praktiken, internationale Perspektiven* (pp. 345-375). Campus Verlag.

Cha, M. (ed.). 2019. *A Roadmap to an Equitable Law-Carbon Future: Four Pillars for a Just Transition* https://dornsife.usc.edu/assets/sites/242/docs/JUST_TRANSITION_Report_ FINAL_12-19.pdf (검색일 2022.10.20.)

Cha, M. and Skinner, L. 2017. *Reversing Inequality. Combatting Climate Change. A Climate Jobs Program for New York State.* https://archive.ilr.cornell.edu/sites/default/files/ InequalityClimateChangeReport.pdf (검색일 2022.10.20.)

Climate Accountability Institute. 2019. *Press Release on Carbon Majors Update, 1954- 2017.* Oct.9.2019.https://climateaccountability.org/pdf/CAI%20PressRelease%20OA%20 Dec19c.pdf (검색일, 2022.8.10.)

Dahrendorf, R. 1994. *Der moderne Soziale Konflikt. Essay zur Politik der Freiheit.* dtv Wissenschaft.

Dörre, K. 2017. Gewerkschaften, Machtressourcen und öffentliche Soziologie. Ein Selbstversuch. *Österreichische Zeitschrift für Soziologie* 42(2): 105-128.

Dörre, K. 2022. Gesellschaft in der Zangenkrise. Vom Klassen uum sozial-ökologischen Transformationskonflkt. In K. Dörre, M. Holzschuh, J. Köster, and J. Sittel. (eds.). *Abschied von Kohle und Auto?* (pp. 23-70). Campus Verlag.

Dörre, K., H. Holst, and O. Nachtwey.2009. Organizing. A Strategic Option for Trade

Union Renewal?. *International Journal of Action Research* 5(1): 33-67.

EFFAT. 2023. *Recommendations for Action.* March. 2023. https://effat.org/wp-content/ uploads/2023/09/EFFAT-Recommendations-on-Just-Transition-EN.pdf (검색일. 2023.5.3.)

Gerst, Detlef, Pickshaus, Klaus, and Wagner, Hilde. 2011. Revitalisierung der Gewerkschaften durch Arbeitspolitik? In T. Haipeter, K. Dörre (eds.). *Gewerkschaftliche Modernisierung* (pp. 136-163). VS Verlag.

McAlevey, J. 2019. *A Collective Bargain. Unions, Organizing, and the Fight for Democracy.* Harper Collins Publishers.

Ringger, B. and Wermuth, C. 2020. *Die Service Publik Revolution.* Rotpunktverlag.

Schipkowski, K. and Kreutzfeld, M. 2020. Wagnis eingehen oder Frieden stifen. taz, die Tageszeitung. June 11. 2020. pp. 4-5.

Weber, Max. 1980 [1944]. *Wirtschaft und Gesellschaft. Grundriss der verstehenen* Soziologie. 5. edit. Mohr Siebeck.

Winker, G. 2015. *Care Revolution. Schritte in eine solidarische Gesellschaft.* Transcript Verlag.

찾아보기